Reinold Louis
Kölner Originale

Reinold Louis
Kölner Originale

Die Welt der alten
Kölner Originale und
Straßenfiguren

Greven Verlag Köln

Schutzumschlag – Ausschnitt aus dem Vorsatz vorne:
Zusammenstellung der Kölner Originale auf dem Alter Markt, nach einer Idee von Peter Reifferscheidt etwa um 1915 entstanden. Das Original des Ölbildes (Maler unbekannt) verschwand in den Wirren des Zweiten Weltkrieges aus Köln; es ist seither nicht wieder aufgetaucht.
Vorsatz hinten:
Der städtische Hundefänger Leonard Lersch in Ausübung seines Berufes. Bild von Joseph Passavanti, etwa um die Jahrhundertwende

CIP-Titelaufnahme der Deutschen Bibliothek
Louis, Reinold:
Kölner Originale : d. Welt d. alten Kölner Originale u. Strassenfiguren / Reinold Louis. – 3. Aufl. – Köln : Greven, 1988.
ISBN 3-7743-0241-3

© Greven Verlag Köln GmbH 1985
3. Auflage 1988
Graphische Gestaltung: Hermann Bischoff
Druck: Greven & Bechtold GmbH, Köln
Buchbinder: Hunke & Schröder, Iserlohn
Alle Rechte vorbehalten

Inhalt

Vorwort	9
Originale	14
Fressklötsch Johann Arnold Klütsch, 1778 – 1845	15
Professor Kreuser Johann Peter Balthasar Kreuser, 1795 – 1870	29
Begründer der Millowitsch-Dynastie Franz Andreas Millowitsch, 1797 – 1875	37
Doctor Schabaudewing Melchior Bauduin, 1797 – 1880	42
Orgels-Palm Johann Joseph Palm, 1801 – 1882	50
Meister Lupus Cornelius Wolff, 1802 – 1887	62
Böckderöck Wau-Wau Anna Maria Zaudig, 1803 – 1876	63
Rechtsgelehrter Napoleon Dr. jur. Napoleon Hermann Weinhagen, 1809 – 1889	70
Graf Düsseldorf Joseph Düsseldorf, 1812 – 1873	73
Boom Graf von und zu Dattenberg David Boom, 1813 – 1892	74

Bullewuh
Hieronymus Blau, 1815 – 1884 88

Der große Komet
Johann L. Dickopf, 1820 – 1865 90

Maler Bock
Heinrich Peter Bock, 1822 – 1878 103

Bolze Lott
Scholastika Bolz, 1825 – 1902 126

Männchen em Mond
Franz Hubert Chryselius, 1834 – 1882 130

Fleuten-Arnöldche
Arnold Wenger, 1836 – 1902 132

Schäbens-Tünn
Anton Hubert Scheben, 1837 – 1903 143

Läsche Nas
Andreas Leonard Lersch, 1840 – 1887 152

Miebes, Helden- und Eisen-Tenor
Bartholomäus Basseng, 1842 – 1906 165

Esels-Jakob
Jakob Göbbels, 1843 – 1907 168

Lehrer Welsch
Heinrich Welsch, 1848 – 1935 171

Dores met däm naasse Plagge
Theodor Töller, 1854 – 1926 177

Schutzmann Streukooche
Johann Jakob Hehn, 1863 – 1920 185

Von A(rmenschullehrer) **bis Z**(ebingemann) 194

    Armenschullehrer Wilmius 196
    Bibi 196
    Breuer's Lei 197
    Bützhennche 199
    Chreßkingkche vun der Vringsstroß 199
    Duvegriet 202
    Elsteraugen-Evche 203
    Flötenvirtuose Warburg 205
    Frau Werner 205
    Geck Hätzche 207
    Gecker Schröder 207
    Gradesmann 207
    In der Weisen 208
    Klümpche 208
    Krummer Sibbenunsibzig 209
    Kuletschhot 209
    Meister Thurn 210
    Pistolemännche 210
    Schäler Breutz 211
    Täubchen 211
    Tiverlen 212
    Vater Rhein 214
    Zebingemann 215

Lieder-Anhang 219

Nachwort 238

Personenregister 248

Vorwort

Eine buntzusammengewürfelte Gesellschaft von alten Kölner Originalen – Menschen mit eigenständigen und sonderlichen Einfällen und Gepflogenheiten, einmalige, sich durch komische Anlagen und Eigenschaften von allen anderen abhebende Naturen, die weder Geistesgrößen noch Genies oder kulturelle Führer sind – stellt sich in diesem Buch vor. Sie kommen aus allen Schichten, verfügen über außergewöhnliche Fähigkeiten, haben Fehler und Schwächen. Eines haben sie alle gemeinsam: sie sind Kinder ihrer Zeit, geboren und aufgewachsen im 18. und 19. Jahrhundert, als Köln noch überschaubar war und in den Vierteln jeder jeden kannte.

Als die Stadt sich immer mehr ausgeweitet hatte und schließlich zur Großstadt herangewachsen war, verschwanden auch die Originale nach und nach in der Versenkung: sie waren kein Gesprächsthema mehr, weil die Menschen am Ende des vorigen Jahrhunderts genug mit sich selbst und einer immer anspruchsvoller werdenden Umwelt zu tun hatten. Da blieb kaum noch Zeit für den Klaaf am Gartenzaun oder gar für nachbarliche Gemeinschaften. Die fortschreitende Technisierung, neue Verkehrsmittel, der Zugang zu den Medien brachten ohnehin die weite Welt auch in die kleinste Hütte. Und damit waren die Nachbarn, die Typen aus der Nebenstraße, das Original aus dem Viertel uninteressant und bedeutungslos geworden. Ist es da verwunderlich, daß immer wieder prophezeit wurde, die »richtigen Originale« würden bald aussterben? Bei der Häufigkeit dieser Vorhersagen müßten die Originale nicht nur schon ausgestorben, sondern auch bereits vergessen sein. Ist es so?

Nein, denn abgesehen davon, daß auch unser Jahrhundert zahlreiche Originale hervorgebracht hat – über sie eines Tages zu schreiben, wird eine dankbare Aufgabe sein –, ist auch die Erinnerung an die alten Kölner Originale noch wach, denn immer wieder wird über sie gesprochen. Und dank der vielfältigen Aktivitäten und Bemühungen von Heimatforschern, Karnevalisten und neuerdings verstärkt auch Werbemanagern haben die Originale ihren Platz auf dieser Welt behauptet: sie zieren Bierdeckel und Biergläser, sind Blickfang für Geschäftsauslagen, dienen als Vorlagen für Karnevalsorden, sie schmücken Häuserfronten oder bilden einen dekorativen Wandschmuck im Kölner Hänneschen-Theater. Als lebende Figuren, allein oder in Gruppen, tauchen sie in jedem Jahr im Straßenkarneval und auf vielen Karnevalssitzungen auf; in der Tanzgruppe »Original Kölsch Hännesche« haben sie als Typen ihren Stammplatz gefunden. Der Altermarkt-Spielkreis um Richard Griesbach läßt die kölschen Typen immer wieder aufleben, und auch viele Kölner Schulen widmen ihnen – vornehmlich in Projektwochen – einige Aufmerksamkeit. Kurzum: das Interesse am Leben dieser Menschen hat nie nachgelassen.

Eher ist das Gegenteil der Fall: im Jahre 1952 schrieben Dr. Josef Klefisch (Text) und Dr. Walter Klefisch (Musik) für den (damaligen) NWDR zwölf Lieder über »Alt-Kölner Originale«, die – nachdem sie über Jahre von Zeit zu Zeit ausgestrahlt wurden – jedoch in Vergessenheit gerieten. Als ich diese Lieder – zusammen mit einigen Titeln anderer Autoren – auf einer Langspielplatte im Rahmen der von der Kreissparkasse Köln seit nunmehr elf Jahren herausgegebenen und von mir betreuten Serie »Kölsche Evergreens« im Jahre 1980 in einer Auflage von inzwischen fast 25 000 Exemplaren einem großen Kreis in Erinnerung rief, stieg das Interesse wieder spürbar an. Der Heimatverein Alt-Köln mit seinem »Baas« Dr. Heribert A. Hilgers gab mir in drei aufeinanderfolgenden Jahren Gelegenheit, »Neues vun ahle kölsche Originale« vor immer »vollem Haus« vorzutragen. Die Deutsche Welle produzierte eine dreißigminütige Sendung über »Alt-Kölner Originale«, die – in viele Sprachen übersetzt – rund um den Erdball zu empfangen war. Auch der WDR gab mir im Rahmen der Sendung »Mittagsmagazin« die Möglichkeit, Kölner Originale landesweit bekanntzumachen. Als bei der von der Stadt Köln veranstalteten Mundartwoche »Kölle op Kölsch« mein Vortrag über »Kölner Originale« zu unerwartet starkem Besucherandrang und bemerkenswerter Resonanz führte, war es an der Zeit, das in vielen Jahren gesammelte Material in Buchform zusammenzufassen.

Aufbauend auf dem von Dr. Josef Bayer herausgegebenen Buch »Kölner Originale und Straßenfiguren« (die erste Auflage erschien 1912, weitere Auflagen sind inzwischen vergriffen), habe ich – unter Erschließung vieler neuer Quellen – versucht, Ergänzungen und vielfach notwendige Korrekturen anzubringen. Dabei war es mein Hauptanliegen, dem Andenken dieser Menschen gerecht zu werden. Viele Dinge, über die wir uns heute amüsieren, die wir belachen oder die wir für verrückt halten, gewinnen ein anderes Gewicht und verlangen eine andere Bewertung, wenn sie nicht losgelöst von ihrer Zeit, sondern in Verbindung mit den damaligen Lebensumständen gesehen werden. So habe ich versucht, mich in diese Zeit zu versetzen. Im Gegensatz zu Dr. Josef Bayer und den vielen anderen Autoren, die um die Jahrhundertwende über Kölner Originale berichtet haben, hatte ich aber nicht die Möglichkeit, eigene Wahrnehmungen zu verwenden oder Zeitzeugen zu befragen: es gibt niemanden mehr. Angewiesen auf das, was andere vor mir geschrieben haben, forschte ich nach den Quellen. Dabei stellte ich fest, daß immer wieder neue Veröffentlichungen über die Kölner Originale die gleiche(n) Quelle(n) zum Ursprung hatten. Wenn diese erste Quelle aber – wie häufig festgestellt – schon fehlerhaft war, dann mußten die darauf fußenden Veröffentlichungen und alle weiteren Berichte ebenso fehlerhaft oder ungenau sein. Es waren zeitaufwendige Nachforschungen notwendig, um wenigstens etwas Licht in das Dunkel vieler Vergangenheiten zu bringen. Daß sich dabei zwangsläufig viele neue Quellen auftaten, die von meinen Vorgängern übersehen wurden, nicht aufzufinden waren oder aber keine Beachtung fanden, machte diese Recherchen – trotz aller Mühen – lohnenswert.

Ob als Einzelfiguren oder in Gruppen: Kölner Originale tauchen immer wieder im Karneval auf und beleben das Straßenbild, wie auch diese Gruppe aus dem Jahre 1913

Einige der bei Josef Bayer beschriebenen Originale haben in diesem Buch keine Aufnahme mehr gefunden. Das hat seinen Grund: zum einen lebten der »Kölnische Diogenes« Heinrich Lindenborn (1706 – 1751), der »Baron von Hüpsch« (1730 – 1805) und der »Stadtkölnische privilegierte Zettelträger« Wilhelm Füssenich (1731 – 1794) fast ein Jahrhundert früher als die Originale, deren Leben und Lebensraum hier beschrieben werden. Zum anderen würde es den Rahmen dieses Buches sprengen, wollte man auch nur annähernd genau über sie berichten. Sie nur der Vollständigkeit halber mit wenigen Zeilen zu bedenken, wäre zu wenig. Denn um ihnen gerecht zu werden, müßte auch in gebührender Weise festgehalten werden, wie sie positiv durch ihre Arbeit, ihr Engagement und ihr Wirken an der kulturellen Weiterentwicklung beteiligt waren. Ihnen zuzugesellen wären dann auch noch Menschen wie der »König von Korsika« Theodor Baron von Neuhof(f) (1694 – 1756) und auch der Domvikar Kaspar Bernhard Hardy (1726 – 1819), einer der bedeutendsten Künstler seiner Zeit.
Um die Wende zum 18. Jahrhundert, fast gleichzeitig mit dem Einmarsch der Franzosen in Köln, beginnt dieses Buch und es endet in den zwanziger Jahren unseres Jahrhunderts. Das eine oder andere Original aus der Zeit nach der Jahrhundertwende wird der Leser sicherlich vermissen. Auch das hat seinen Grund: Leute wie die Domkapitulare Schnütgen und Steffens, wie

»Moll's Chreß« oder »Dr. h. c. Braun« u. v. m. passen weder vom Typ noch vom »Zeitenlauf« her in die Reihe der hier aufgeführten Originale. Erstaunlich, daß Josef Bayer ein Original gänzlich übersehen hat: David Graf Boom von und zu Dattenberg durfte eigentlich im Jahre 1912 noch in vieler Leute Erinnerung sein. Ebenso wie der »Schutzmann Streukooche«, der als Original längst ein Begriff war. Hingegen verdankt der legendäre »Lehrer Welsch« seine Aufnahme in dieses Buch in erster Linie dem Umstand, daß sein Name für immer mit einem Lied verbunden ist, das schon fast den Charakter eines Denkmals hat. Daß dies so kommen würde, konnte Josef Bayer seinerzeit weder ahnen, geschweige denn wissen.

Dank schulde ich dem in Bonn wohnhaften, aber »ur-kölschen« Oberstudiendirektor i. R. Johann Palm, der mir nicht nur Einblick in seine umfangreichen Recherchen über seinen Vorfahr, den Orgels-Palm, gewährte – die inzwischen in Buchform vorliegen –, sondern mir darüber hinaus viele Quellen zugänglich machte oder für mich erforschte. Günter Dahmen vom Kölnischen Stadtmuseum war mir bei der Auswahl und Beschaffung zahlreicher Abbildungen behilflich. Anhand seiner Aufzeichnungen war es möglich, aus dem riesigen Bestand des Rheinischen Bildarchivs Vorlagen auszuwählen, die teilweise noch nie veröffentlicht wurden. Danken darf ich aber insbesondere Herrn Dr. Heribert A. Hilgers, der mich nicht nur ermunterte, dieses Buch zu schreiben, sondern der mir auch die Wege dazu ebnete.

Um die buntzusammengewürfelte Gesellschaft der Kölner Originale hat sich zwangsläufig aus vielen Mosaiksteinchen ein den Zeitraum von zwei Jahrhunderten umfassender kleiner Kölner Kulturspiegel entwickelt. Das läßt mich hoffen, daß dieses Buch nicht nur unterhaltend-belustigend, sondern auch informativ-nachschlagenswert sein wird. Ganz im stillen hege ich noch eine Hoffnung, daß es doch noch gelingen möge, alte Kölner Originale dort wiederzufinden, wo sie schon vor nunmehr fast 75 Jahren – nach dem Willen der Stadtväter und vieler Kölner Bürger – hin sollten: als plastische Figuren auf einen Laufbrunnen in Köln, in ihrer Stadt, in der sie geachtet und verachtet, belacht und belächelt, bestaunt und bewundert wurden und werden. Wäre der Karl-Berbuer-Platz nicht ein geeigneter Standort, zumal Karl Berbuer den Kölner Originalen im Jahre 1950 ein (literarisches) Denkmal gesetzt hat: in seinem Lied »Fastelovend em Himmel«.

Apropos Lieder: Sowohl in einem Liederanhang – hier sind alle mir bekannten Lieder von und über Kölner Originale erfaßt – als auch bei den einzelnen Originalen findet der Leser eine Vielzahl von zeitgenössischen Liedern. Die Schreibweise des jeweiligen Autors ist beibehalten; nur wo im Interesse einer besseren Lesbarkeit kleinere Korrekturen angebracht schienen, wurden diese vorgenommen. Wer will schon entscheiden, was auf dem weiten Feld kölnischer Schreibweisen richtig oder falsch ist? Wichtiger scheint mir zu sein, daß der Leser weiß und versteht, was gemeint ist.

Im Vorwort zu seinem Buch »Kölner Originale und Straßenfiguren« beklagte Josef Bayer im Jahre 1912, daß die Originale von der Großstadt immer mehr aufgesaugt werden und daß dies deshalb zu bedauern sei, »weil mit ihnen von dem alten gemütlichen, echtkölnischen Leben ein Stück nach dem anderen in der Versenkung des alles nivellierenden Modernismus verschwindet«. Ist das nicht eine Erklärung dafür, daß heute, über 70 Jahre danach, mehr denn je über Kölner Originale gesprochen wird, in dem Bewußtsein, daß viele Originale Maßstäbe setzten und bedeutende Spuren hinterließen? Andere hatten keine Chancen, weil ihre Mitmenschen ihnen keine gaben. Hätten sie heute eine? Würden sie sich in unserer Zeit – eingefangen in ein Netz sozialer Sicherheiten und Fürsorgen – glücklicher fühlen?

Vorwort zur dritten Auflage

Daß sich die Kölner Originale und Straßenfiguren einer großen Beliebtheit erfreuen, ist am Erfolg dieses Buches abzulesen. Ein Jahr nach seinem Erscheinen konnte 1986 die zweite Auflage herausgebracht werden und jetzt – nach weiteren zwei Jahren – liegt bereits die dritte Auflage vor, die neben einigen Ergänzungen auch neue Abbildungen aufweist (Seiten 99, 127, 147 und 184). Von der Monatszeitschrift »köln im ...« als »Buch des Jahres 1986« ausgezeichnet, haben die »Kölner Originale« in vielfältiger Weise (wieder) von sich reden gemacht. Im mehreren Folgen brachte der WDR-Hörfunk Kurzportraits, und für die vom Bibliotheks- und Informationssystem der Universität Oldenburg vertriebene Schrift »Pädagogik – Theorie und Menschlichkeit« verfaßte Professor Dr. phil. Ulrich J. Schröder mit Schwerpunkt und Blick auf die »Kölner Originale« den Beitrag »Originale – Betrachtungen über ein besonderes Phänomen von Devianz«. Aus vielen Zuschriften und aus zahlreichen Gesprächen weiß ich, daß eine große Zahl von Lesern durch die »Kölner Originale« ermutigt wurde, in der eigenen Familien-Vergangenheit zu forschen. Auch sichtbare Spuren hat das Buch hinterlassen: Die Geschichte vom »Schäbens-Tünn« war Auslöser für die (Wiederbe-)Gründung eines Fördervereins für das Missionshaus Knechtsteden, die »Nasen-Klassifizierungen« im Beitrag über die »Läsche Nas« dienten als Vorlage für den »Läsche Nas-Brunnen«, der seit Ende 1987 vor dem neuen Bezirksrathaus in Köln-Ehrenfeld die Blicke auf sich lenkt, und »Orgels-Palm« und »Fleuten-Arnöldche« bevölkern unübersehbar den von Bonifatius Stirnberg geschaffenen »Karl Berbuer-Brunnen« in der Kölner Südstadt. Damit haben sich die im Vorwort der Erstauflage geäußerten Wünsche mehr als erfüllt.

Köln, im Juli 1988

Originale

Där Orgenale git et Masse!
Durchmuster Ding Famillige bloß,
Do fings er dotzendwies, die passe,
Un Hundert noch bei Klein un Groß.

Dann unger'm Herrgott singem Himmel
Dat tribbelt, kribbelt, wibbelt wal,
Un jederein hät singe Fimmel,
Un mallich eß en Orgenal.

Nit, dat mer grad ne Lappepüngel
Am Köhtche noh am Puckel schleif,
Nit, dat mer beddelt, un d'r Schüngel
Dräht lans de Döör un steiht sich scheif. –

Onä, em Frack och un Zilinder
Spazeet durch't Levve mänche Minsch,
Dä selvs vör Frau un eige Kinder
Verstich, dat hä get es verkindsch.

Un dä sich schwer en aach muß nemme,
Dat jeder in vernünftig hält, –
Un deit ganz stell un heimlich schwemme
Als Orgenal durch de verdötschte Welt!

Verfasser unbekannt

Fressklötsch
oder auch Fress-Klütsch

Johann Arnold Klütsch
geboren am 23. Februar 1778 (1775) in Köln, Auf dem Pfuhl
verheiratet seit 13. 4. 1804 (1800) mit Maria Cordula Walburga geb. Müller
gestorben am 29. November 1845 in Köln, Eigelstein 97
Althändler, Taxator der Stadt Köln

Hätte es vor fast 200 Jahren schon ein »Buch der Rekorde« gegeben, dann wäre Johann Arnold Klütsch in diesem sicherlich verzeichnet gewesen. Der »Fressklötsch« ist aber auch ohne Mithilfe der Guinness-Redaktion wegen seines kaum zu stillenden Hungers, aber auch wegen seiner Fähigkeiten, Flüssigkeiten in ungeheuren Mengen zu vertilgen, in die Geschichte eingegangen. Immer dann, wenn in irgendwelchen Anekdoten die Rede vom übermäßigen Essen und Trinken ist, fällt der Name Arnold Klütsch. Um diesen schwergewichtigen Mann ranken sich seit seinem Tod viele Geschichten, die nicht nur Merkwürdigkeiten, sondern auch Ungereimtheiten in sich bergen. Vieles von dem, was überliefert ist, gehört ins Reich der Phantasie. In anderen Städten erzählen sich die Menschen gleiche oder ähnliche Geschichten von Vorfahren anderer Namen.
Merkwürdig muten die Lebensdaten des Johann Arnold Klütsch an: In allen Veröffentlichungen über den Fressklötsch, ob bei Josef Bayer oder in diversen Zeitungsartikeln des 19. oder 20. Jahrhunderts, wird das Jahr 1775 als sein Geburtsjahr angegeben; Tag und Monat fehlen. Da in der »Kölnischen Zeitung« (Nr. 334 vom 30. November 1845) seine »tiefbetrübte Witwe und zwei Söhne« sein Ableben im »70. Jahre seines vielseitigen Wirkens« bekanntgaben, ergibt eine Rückrechnung das Geburtsjahr 1775.
Im Kirchenbuch der St. Columba-Pfarre ist »Joannes Arnoldus« als Sohn von »Antonio Klütsch und Adelheidis Müller« im Jahre 1778 unter dem 23. Februar als Neugeborener eingetragen. Haben Frau und Söhne das Alter des Vaters nicht gewußt? Möglich wäre es, zumal bekannt ist, daß der Vater erst im Alter von mehr als 25 Jahren Lesen und Schreiben lernte. Doch eine weitere Urkunde macht stutzig: Die »Acte de Mariage No. 200 Maire de Cologne« sagt klar aus, das »Jean Arnaud Kluetsch« im Alter von 26 Jahren, geboren am 23. 2. 1778, ältester Sohn des Tagelöhners Antoine Kluetsch und dessen Ehefrau Adelaide Müller, am 13. April 1804 die 25jährige Maria Cordula Walburga Müller, älteste Tochter von Renoud Müller und Marie Josephe Unverzagt, im Kölner Rathaus geheiratet hat. Der Heiratsurkunde nach war Johann Arnold Klütsch, als er 1845 starb, 41 Jahre lang verheiratet.

Doch der im Historischen Archiv der Stadt Köln aufbewahrte Totenzettel verwirrt uns erneut, heißt es doch:

> »Dem Herrn über Leben und Tod gefiel es heute
> den 29. November 1845, Morgens 6 Uhr,
> den wohlachtbaren Herrn
> JOHANN ARNOLD KLÜTSCH
> Taxator der Stadt Köln
> und Sous-Chef der 2. Compagnie des Pompiers-Corps
> im 70. Jahre seines Alters
> und dem 45. Jahre einer glücklich durchlebten Ehe,
> zu einem besseren Leben zu sich zu berufen!«

Nach diesen Angaben muß die Ehe von Johann Arnold Klütsch und seiner Frau Maria Cordula Walburga im Jahre 1800 geschlossen worden sein. Die Heiratsurkunde aber stammt aus dem Jahre 1804. Da sich auch hinsichtlich der Hochzeit des Fressklötsch alle bisherigen Chronisten auf die Angaben des Totenzettels gestützt haben – das genaue Heiratsdatum ist, ebenso wie das Geburtsdatum, nie veröffentlicht worden – wurde als Heiratsjahr immer die Jahreszahl 1800 angegeben. Daß sich die Witwe Klütsch im Alter des verstorbenen Mannes irrte, ist, wie bereits gesagt, nicht auszuschließen. Doch daß sie auch die Anzahl der gemeinsam verlebten Ehejahre falsch angibt, ist kaum zu glauben.

Da aber die »Acte de Mariage« amtlich und die Eintragung im Kirchenbuch nicht weniger offiziell ist, bleibt als Schlußfolgerung, daß das Sterbejahr 1845 nicht stimmt. Dies wird jedoch durch den Totenzettel und – noch sicherer – durch die Zeitungsanzeige widerlegt. Daß die Witwe Klütsch und die beiden Söhne gleich zweimal – hinsichtlich des Alters und der Zahl der Ehejahre – irren, ist auch unwahrscheinlich. Bleibt nur die Vermutung, daß sich der Pfarrer von St. Columba geirrt hat: möglicherweise hat er den Tag der Taufe als den Geburtstag angegeben. Das würde bedeuten, daß Johann Arnold Klütsch erst drei Jahre nach seiner Geburt getauft worden wäre. Da auch sein Vater nicht lesen und schreiben konnte, fiel die falsche Eintragung nicht auf. Und auf dem Standesamt hatte niemand einen Grund, an der kirchlichen Eintragung zu zweifeln. Klütsch selbst am wenigsten: während seine Frau und die Trauzeugen die Heiratsurkunde unterschrieben, fehlt seine Unterschrift; dafür ist der Vermerk »Ehegatte erklärt, er könne nicht schreiben« angebracht. Da die Witwe Klütsch das Geburtsjahr 1775 aber kannte und in Erinnerung hatte, daß Klütsch 26 Jahre alt war, als sie heirateten, gab sie sein Alter richtig mit »im 70. Jahre« an und somit auch folgerichtig »im 45. Jahre einer glücklich durchlebten Ehe«.

Arnold Klütsch, 1834 oder 1835 von Simon Meister gemalt. Das Aquarell wurde von Bonaventura Weiß für Kehr und Nießen in Köln lithographiert

Zugegeben: dies alles klingt sehr abenteuerlich; in der Tat können diese Theorien eines Tages durch neue Erkenntnisse überholt werden. Liegen die Lebensdaten des Fressklötsch also heute noch etwas im dunkeln, so ruft die Nennung seines Namens vielfach falsche Vorstellungen hervor, ist er doch als übertragene Bezeichnung für einen eßgewaltigen Menschen auch heute noch geläufig. Doch ist es nicht richtig, das ursprüngliche Vorbild nun für einen verkommenen, nur auf Essen und Trinken versessenen, gierigen Menschen zu halten, dem die Begriffe Anstand und Benehmen fremd gewesen wären. Vielmehr war Johann Arnold Klütsch ein ordentlicher Bürger, ein Mann aus dem Volke, der sich bei den Kölnern eines hohen Ansehens erfreuen durfte.
Die Heiratsurkunde sagt aus, daß Johann Arnold Klütsch der älteste Sohn des Tagelöhners Anton Klütsch und seiner Ehefrau Adelheid ist. Er hat allerdings noch ältere Schwestern: Maria Magdalena (geb. 13. 2. 1771), Apollonia (geb. 15. 1. 1774) und Maria Gertrud (geb. 15. 1. 1776). Sollte sein Geburts-

datum 23. 2. 1778 falsch sein und er tatsächlich 1775 geboren sein, würden die Geburtsdaten der Geschwister dies rechnerisch nicht widerlegen. Mit Eva (geb. 3. 6. 1780), Ann Gertrud (geb. 9. 10. 1783), Friedrich (geb. 29. 4. 1786) und Adamus (geb. 2. 7. 1788) folgten noch weitere Geschwister. Das Adreßbuch verzeichnet 1797 als Anschrift der Eltern das »Klostergäßchen an St. Laurenz Nr. 2007« (heute Laurenzgittergäßchen Nr. 2).
Während seine gleichaltrigen Freunde zur Schule gingen, sorgte der junge Johann Arnold dafür, daß neben dem kärglichen Lohn des Vaters ein paar zusätzliche Pfennige in die Familienkasse kamen. Er verdingte sich als Gelegenheitsarbeiter. Und dies mit nicht geringem Erfolg, denn seine stämmige Gestalt und die großen Körperkräfte, die er nach und nach entwickelte, versprachen den Arbeitgebern großen Nutzen. Die Art, wie der junge Johann Arnold zupackte, imponierte all denen, die ihm dabei zuschauten. So sprach es sich schnell in der Stadt rund, daß da ein junger Mann sei, der »Teufelskräfte« habe. Und wie das bei solchen Gelegenheiten auch heute noch ist, der eine erzählt es dem anderen und reichert das Gehörte noch um einiges an – z. B. bei der Geschichte mit der französischen Kanone: Erzählt wurde später, Klütsch sei eines Abends am Kölnischen Hof in der Trankgasse vorbeigekommen, als dort gerade französische Kanonen abgeladen wurden. Durch einen guten Schoppen Wein in heitere Laune versetzt, habe Klütsch Lust verspürt, den »Frankreichern« – wie sie damals genannt wurden – einen Streich zu spielen. Im Handumdrehen soll Klütsch das schwerste Geschützrohr auf seine Schultern geladen haben und damit fortgelaufen sein. Allerdings nicht den gewöhnlichen Weg, sondern durch eine Eichentür, die durch den Auf-

Der Eigelstein um 1840. Lithographie von Hackhausen

prall in tausend Stücke ging. Die Franzosen hinter ihm her – doch Klütsch konnte sie abschütteln und das Geschützrohr im Hause eines Freundes verbergen. Da er aber erkannt worden war, wurde er vor ein Gericht zitiert. Trotz der belastenden Zeugenaussagen sei er freigesprochen worden, weil die Geschworenen es für unmöglich hielten, mit einem »Donnerschlunde« von 1000 Pfund Gewicht einen Wettlauf zu gewinnen; deshalb sei eher anzunehmen, daß der Teufel selber in Gestalt des Klütsch das Feuerrohr zu seinem höllischen Bedarf geholt und auch die Türe von Eichenholz zertrümmert habe. Nachdem Klütsch seinen Freispruch vernommen, soll er das Geschützrohr, das zur Bestimmung von Größe und Gewicht auf dem Tisch des Hauses lag, wie einen Regenschirm unter den Arm genommen und leicht tänzelnd den Saal verlassen haben.
Spielt hier die Kraft des Fressklötsch die Hauptrolle, handelt die nächste Geschichte vom Essen. Josef Wach hat sie im nachfolgenden Gedicht weitergegeben:

> Zo Neppes käuf veer Brud, zwei Schinke
> Der Klötsch un däut op Köllen an.
> De Eigelsteiner Pooz deiht winke,
> Hä läuf dem Zöllner en et Gaan.
>
> »Wat, Brud un Schink sall ich verstöre?
> Ehr sitt wahl geck, dat gitt dr kein!«
> Hä schreit, dat alles in kann höre
> Un setz sich höstig op ne Stein.
>
> Hä kammesölt de Brud, de Schinke,
> Der Zöllner weed vun Ärger gääl.
> Fressklötsch deiht met nem Aug im quinke,
> Geiht en de Stadt – nen ähnze Kääl.

Ein andermal, so ist überliefert, habe Klütsch beim Entladen eines holländischen Schiffes als Lohn ein großes Rad Käse erhalten. Als er dieses in die Stadt bringen wollte, wurde er vom Zöllner aufgefordert, die damals übliche Steuer – Akzise – zu entrichten. Auch hier zog es der Fressklötsch vor, den ganzen Käse vor den Augen des entsetzt zuschauenden Douaniers zu verspeisen und dann mit stark geschwelltem Bauch in die Stadt zu marschieren, dabei hämisch grinsend.
Hungrigen Mäulern, die Klütsch beim Verzehr des Käses zugeschaut haben, muß dieses Stück »riesengroß« vorgekommen sein. Und je öfter diese Episode erzählt wurde, desto größer wurde die Käseportion.
Aus der Zeit, als die Franzosen noch in Köln weilten, stammt auch das mündlich überlieferte Lied, in dem zweifelsfrei – wenngleich ohne Namensnennung – auf die »Käse-Episode« des Fressklötsch Bezug genommen wird:

Ich stund ens an der Bröck,
Do kom vum Hafe, vallera!
Ne Kääl zu laufe flöck.

En singer Hand ne Kies.
Do heel en op ne vallera!
Ne wödige Kummis.

Für dich willst schmuggeln hier!
Bezahle erst die vallera
Erst die Accis-Geld mir.

Dann wör ich jo nen Oos!
Doch he, Musjö, dä vallera!
Dä domme Kall, dä loß!

Hä ging dä Rhing erop
Un froß zom Fröhstöck vallera
Dä ganze Kies üch op!

Drop kom hä zom Kummis.
Wievill Accis deit vallera!
En mingem Liev dä Kies?

Um Einfälle war Johann Arnold Klütsch nie verlegen. Besonders dann nicht, wenn es darum ging, den Franzosen eins auszuwischen. Zwar hatte er noch Jahre zuvor die freiheitlichen Gedanken der Französischen Revolution mit Begeisterung aufgenommen, doch als er vor Ort erlebte, welche Kränkungen und Demütigungen die Franzosen den Kölnern zufügten, schlug seine Begeisterung in Empörung und dann in Haß um. Als Klütsch Zeuge wurde, wie ein französischer Offizier gegen einen Bürger auf der Straße den Degen zog, nahm Klütsch diesem die Waffe ab, zerbrach sie und warf den Franzosen durch die Glasscheibe eines Bäckerladens.
»Es ist untersagt, vor einem militärischen Posten mit einer Tabakspfeife oder einer Cigarre im Munde (gleichviel ob brennend oder nicht) vorüberzugehen.« Diese am 4. April 1829 von der Königlichen Regierung zu Köln durch deren Polizeipräsidenten von Struensee erlassene Verordnung hatte bereits unter den Franzosen Gültigkeit – sie wurde von den Preußen, wie so vieles, übernommen. Nun ist unbestreitbar, daß die Franzosen »Kultur« nach Köln brachten: so die Beleuchtung der Straßen, Bestimmungen über Straßenreinigung, eine geordnete Müllabfuhr, den Erlaß einer Bauordnung, die Errichtung einer Handelskammer, die Anlage des Friedhofes Melaten u. v. m.

Was die sonst so hervorragenden französischen Planer aber bewogen hat, zur Sicherheit der Schiffahrt einen Sicherheitshafen unterhalb des Kunibert-Tores anzulegen, ist nicht mehr festzustellen. Denn ausgerechnet vor dieser Stelle macht der Rhein einen gewaltigen Knick, so daß das Hochwasser – vor dem der neue Hafen Schutz bieten sollte – mit aller Gewalt in diesen Hafen drückte. Am 2. April 1811 begann die Firma Paravey aus Mainz mit dem auf 625 000 Frs. veranschlagten Bau unter der Leitung des Ingenieur-Hauptmannes Mossé, der erst vollendet war, als die Franzosen Köln bereits wieder verlassen hatten. Dem Präfekten Ladoucette war es lediglich vergönnt, am 10. November 1812 den ersten Stein zur Mündung feierlich zu legen. Noch während des Baues, als ein Teil des mit Spundwänden eingefaßten Bassins bereits fertiggestellt war, kam auch Johann Arnold Klütsch hierhin, um den Fortgang der Arbeiten zu verfolgen. Als er eine französische Schildwache passierte, hielt er es nicht für notwendig, seine brennende Tabakpfeife aus dem Mund zu nehmen.

Da der auf Posten stehende Soldat ihn deswegen festnehmen wollte, umklammerte Klütsch diesen, stellte ihn in sein Schilderhaus und trug dieses in schnellem Lauf zur Spundwand. Dort setzte er das Schilderhäuschen mit der Öffnung zum Wasser so dicht an den Mauerrand, daß der im Häuschen stehende Franzose sich nicht rühren durfte, wollte er nicht mit diesem in das Wasser stürzen. Klütsch machte sich aus dem Staub; der Franzose hatte jedoch eine bange Zeit zu überstehen, ehe seine Ablösung kam.

Als Johann Arnold Klütsch am 13. 4. 1804 die Schneiderstochter Maria Cordula Walburga Müller heiratete – die Franzosen hatten am 14. 1. 1795 die Ziviltrauung und die Standesämter eingeführt – übte er den Beruf eines Abdeckers aus; außerdem handelte er mit Fleischabfällen. Zu diesem Zeitpunkt – so beweist es die Heiratsurkunde – war Klütsch des Lesens und Schreibens unkundig. Sicherlich hat er unter Anleitung seiner Ehefrau bald damit begonnen, Versäumtes nachzuholen. Und da er ein aufgeweckter und geistig reger Mann war, hatte der »Nachhilfeunterricht« auch Erfolg. Er hatte das Glück, Bekanntschaft mit Ferdinand Franz Wallraf zu schließen; mit diesem spürte er in allen Ecken Altertümer und Wertsachen auf. War Klütsch zunächst nur der »Packesel« des Professors, so eignete er sich bald einiges Wissen an, wobei ihm Wallraf manch wertvollen Wink für die Benennung und Bewertung von Antiquitäten gab.

Durch die Mitgift seiner Frau zu einigem Geld gekommen, eröffnete er schon bald ein kleines Althändlergeschäft, welches er innerhalb kurzer Zeit zum gut florierenden Antiquitätenhandel ausbaute. Bedingt durch seine Kleinodienkenntnisse, die ihm einen Ruf als Fachmann über Köln hinaus einbrachten, geriet sein Geschäft zur guten Geldquelle. Daß der gutsituierte Geschäftsmann Johann Arnold Klütsch in vielen Wirtshäusern ein gern gesehener Gast war, versteht sich von selbst. Aufgrund von Wetten hat er mehrfach Beweise geliefert, daß sein Können dem ihm vorauseilenden Rufe entsprach. So wettete er mit den Gästen eines Weinhauses um einige Schoppen

Wein, daß er in der Lage sei, ein Bund Stroh und 25 Eier innerhalb kurzer Zeit und in ihrem Beisein zu verzehren. Die Wette galt – und wurde von Klütsch klar gewonnen: er verbrannte den Ballen Stroh auf dem Hof des Hauses, sammelte die Asche in einer Pfanne auf, ließ 25 Eier hineinrühren und verspeiste alles vor den Augen der zunächst entsetzt, dann belustigt dreinschauenden Wettkumpane, die gerne den ausgelobten Wein zahlten.
Bei Peter Päffgen in der Wirtschaft »Im Engel« auf der Schildergasse Nr. 8–10 soll Klütsch gewettet haben, er könne ein sechs Wochen altes Kalb mit Haut und Haaren verspeisen. Um das Maß vollzumachen, wurde diese Geschichte später noch um einige Varianten ergänzt: so ist zu lesen, daß Klütsch, nachdem er die als Ragout zubereitete Hälfte des Kalbes bereits verzehrt hatte, gebeten habe, man möge ihm nun das Kalb auftischen, anstatt ihn mit Vorspeisen zu sättigen. Den Rest des Kalbes soll er als Braten verzehrt und dazu ein ganzes Koblenzer Sauerbrot gegessen haben. Die Schilderungen aus dem »Engel« ließen natürlich den Wirt im »Zuckerpuckel« nicht ruhen. Bei ihm habe der Fressklötsch noch ganz andere Dinge vollbracht, ließ er verlauten. Als Klütsch eines Tages auf acht Uhr abends zu einem Jagdessen eingeladen war, an dem außer ihm noch 24 Herren teilnehmen sollten, sei er bereits um sieben Uhr erschienen. Bis die anderen Gäste kamen, habe Klütsch natürlich die vorbereiteten Vorspeisen allesamt verspeist – und beim Hauptgang habe ihm niemand angemerkt, daß er schon Unmengen gegessen hatte.
So versuchten die Wirte oder auch Gäste der einen Wirtschaft die Leistungen des Fressklötsch im eigenen Hause gegenüber den Angaben der Konkurrenz herauszustellen – der arme Klütsch hatte darunter zwar zu leiden, doch als die ständig üppiger werdende Phantasie immer tollere Blüten hervorbrachte, weilte Johann Arnold bereits im Jenseits, wo ihn das nicht mehr störte.
Ein Zeitungsartikel, dessen wörtliche Überlieferung dem Schriftsteller Hermann Becker zu verdanken ist, kennzeichnet diese Entwicklung sehr treffend. Heißt es doch da: »Klütsch war keine komische Figur, über die man sich lustig machte; im gewöhnlichen und namentlich im geschäftlichen Leben – er war Althändler und versah vielfach bei öffentlichen Versteigerungen das Amt eines Ausrufers – ließ an dem starken und behäbigen Manne nichts vermuten, daß er gegebenenfalls zu erstaunlichen Kraftleistungen, nicht allein im Essen, sondern auch im Trinken, fähig und geneigt war; nur wußte man, daß er solchen Gelegenheiten nicht aus dem Wege ging. Das wußte auch die Stammgesellschaft der ›Ewigen Lampe‹, die damals in einem schmalen Hause der oberen Trankgasse ihr feuchtfröhliches Heim aufgeschlagen hatte. Als eines Tages zwei Engländer sich brüsteten, im Trinken noch nie ihren Meister gefunden zu haben, und eine am Abend auszutragende hohe Wette in Vorschlag brachten, daß ihnen das auch in Köln nicht passieren würde, wurde von der um den Ruf der Stadt besorgten Gesellschaft die Wette angenommen und zu dem bedeutungsvollen Gelage auch Klütsch eingeladen. Der erschien rechtzeitig und nahm ruhig und unverdrossen an der mit Ernst betriebenen

Werftgelände am Rhein, im Hintergrund die Severinskirche, um 1750 (historisch).
Bild von Jupp Stolzen

Zecherei teil. Wie man sich denken kann, zog die Sache sich etwas in die Länge. Schon war Mitternacht vorüber, als Klütsch die eigentliche Veranlassung zu der sonderbaren Veranstaltung, deren Ende nicht abzusehen war, erfuhr. Wohl hatte er bemerkt, daß mancher aus der Gesellschaft etwas sonderbar aus den Augen schaute und auch den trinkfesten Engländern die Zunge nicht mehr recht gehorchen wollte. Da rief er dem Wirt, der die Stammgesellschaft meist selbst bediente, zu: ›Du, Simoni, da wollen wir doch mal Ernst machen! Füll mir mal das Spülbüttchen‹ (ein ovales, kupfernes Gefäß, in dem die Trinkgläser die letzte kühle Spülung erhielten)!
Der Wunsch wurde erfüllt, und Klütsch setzte das an der Längsseite etwa 50 cm messende, mit Wein gefüllte Büttchen an die Lippen, um den Wetttrunk auszuführen. In demselben Augenblicke fielen die Engländer, entsetzt ob dieser Leistung, unter den Tisch, im Fallen Gläser, Leuchter mit Kerzen, (Gasbeleuchtung gab es damals in Köln noch nicht) und was sonst in den Bereich der Arme kam, mit sich ziehend. Sie hatten ihren Meister gefunden. Die drollige Szene ist von einem der damals in Köln lebenden Brüder Meister in einem Deckengemälde wiedergegeben worden, das wegen seines Inhalts wie wegen seiner gelungenen Ausführung viele Jahre die Bewunderung seiner Beschauer erweckte. Wo mag es geblieben sein? Klütsch war auch sonst eine gewichtige Person. Als um die Mitte des vorigen Jahrhunderts einmal ein Turnier als Idee zum Rosenmontagszuge aufgestellt war und die im Kölner Museum aufbewahrte Rüstung Jan von Werths darin paradieren sollte, war nur der Freß-Klütsch imstande, sie zu tragen und den nach der Kölner Sage aus dem Kümpchenshof hervorgegangenen kaiserlichen Feldmarschall würdig darzustellen.«
Soweit der zu Beginn des Jahrhunderts erschienene Zeitungsartikel. Ein Glück, daß Klütsch die »um den Ruf der Stadt besorgte« Gesellschaft nicht im Stich gelassen und gewissermaßen Kölns Ehre, trinkfeste Männer zu haben, gerettet hat. Schon Hermann Becker versieht diese Geschichte, einige Jahre nach ihrer Veröffentlichung, mit einigen kritischen Anmerkungen: »... ist diese Anekdote der ältesten Ausgabe von Meidinger entnommen. Ich hörte sie bereits vor fast 50 Jahren erzählen. Nur spielte sie damals in Bonn, und der Held war der Bursche eines Offiziers von den Bonner Husaren. Der Bursche – ein geborener Pommer – trank nach dieser Erzählung infolge der Wette des Offiziers eine große Erdbeerbowle aus, nachdem er zuerst mit Wasser geprobt hatte, ob er das auch könne.«
Die Wett-Geschichte ist sicherlich in der Phantasie irgendwelcher Grielächer entstanden, die den Fressklötsch in der »Ewigen Lampe« zusammen mit Simon Meister gesehen haben und die später aus einem möglicherweise stattgefundenen geselligen Abend mit einigen Engländern dieses Wett-Trinken konstruiert haben. Frei nach dem Motto: wenn Dein Held 5 Liter säuft, verputzt meiner 50 Liter. Witze dieser Art werden heute noch kolportiert. Simon Meister hat in der Tat in dem kleinen Schankraum die Wände und das Deckengewölbe ausgemalt, allerdings mit Darstellungen, die auf die Bacchus-Le-

gende Bezug nahmen. Das war in den Jahren 1841 und 1842. Dabei zog Meister, ein bedeutender Künstler seiner Zeit, viele andere Leute in die »Ewige Lampe«, darunter so hochkarätige Persönlichkeiten wie die Kölnisch-Wasser-Fabrikanten Johann Baptist Farina und dessen Sohn Johann Maria, den Verleger der »Kölnischen Zeitung« Karl Joseph DuMont, den Tabakfabrikanten Heinrich Joseph Foveaux, die Kaufleute Wilhelm Henneckens, Karl Heimann, Peter Leven und Peter Mülhens, aber auch Dichter und Gelehrte, wie Professor Johann Peter Balthasar Kreuser und Domkapellmeister Carl Leibl. Und auch der Kreis um Carl Cramer und Peter Wahlen – letzterer spielte hier die Hauptrolle – war dort des öfteren anzutreffen.
Simon Meister und Johann Arnold Klütsch kannten sich bereits längere Zeit. Im Jahre 1834 oder 1835 hatte Simon Meister den Fressklötsch gemalt. Das Aquarell wurde von dem in Stuttgart geborenen Bonaventura Weiß für die lithographische Anstalt von Kehr und Nießen in Köln lithographiert. Im Original weist die Lithographie unter dem Namen »Arnold Klütsch« noch einen Fünfzeiler auf, der bei späteren Abbildungen weggelassen wurde:

>Loht mer noch ene Schobbe krige:
>Wer weiss ov mer morge noch en sin,
>dann han mer den doch noch.
>Wann mer morgen dudt sin
>dann brengt uns keiner jet noh!

Der Heimatforscher Johann Palm ist der Meinung, dieser Text weise so eindeutig auf eine Weinwerbung hin, daß die Person auf dem Bild nicht Johann Arnold Klütsch sei. Vielmehr handele es sich auf dem Bild von Simon Meister um einen Arnold Klütsch aus der Sternengasse, den Inhaber der Klütschschen Weinsäle. Dieser wurde am 8. 12. 1767 als Sohn des Knapsacker Bauern Heinrich Klütsch (24. 6. 1734 – 1. 2. 1818) und dessen Ehefrau Christina (geborene Schorn aus Bliesheim) geboren. Arnold Klütsch heiratete mit Maria Cossmann (12. 11. 1747 – 6. 8. 1829) aus Fühlingen eine vermögende Faßbinderswitwe, für die er in der Franzosenzeit geschmuggelt hatte. Der Text auf der Abbildung – und auch andere Indizien –, so Johann Palm Mitte 1984, würden belegen, daß der Weinwirt Klütsch der Fressklötsch gewesen sei.
Doch diese Version scheint mir aus mehreren Gründen nicht haltbar. Der gewichtigste ist sicherlich der, daß im Zusammenhang mit den Klütschschen Weinsälen – die in der Kölner Literatur sehr oft erwähnt werden – nie auch vom Fressklötsch die Rede ist. Auch die im Landeshauptarchiv in Koblenz aufbewahrte Akte, derzufolge am 18. 6. 1839 in Düren ein Weinhändler aus Köln namens Klütsch festgenommen wurde, der »ein gefährlicher Mensch« und »dem Trunke leidenschaftlich ergeben« war und der »kraftvolle Worte gegen Seine Königliche Hoheit richtete«, steht in keinem Zusammenhang mit dem Fressklötsch. Denn dieser wirkte im Jahre 1839 noch als ehrbarer und angesehener Bürger in Köln.

In diesem Zusammenhang sind die Ausführungen von Josef Bayer von Bedeutung:
»Klütsch war von sehr gutmütigem Charakter, und wenn er wegen seiner unerhörten Verdauungsfähigkeit oft auch die Zielscheibe der derbsten Witzeleien sein mochte, so gab er sich doch nie den Anschein, gekränkt zu sein, sondern lachte herzlich mit. Nur in einem Falle ist bekannt geworden, daß er sich wegen seines Beinamens Freß-Klötsch zum Zorn hinreißen ließ. So erzählte mir im Oktober 1911 Fräulein L., eine in Kölner Kreisen sehr bekannte Musiklehrerin, daß sie im Jahre 1836 als neunjähriges Mädchen zum Klütsch auf den Eigelstein geschickt worden sei, um diesen zu ihrem in der Marzellenstraße wohnenden Vater zu bestellen, der sein Urteil über einen antiken Schrank hören wollte. Als das Mädchen an der Haustür klopfte, erschien Klütsch, und als die Neunjährige, wie ihr aufgetragen, fragte: ›Wohnt hier der Freß-Klötsch?‹ zog er das Kind in den Hausflur und verprügelte es so heftig, daß sich die Nachbarn ins Mittel legen mußten. Das hat damals dem neunjährigen Mädchen so imponiert, daß Frl. L. im 85. Lebensjahre diese Episode noch mit den lebhaftesten Farben schildern konnte. Auch die Gesichtszüge ihres damaligen Widersachers hatte sie noch so gut in Erinnerung, daß sie in dem ihr vorgelegten Bild von Simon Meister den wahren und echten Freß-Klötsch sofort und sicher wiedererkannte.«
Auch die Mutter des Schriftstellers Heinrich Sartorius hat, wie dieser in den 20er Jahren mitteilte, den Fressklötsch noch persönlich gekannt. Von ihrem Haus aus konnte sie in den Hof des von Klütsch bewohnten Hauses sehen. Dabei hatte sie im Sommer oft beobachtet, daß Klütsch eigenhändig einen ganzen Eimer voll Kartoffeln schälte und auch einen Eimer voll Gemüse oder Salat putzte. Dazu habe sich Klütsch ein Stück Fleisch zubereitet, an dem zehn bis zwölf Personen genug gehabt hätten. Und das auch noch zu einer Zeit, so die Erinnerungen der alten Dame, wo die Frau von Klütsch verreist gewesen sei. Weniger der Umstand, was und wieviel Klütsch zubereitet hat – er hatte auch zwei heranwachsende Söhne, Michael (geb. am 7. 7. 1816) und Johann (23. 5. 1820) zu beköstigen –, als vielmehr die Bestätigung, daß Klütsch am Eigelstein wohnte, sind hier von Bedeutung.
Wenden wir uns noch einmal dem Bild und einer in den dreißiger Jahren im »Kölner Stadt-Anzeiger« erschienenen Beschreibung zu: »Das mächtige Haupt, das auf dem Bild von Simon Meister uns so gewichtig und mit bewußter und bürgerstolzer Miene ansieht, scheint trotz der Photographierhaltung den Vatermörder zu sprengen. Die mächtige Körperkraft spricht aus den Wölbungen an Kinn, Stirn, Schultern und Brust. Dabei war Klütsch von untersetzter Figur, aber stark wie ein Bär. Seine Breite war eher die Folge der Muskelpakete, wie man heute sagt, als von Überernährung oder Fettleibigkeit. Sein Stiernacken, seine Arme und mächtigen Fäuste waren respekteinflößend und nebenbei so etwas wie das notwendige Rüstzeug eines Mannes, der sich zum Original entwickelt, ein Gegenstand der Bewunderung.«
Bei der glänzenden Wiedergeburt des Kölner Karnevals im Jahre 1823 war

Der Alter Markt um das Jahr 1790. Vor dem Rathaus die Gaddemen (Verkaufsbuden)

auch Klütsch von Anfang an dabei und nahm an vielen Sitzungen und Versammlungen teil. Im Rosenmontagszug soll er einmal die Rüstung des Jan von Werth – aus dem Kölner Stadtmuseum entliehen – getragen haben, weil sonst niemand im Stande gewesen sei, diese fortzubewegen. Carl Cramer hat diese Episode – wie auch einige andere – in eine 1848 oder 1849 verfaßte Karnevalsburleske »Die Kölner im Himmel« aufgenommen.
In einer zeitgenössischen Schilderung des Karnevalszuges, der unter dem Motto »Die kölnischen Olympischen Spiele« 1843 (?) durch Köln zog, heißt es: »Um sich an den Spielen zu beteiligen, waren im Zuge der alte Dessauer, Prinz Eugenius und sein Kriegskamerad Marlborough, König Karl XII. von Schweden, Ludwig XIV. und Napoleon I. auf seinem Schimmelchen, in welthistorischem Hut und grauem Rock (Sein Darsteller hatte mit ihm die frappanteste Ähnlichkeit.) Dann erschienen in einer prächtigen Muschel Neptun mit dem Dreizack und seine Gemahlin, dicht hinter diesen der sogenannte Freß-Klütsch, als Bär costumiert, der, weil er zu stark geseufzt hatte, auf Neptuns Befehl seinen Höhlenwagen verlassen und zum Gaudium der Zuschauer in seiner Bärenhaut über den Heumarkt spazieren mußte.«

Mit dem gleichen Interesse, mit dem sich Johann Arnold Klütsch dem Karneval widmete, war er auch bei der Freiwilligen Feuerwehr tätig, an deren Auf- und Ausbau er maßgeblich beteiligt war. Die Tatsache, daß er es bis zum Sous-Chef brachte und auch als Taxator für die Stadt tätig war, beweist, daß Johann Arnold Klütsch bis zu seinem Lebensende – er starb nach kurzer Krankheit an einer Unterleibsentzündung und einem hinzugetretenen Stickfluß am 29. November 1845 in seiner Wohnung, Eigelstein 97 – ein angesehener Bürger war. Rund dreißig Jahre nach seinem Tode verfaßte ein (unbekannter) Karnevalsfreund ein lustiges Lied, das am 24. Januar 1881 in einer Komitee-Sitzung auf die »Wirtshaus-Melodie« gesungen wurde:

> Als Köttel off mer vum Fressklötsch
> Ming Bäß verzallt. Nä, Donnerletsch!
> Dä Minsch dä hatt ne Mage,
> Dä wor der wie'ne Schlotter groß,
> Su vill kunt dä verdrage.
>
> Dä Klötsch wor söns 'ne gode Mann,
> Wie he ze Kölle vill mer hann;
> Doch kunnt sich keiner messe
> Met im, wenn hä ens dann un wann
> Sing Kuns gezeig em Esse.
>
> Als Beispill weed he angefoht:
> Zor Zick, als alles mer noch moot
> An jeder Pooz verstöre,
> No Neppes op de Kirmes leht
> Der Klötsch sich enviteere.
>
> Do wodt gehörig sich vermaht
> An Platz un Kaffe, Wing un Taat.
> Un als met vollem Mage
> Hä op der Heimweg wod gebrahd,
> Moot hä en Schink noch drage.
>
> Hä daach dobei en singem Senn:
> Die geit stell met zor Pooz erenn.
> Doch sollt dat nit gerode,
> Dä Grönrock met dem is're Penn
> Dä merkte wahl dä Brohde.
>
> »Was hat er da denn unter'm Arm?
> Ein Schinken? Und wohl gar noch warm;
> Der muß versteuert werden!

Zur Waage schnell, sonst ohn' Erbarm'
Wird confiscirt er werden.«

»Nä«, schreit dä Klötsch, »do weed nix drus,
Doför sinn ich mich och noch us;
Eh ich die Schink verstöre,
Dunn ich he vör der Nasen Üch
Dat Besge noch verzehre.«

Un unse Klötsch dä hilt si Woht,
Die Schink hä zo Gemöth sich foht,
Un wie hä die gegesse,
Säht hä: »Su Mann, no halt üch got,
Ich well jitz gonn jet esse«.

Professor Kreuser

Johann Peter Balthasar Kreuser
geboren am 4. August 1795 in Köln, Johannis-Str. Nr. 2842 (Nr. 4)
gestorben am 18. Oktober 1870 in Köln, Marzellen-Str. 44
Lehrer, Poet, Humorist und Gelehrter

Der junge Johann Peter Balthasar war der Stolz der Familie, deren Oberhaupt der »Warenmakler in Spezereyen« Peter Anton Kreuser war. Einflußreiche Gönner ermöglichten es der Familie, den begabten Sprößling nach dem Abitur auf die Berliner Universität zu schicken. Hier schloß Kreuser während seines Studiums Bekanntschaft mit Johann Wolfgang von Goethe, der den »Studenten aus Köln« in seinen Tagebüchern erwähnt.
Im Jahre 1819 kehrt der junge Philologe Kreuser nach Köln zurück: hier erhält er – 25 Jahre jung – eine Anstellung am Marzellen-Gymnasium. Wer hätte zu diesem Zeitpunkt gedacht, daß der »Neue« vierzig Jahre an dieser berühmten Lehranstalt bleiben würde? Vierzig Jahre, die Kreuser zu einem bekannten Original werden ließen.
Im Jahre 1823 feierte Köln die Wiedergeburt des Karnevals. Entscheidend mit daran beteiligt war auch Kreuser, der jedoch erst einige Monate später

ein offizielles Komitee-Amt übernahm. Schon bald war der junge Mann als geistvoller Redner ebenso gefragt wie als unermüdlicher Liederdichter. Bis ins hohe Alter blieb er dem Karneval treu. So lesen wir in einem Bericht des Jahres 1864:
»Zwei Veteranen des Karnevals, Professor Kreuser und Domcapellmeister Leibl erschienen in der vierten Comitee-Sitzung und wurden mit Jubel begrüßt. Erster hielt einen trefflichen Vortrag über das Gemüth und den Frohsinn der edlen Kölner ...« Doch nicht nur der Karneval profitierte von Kreusers Geistesblitzen. Vielmehr gehörte er schon sehr früh zum festen Mitarbeiterstab des Beiblattes zur »Kölnischen Zeitung«. Dieses »Beiblatt« erschien seit dem 3. März 1816 in der Regel zweimal im Monat, um – so der Herausgeber DuMont – »den Literaturfreunden gewissermaßen eine Übersicht der neuesten Erscheinungen in Wissenschaft und Kunst zu liefern«. Dieses »Beiblatt« sollte aber auch »mancherlei Aufsätze zur Unterhaltung und Gemeinnützigkeit, Beiträge zur vaterländischen Geschichte usw.« enthalten. Bis zum Jahre 1838 erschien das »Beiblatt«, welches sich schon sehr früh großer Anerkennung erfreute, weil namhafte Persönlichkeiten zu den ständigen Mitarbeitern gehörten. In diesem »Beiblatt« besprach Kreuser in sechs aufeinander folgenden Ausgaben eine bei DuMont-Schauberg herausgekommene deutsche Verslehre seines Kollegen Dr. Johann Joseph Dilschneider, der sich als Lehrer am Marzellen-Gymnasium einen Namen gemacht hatte und der – ebenso wie Kreuser – viele Lieder für den Karneval verfaßte. In den Jahren 1823–1824 schrieb Kreuser insgesamt sieben Folgen über »Das Wandern der Bildung«. Mit Marcus DuMont verband ihn bald eine tiefe Freundschaft.
Kreuser gehörte zu den Gründungsmitgliedern des »Literaturkränzchen«, dessen Teilnehmer ausschließlich Mitarbeiter des »Beiblattes« waren. Neben Dr. Johann Joseph Dilschneider gehörten der Dichter Samuel Schier, der Gründer des Vereins bildender Künstler Dr. Ernst Weyden, der Schriftsteller Dr. Johann Baptist Rousseau, der Maler, Kunstsammler und Museums-Konservator Matthias Joseph DeNoël und der Geistliche Wilhelm Smets diesem »Literaturkränzchen« an. In seinen Beiträgen für das »Beiblatt« beschäftigte sich Kreuser auch viel mit Kirchenbaukunst, die er außerdem in einem umfangreichen Werk darstellte. Fachmännisch besprach er die von Sulpiz Boisserée herausgegebenen »Ansichten und Risse des Kölner Domes«.
Über allen Aktivitäten von Kreuser sei nicht vergessen, daß er in erster Linie Lehrer war. Und hier legte er den Grundstein für seine bald einsetzende Popularität. Bei den Schülern war Kreuser einerseits sehr beliebt, andererseits aber auch gefürchtet. Er stellte hohe Ansprüche und ließ sich bei der Beurteilung von Leistungen durch niemanden und nichts beirren. Adolf Kolping war einer der Schüler, die die unerbittliche Härte des Experten der griechischen Sprache zu spüren bekamen. Der spätere Gesellenvater, der als Erwachsener sein Abitur nachholen mußte, um studieren zu können, scheiterte an Kreuser, der ihm wegen mangelnder Kenntnis griechischer Vokabeln verwehrte, eine

Klasse zu überspringen. Später wurden sie trotzdem gute Freunde. Beliebt war Kreuser insbesondere, weil er seinen Schülern selbst die ärgsten Streiche verzieh – vorausgesetzt, diese waren originell und wiederholten sich nicht. Für viele Schüler wurde Kreuser zum Reizobjekt, weil er mit seiner zischenden Sprache – er stieß mit der Zunge an – einige drollige Töne hervorbrachte.

Der gelehrte Schülerfreund und Homerkenner wurde bald nur »Hüx, der göttliche Sauhirt« genannt, und zwar aufgrund der ständigen Ermahnungen an seine »Herde«, wenigstens beim Aufsagen der griechischen Verse ihre vierbeinige Natur zu zügeln und Hexameter nicht so »saumäßig herunterzugrunzen«. Ein hochaufgeschossener, fauler Bengel mußte sich einmal die Bemerkung Kreusers »du bischt zwar eine große Monschtranz, aber mit wenig Heiligtum drin« anhören.

Als Kreuser einmal diktierte ». . . da plagte ihn ein böser Teufel . . .«, unterbrach ihn ein Schüler: »Herr Professor, gibt es denn auch gute Teufel?«. »Nein, mein Junge«, kam postwendend die Antwort, »aber dumme Teufel, arg dumme Teufel!« Und damit hatte Kreuser die Lacher wieder auf seiner Seite. Als Kreuser einmal – wie es seine Gewohnheit war – mit dem Hut in der Hand über den Schulhof schritt, wurde er Zeuge einer Unterhaltung, die zwei Schüler hinter seinem Rücken führten. »Sag ens«, so hörte er die Stimme des einen, »woröm dräht dä Kreuser eigentlich singen Hoot luuter en de Hand un nit om Kopp?« Worauf der andere Schüler die Antwort gab: »Dat es doch klor, op e leddig Döppe bruch mer doch keine Deckel zo dunn!« Erstaunt waren die beiden, als sich Kreuser umdrehte und in freundlichem Ton meinte: »Der Witsch war gut!« An den einen Jungen gewandt fuhr er fort: »Aber Du, Kyll, bischt ein frescher Kerl, Du kannscht noch einmal Stadtrat werden.« Wie recht sollte Kreuser behalten: Theodor Kyll wurde 1870 in die Kölner Stadtverordneten-Versammlung gewählt und dort zum Original.

So gut sich Kreuser mit seinen Schülern verstand, so wenig hielt er von seiner vorgesetzten Schulbehörde. Gegen seine Vorgesetzten konnte Kreuser recht bissig werden. Als ihm eines Tages der Schulrat empfahl, das unterlassene Oberlehrerexamen nachzuholen, meinte Kreuser achselzuckend: »Ja, wer soll mich denn exschaminieren? Sie vielleicht, Herr Schulrat?« Als sich der gleiche Vorgesetzte anläßlich einer Schulvisitation peinlich von Kreusers Kleidung berührt fühlte – dieser trug wieder einmal einen total verschossenen und schäbig aussehenden Rock – und fragte: »Herr Kreuser, haben Sie denn keinen ordentlichen Rock?«, erhielt er die keineswegs verlegen klingende Antwort: »Aber doch! Den tschiehe isch aber nur dann an, wenn isch ordentlischen Leuten aufwarte!«

In seinen Schülern fand Kreuser bald auch seine Nachahmer. So mancher rühmte sich seines prominenten Lehrers, wenn er in Gesellschaft oder bei politischen Diskussionen ob seiner Scharfzüngigkeit gelobt oder getadelt wurde. Insbesondere sorgten sie dafür, daß Kreusers drastische Witze, durch

Sprache und Gebärde dem »Original« nachgeahmt, der Nachwelt überliefert wurden. Bei dem Kreuserschen Zungenschlag sicherlich ein ganz besonderes Vergnügen. So wundert es nicht, daß Kreusers Barbier Moritz nach dem Ableben seines prominenten Kunden zu einem gemachten Mann wurde, weil viele Kölner zu ihm kamen, um aus seinem Munde immer wieder neue Geschichten »vum ahle Prufessor« zu hören. Und Barbier Mortiz verstand es ausgezeichnet, Ernstes und Heiteres, Wahres und Legendäres weiterzugeben, natürlich zum Nutzen seines Geschäftes.
In Kölns geselligen und gesellschaftlichen Kreisen war der Professor ein gern gesehener Gast. Bei allen Gelegenheiten mußte er das Wort ergreifen, um hier einen Toast auf die Gastgeberin, dort eine Lobrede auf den Gastgeber auszusprechen. Sarkasmus und urwüchsiger Witz offenbarten sich in den Tischreden des Professors.
So beschloß er seinen Toast anläßlich eines Festessens zu Ehren des früheren Religionslehrers am Marzellen-Gymnasium, Professor Martin, der 1856 zum Bischof von Paderborn erwählt worden war, mit den Worten:

»Es lebe von hinten und von vorn
Der neue Bischof von Paderborn!«

Ein anderes Mal war das Lehrerkollegium des Marzellen-Gymnasiums von Oberbürgermeister Hermann Joseph Stupp zum Abendessen eingeladen worden. Bei dieser Gelegenheit brachte Kreuser einen Toast aus, der – keine Seltenheit bei ihm – viel zu lang geriet und deshalb auf Drängen der Lehrerkollegen sehr abrupt abgebrochen wurde, allerdings unter allgemeinem Gelächter, weil Kreuser schloß:

»Mein Nachbar gibt mir einen Knupp;
Es lebe der Oberbürgermeister Stupp!«

Bei anderer Gelegenheit neckte sich Kreuser mit dem Pfarrer Thissen von St. Georg, der als Stegreifdichter ebenfalls bekannt war. Kreuser hatte stets ein Notizbuch zur Hand, in das er spontane Einfälle sofort notierte. Auf dieses Büchlein spielte Thissen an, als er scherzhaft meinte: »Hierauf stützt sich wohl Ihre ganze Weisheit?« »In diesem Büchlein«, konterte Kreuser, »steht mehr Wissen als in dem Pfarrer Thissen!« Der Pfarrer, nicht verlegen, fand ein Deckelchen auf das Kreusersche Töpfchen: »Und der Herr Kre-user wird alle Tage konfuser!«
Als Professor Kreuser bei einem Familienfeste einer sehr offenherzig gekleideten Dame gegenübersaß, wandte er sich – für die ganze Gesellschaft gut vernehmbar – an die Gastgeberin und sagte bedauernd: »Wie muß die arme Dame da drüben frieren, die in der Eile vergessen hat, ihr Hemd anzuziehen. Oder sollte sie wirklich keines mehr haben? Dann verfügen Sie über mich, denn man hat mich heute Morgen zum Armenvater gemacht!«
An allen Sonn- und Feiertagen erschien Professor Kreuser im Dom, um am Meßopfer teilzunehmen. Als er am Morgen des Pfingsttages auf dem Wege

Das Marzellen-Gymnasium im Jahre 1831. Drei Jahre zuvor war es nach Plänen von P. J. Weyer instandgesetzt worden

zum Dom einem Bekannten begegnete, grüßte er diesen mit den Worten: »Ich wünsche Ihnen auch den heiligen Geist, den unheiligen haben Sie ja schon!« Vincenz Statz, der Diözesan-Dombaumeister, war einer der wenigen, die nicht gut auf Professor Kreuser zu sprechen waren. Hatte sich dieser doch erdreistet, scharfe Kritik an seinem Kunstschaffen zu üben, nachdem er die Pläne für den Linzer Dom gesehen hatte. Die Rache des Dombaumeisters dafür sollte nicht ausbleiben. Da Kreuser alltäglich zur gleichen Zeit seinen Spaziergang um die Stadt machte, lauerte ihm Vincenz Statz auf und verwickelte ihn in ein längeres Gespräch. Während dieser Zeit ließ Statz den Professor – von diesem unbemerkt – durch seine Mitarbeiter auf dem Zeichenblock portraitieren. Diese Skizze diente Vincenz Statz als Vorlage für einen Wasserspeier, der so – an Schloß Haan (Geldern) angebracht – die markanten Gesichtszüge des Kölner Originals erhielt.

Regelmäßig besuchte Kreuser den Kölner Weihbischof Johann Anton Friedrich Baudri, dessen Bruder Peter Ludwig Friedrich – Maler, Stadtrat und Volksredner – immer mit von der Partie war. Hier, im Beisein vieler Künstler, amüsierten sich alle, wenn Kreuser sich über bekannte Persönlichkeiten ausließ. Der Weihbischof, ein sehr geselliger Mann, ließ – wenn Kreuser es übertrieb – verlauten, der oder jener habe sich aber sehr lobend über Kreuser geäußert. Doch auch solche Bemerkungen konnten Kreuser nicht beirren: er gab seine eigenwilligen Beurteilungen weiterhin zum besten.

Nicht selten kam es vor, daß Kreuser unangemeldet irgendwo erschien, sicherlich meist in der Absicht, zum Essen eingeladen zu werden. Seinen eigenen Haushalt führten seine beiden Schwestern, die ihren Bruder recht häufig

und in der gebotenen Lautstärke vor unberechtigten Vorwürfen in Schutz nahmen. Gewöhnlich wurde Kreuser in allen Haushalten gerne aufgenommen. Doch immer paßten seine Besuche natürlich nicht in die Dispositionen der von ihm »beglückten« Haushalte. Hier gab es nur ein Mittel, um den Gast wieder loszuwerden: bei der Ankündigung, es gebe »köstlichen Hammelbraten«, ergriff Kreuser, der Hammelfleisch wie die Pest haßte, die Flucht. »Wichtige Amtsgeschäfte« waren dann seine Entschuldigung.
Die ungemein rege Bautätigkeit Mitte des 19. Jahrhunderts erwies sich für Köln auch in wirtschaftlicher Hinsicht als sehr günstig, denn es kam viel Geld unter die Leute. Kein Wunder, daß sich auch wieder der Kunstsinn regte. Kardinal von Geissel und Weihbischof Dr. Baudri waren sehr kunst-

Johann Peter Balthasar Kreuser

freundlich gesinnt. Als Berater in Fragen älterer kirchlicher Kunst waren u. a. August Reichensperger und der in solchen Fragen gut beschlagene Professor Kreuser besonders gefragt. Auf ihre Anregung wurde im Jahre 1860 der »Verein für christliche Kunst« in Köln ins Leben gerufen, der in Fragen der kirchlichen Kunst von Beginn an anregend und fördernd wirkte. Mit dem aus Neviges nach Köln übergesiedelten Orgelbauer Franz Sonreck wurde Professor Kreuser nach seiner im Herbst 1859 erfolgten Pensionierung oft in der »Ewigen Lampe«, in lange Gespräche vertieft, gesehen.
Franz Sonreck, ein Mann, der am geselligen und kommunalen Leben regen Anteil nahm und sich als Humorist und Gelegenheitsdichter sowie als Referent in stadtkölnischen Angelegenheiten einen Namen gemacht hat, schrieb

zeitweise für die »Kölnische Volkszeitung« Kunstberichte und Bücherbesprechungen. Seine flotte Schreibweise fand viel Beifall und seine Auffassungen von zeitgenössischer Kunst unterschieden sich erheblich von Professor Kreuser, mit dem er aber gerne die Klinge kreuzte, auch in Knittelversen, stets zur Freude aller Anwesenden.

Anläßlich einer Kinderkommunion im Hause von Franz Sonreck lernten sich Domkapitular Johann Wilhelm Alexander Schnütgen und Professor Kreuser kennen; der Gastgeber hatte sie beide nebeneinander gesetzt. Im Verlaufe einer Unterhaltung sprach Schnütgen über das von einem Verleger in Brixen herausgebrachte zweibändige Buch »Allerlei aus dem Kunstgebiete«, welches Professor Kreuser verfaßt hatte. Schnütgen berichtet dazu in seinen »Kölner Erinnerungen«: »Als mein Nachbar (Kreuser) erkannte, daß ich sein Buch gelesen hatte, bekam er Respekt, der sich noch steigerte, als die Rede zufällig auf Professor Kraus in Freiburg kam, auf den er sich nicht sogleich zu besinnen schien. Meine Verwunderung darüber kam ihm befremdlich vor, bis ich sie grammatikalisch begründete durch die Andeutung, daß dieser doch sein Komparativ sei (Kraus – Kreuser). An solchen Bemerkungen hatte der alte Sarkast seine Freude, zumal er sie gern mit meinem Vater, seinem alten Schüler, in Verbindung brachte; und ich merkte ihm an, wie ich in seiner Achtung stieg. Dies veranlaßte mich, dem Vielwisser, der sich gern mit einem Folianten (einem in Schweinsleder gebundenen, wie ein Spötter scherzhaft meinte) verglich, mancherlei Fragen aus dem Gebiete der kirchlichen Symbole vorzulegen, die ihm besonders geläufig war. Die Antworten waren in der Regel pointiert, wie er immer und überall als Original sich bewährte, etwas derb und veraltet, aber ehrlich und interessant, dazu kein Spielverderber. Auf dem Kunstgebiet war Kreuser mehr Archäologe als Ästhetiker, und von Geschmack wie von der Formenkenntnis waren seine Unterweisungen und Ratschläge wenig geleitet. Auf die sinnbildliche, also die kirchliche herkömmliche Art der Darstellung, bezogen sich vornehmlich seine an die Künstler gerichteten Belehrungen, die schriftlichen wie die mündlichen; denn gerne versammelte er sie um seinen Lehrstuhl, den er opportune importune aufschlug, wo immer dazu sich Gelegenheit bot in dieser noch recht unbefangenen Zeit, der auf die mittelalterlichen, namentlich die gotischen, Vorbilder eingeschworenen Kunstrichtung. Da seine Art des Vortrags zum Widerspruch lockte, fehlte es auch nicht leicht an solchen, die ihn leisteten, und aus dem Walde heraus schrien wie hineingerufen war.«

Aus dieser Zeit liegt uns auch eine Schilderung von Hermann Becker vor, dem der Professor des öfteren in der »Ewigen Lampe« begegnete: »Professor Kreuser hatte eine laute, polternde Art zu reden, und was er sagte, zischte er wegen eines Zungenfehlers förmlich hervor. Dabei lachte er dröhnend und pflegte meist auch durch seine Worte ein Gelächter hervorzurufen. Er war ein derb gebauter, untersetzter Mann. Auf dem gedrungenen Körper saß ein ungeheurer Kopf mit einer Fülle gesträubter weißer Haare. Das Gesicht hatte eine ins purpur gehende Broncefarbe und war etwas von Pocken zerris-

sen. Unter einer gewaltigen Stirne lugten ein Paar nicht große, aber ungewöhnlich kluge Augen hervor, die sehr spöttisch, aber auch – wenn ihm widersprochen wurde – sehr drohend blicken konnten.
Der Ausdruck seines beweglichen Gesichtes erinnerte beim Sprechen an den Philosophen Schopenhauer, aber der ganze Kopf in seiner Schädelbildung gemahnte mehr an Beethoven und Rubinstein. Die Gesichtszüge dieser drei Personen waren nach meiner Erinnerung in seinem Gesicht vereinigt, aber alle etwas vergröbert, ins Massige gehend.« Nach seiner Pensionierung – vierzig Jahre hatte er am Marzellen-Gymnasium unterrichtet – machte es sich Kreuser zur Gewohnheit, täglich zur gleichen Stunde mit der Regelmäßigkeit eines Uhrwerkes über den Glacisweg einen großen Teil der Stadt zu umwandern. Oftmals wurde er dabei vom Kölner Stadtarchivar Leonard Ennen begleitet, mit dem er gerne Domino spielte. Gelegenheit dazu bot sich des öfteren, denn so manches Kaffeehaus lud die Wanderer zur Rast ein. In seiner Tracht sah der alte Herr sehr würdevoll aus. Seinen alten, schon abgetragenen, von der Sonne verblichenen Zylinder trug er stets in der Hand und darunter lugte das bekannte Schnupftuch hervor: aus Baumwolle und mit einem Würfelmuster. Sein Rock hatte lange Schöße, in einer Seitentasche steckte stets eine große Schnupftabakdose, deren Inhalt ihm über manchen Ärger hinweghalf. Viele seiner ehemaligen Schüler nahmen gerne die Gelegenheit wahr, ihrem alten Lehrmeister »aufzulauern«, um mit ihm alte Erinnerungen auszutauschen. Zehn Jahre lang konnte Professor Johann Peter Balthasar Kreuser seinen wohlverdienten Ruhestand genießen und sich ungestört seinen literarischen Arbeiten widmen.
Nach seinem Tod am 18. Oktober 1870 in seiner Wohnung in der Marzellenstr. 44 sorgten seine ehemaligen Schüler dafür, daß ein Portrait in Medaillonform seine Grabstätte auf Melaten schmückte. In einem Nachruf heißt es im »Rheinischen Merkur«: »Professor Kreuser war nicht blos ein Gelehrter, sondern auch ein großer Humorist und ein echter Kölner von altem Schrot und Korn. Seine Gedichte enthalten wenig Poesie, aber viele klare Gedanken; er war stets schlagfertig, ein geistreicher Widerpart und verstand es, fließend in Knittelversen zu sprechen.«

Begründer der Millowitsch-Dynastie

Franz Andreas Millowitsch
geboren am 26. Februar 1797 in Küstrin, Reg. Bez. Fankfurt/Oder
verheiratet mit Maria Agnes geb. Junck
gestorben am 15. Juni 1875 in Köln
Lohkuchenhändler, Bauchredner, Sänger, Puppenspieler

Bereits als Fünfjähriger spielte Franz Andreas auf dem Großen Griechenmarkt »met Ömmere«. Mit seiner Mutter Maria Catharina und seinen Geschwistern Johanna Eleonore (geb. 20. 9. 1795) und Maria Catharina Dorothea (geb. 12. 7. 1801) war er 1802 nach Köln gekommen, nachdem Vater Nikolaus Mil(l)owitsch, genannt Maulbert, am 30. 12. 1800 zu Pütz in der Neumark verstorben war.
Der Name Maulbert, »welches wie behauptet wird die Übersetzung des ungarischen Namens Millowitsch sein soll«, so im Jahre 1820 »Hochwürden ergebendster Diener Dittmarsch, Oberprediger an der Evangel. Pfarr-Kirche Cüstrin«, hat bis Ende 1984 alle Millowitsch-Forscher in die Irre geführt, weil Urkunden unter dem Decknamen des ehemaligen preußischen Musketiers angelegt sind. Einmal auf der richtigen Spur, erfahren wir bislang unbekannt gebliebene Einzelheiten. So auch, daß die Mutter in Köln erneut heiratete, damit die Kinder nicht vaterlos aufwachsen mußten. Doch Johann Adam Becker segnete schon bald nach der Hochzeit das Zeitliche.
Franz Andreas entwickelte viele Talente: er bastelte Stockpuppen, spielte virtuos Akkordeon und erlernte das Handwerk eines Rotgerbers. Von 1815 bis 1820 diente er im Bergischen Infanterie-Regiment und versuchte sich, ins Zivilleben zurückgekehrt, in Köln als Rotgerber. Spätestens ab 1823 bestritt Franz A. Millowitsch seinen Lebensunterhalt – und den seiner Frau Maria Agnes – als Tagelöhner mit dem Befördern von Lohkuchen. Zu dieser Zeit wohnte er am Großen Griechenmarkt Nr. 56. Ganz in der Nähe, am Rothgerberbach, kaufte er die Abfälle der dort tätigen Gerber auf, formte aus diesen die Lohkuchen, die er den Kappesbauern als Düngemittel verkaufte. Aber auch einige Hausfrauen, die die Lohkuchen zum Feueranmachen benutzten, gehörten zu seiner Kundschaft.
Mit der Zeit gingen die Geschäfte immer schlechter. Im gleichen Maße, wie sich die Familie vergrößerte, verringerte sich das Einkommen, so daß sich Franz gezwungen sah, mit einigen Nebeneinkünften dafür zu sorgen, daß wenigstens der größte Hunger abgewendet werden konnte. Er betätigte sich als Straßensänger, und da er gut »om Quetschenbüggel« spielen konnte, war er bald in Köln bekannt. Als Bauchredner wußte er insbesondere die Kinder zu faszinieren – nur hatten die leider keine Groschen oder Pfennige, um ihn

zu »entlohnen«. Etwa Ende der dreißiger Jahre bot der Handel mit Lohkuchen keine Ertragsaussichten mehr: die Zahl der Bauern wurde geringer, außerdem versprach Gustav Liebigs künstlicher Dünger bessere Erträge. Franz A. Millowitsch gab den Lohkuchenhandel auf und verlegte sich auf das Puppenspiel. An der Schiffsbrücke auf der Deutzer Seite stand er bereit. Sobald die Brücke ausgefahren wurde, um ein Schiff passieren zu lassen, zauberte er seine Puppen hervor und unterhielt die Wartenden mit kleineren Possen, Krätzchen und Faxen. Dabei wurde die Spielhandlung davon bestimmt, innerhalb welcher Zeit die Brücke aus- und eingefahren werden konnte. Franz hatte schnell erkant, wie lange er seine Puppenstückchen zum Besten geben durfte, um noch rechtzeitig mit dem Hut zu kassieren. Doch die Erträge waren kümmerlich. Zwar gefiel den wartenden Bürgern das Hänneschenspiel, doch fiel es ihnen schwer, neben dem zu entrichtenden Brückenzoll von zwei Pfennigen pro Person auch noch dem Puppenspieler etwas zu geben. So war Franz A. Millowitsch weiter darauf angewiesen, als Straßenmusikant durch die Viertel zu ziehen.

Da Franz und seine Familie förmlich von der »Hand in den Mund« leben mußten, versuchte er, eine Konzession für ein Puppentheater in der Stadt zu erhalten. Doch hier hatte Christoph Winters eine Monopolstellung. Mit dem Bemerken, daß keine zwei Puppentheater in Köln zugelassen werden könnten, wurde sein Antrag von der Königlichen Regierung abgelehnt. Er ließ sich

»Ansicht der Brücke zwischen Cölln und Deutz« in phantasievoller Umgebung. Lithographie von Ehretschmann, nach 1822

jedoch nicht entmutigen; in einem neuen Antrag bat er »um Conzeßionirung zur Anlage eines Puppentheaters in einer gewissen, allenfalls zu bestimmenden Entfernung von der Stadt«.

Doch auch diesem Antrag wurde nicht entsprochen. Der enttäuschte Familienvater, der in einem Brief vom 16. August 1843 darauf hingewiesen hatte, »wie einem Tagelöhner zu Muthe ist, der sich immerhin in einer ungewissen Stellung befindet«, wandte sich mit diesem Schreiben an die oberste Regierungsbehörde, den Oberpräsidenten der Rheinprovinz, um möglicherweise doch noch Erfolg zu haben. Er legte als Nachweis seiner Berufserfahrung im Puppenspiel eine gedruckte Ankündigung einer Puppentheater-Vorstellung zu Bonn mit »Henneschen und Bestevater« bei. Dieser Zettel ist das älteste erhaltene Dokument über die Millowitsch-Bühne; er wird heute im Staatsarchiv Koblenz aufbewahrt. Zum Schluß der Ankündigung heißt es: »Es ladet ergebenst ein, Henneschen.« Doch bestehen keine Zweifel, daß es sich um Millowitsch handelt. Auf dem Ankündigungszettel spricht das »Henneschen«:

>Höt ens wat ich üch wel verzelle
>Wat ich un min Bestevater disen Ofend welle vörstelle,
>Ich han mir zu minger Benefiz ei Flintge gelade
>Dat wet ob alle Here und Dame wate
>Disen Ofend wel ich üch ens leere die Siebe Wetze
>Dobei mut ehr äfer nit stohn als setze.
>Dann sold ehr ens lachen,
>Wat et Hennesgen mit singem Bestevater
>Für ein Krimasse wet machen,
>Der Prihs es zwor hück en bisgen gatz,
>Ich denken efer doch dat et hück noch ens tüchtig wet besatz.

Der Schreibweise ist anzumerken, welche Mühe Franz A. Millowitsch mit der kölschen Sprache hatte. Dreizehn Jahre später ist es bei Franz A. Millowitsch wesentlich besser um seine Schreibweise bestellt. Aus dem »Hennesgen« ist das »Hänneschen« geworden und auch Hänneschens »Verzäll« hat in einer Ankündigung vom 9. November 1856 kölsches Format:

>Höht ens wat ich üch well verzelle
>Wat mer dißen Ovend wäde vörstelle:
>Die neueste Wetze wähden op üch wahde
>Dröm dunn ich üch allemolde hück enlade,
>För goot Plaaz un schön Spill es gesorg
>Aeffer vöruus gesaat, et wehd nitt geborg!
>Dröm dunn die geehrte Dame sich nit gineere
>Uns och ens met ehrem Besoch zu beehre.

Auch die Figur des »Tünnes« taucht auf: »Bei den Zwischenakten wird ein geehrtes Publikum mit drolligen Faxen, Versen und Liedern von Tünnes, Speimanes, Mehlwurms-Pitter, Hänneschen, Bestevader und Mariezebell amusirt werden.« Diesmal hat »Der Direktor Fr. Millowitsch« für sein »Großes konzessionirtes Puppentheater des allbekannten und beliebten wahren Kölner Hänneschen« seinen Namen genannt. Die ersten zwei Zeilen im »Hänneschen-Verzäll« beweisen eindeutig die Identität mit dem Verfasser der »anonymen« Ankündigung von 1842/43.

Doch zurück zum Bittgesuch von 1843: trotz seiner »flehentlichen« Bitten, dem Hinweis auf seine fünfjährige Militärzeit, der pünktlichen Zahlung der Gewerbesteuern – über 20 Jahre lang als Lohkuchenhändler –, die er durch Quittungen belegen will, der Angabe zweier Leumundszeugen, die den Brief mitunterzeichnen, blieb das Oberpräsidium hart. Am 23. August 1843 teilte die Regierungsbehörde Franz A. Millowitsch mit, daß »ein Puppentheater in Köln vollkommen befriedigt und keine Veranlassung vorhanden ist, in der Umgegend ein weiteres entstehen zu lassen«.

Millowitsch ließ sich dadurch nicht entmutigen: Er spielte weiter an der Deutzer Brücke, bereiste Bonn und das Kölner Umland, gab »Gastspiele« auf Volksfesten. Am 27. Oktober 1845 richtete er ein weiteres Gesuch auf Erteilung einer Puppenspielkonzession an den Oberpräsidenten der Rheinprovinz in Koblenz: er schildert die Not seiner Familie, verweist auf seine Verdienste als Soldat, unterstreicht seine berufliche Qualifikation und beschreibt sein bisheriges Schicksal. Er bittet ausdrücklich um die Konzession für eine Wanderbühne und argumentiert ganz im Sinne preußischer Ordnungsvorstellungen: »Daher dürfte ein solches Puppenspiel in kleinen Städten der Rheinprovinz um so angenehmer und nützlicher erscheinen, als erstens meine projectirten Vorstellungen sich auf Moral gründen, und zweitens die Menschenklasse der kleinen Städte hierdurch von Verschwendung, Trunk und Kartenspielsucht abgehalten würden.«

Diesmal hatte Millowitsch Erfolg: zwar war der Oberpräsident nicht zuständig, doch mit entsprechenden Rechtsbehelfen und Hilfestellungen erreichte das Gesuch die zuständige Königliche Regierung in Köln, die im Jahre 1846 Millowitsch schließlich die begehrte Konzession gab. Ab November 1847 spielte er bei Meist in der Siegburgergasse in Deutz. Nach einigen Gastspielen – u. a. in Aachen – kehrte Millowitsch nach Köln zurück. Tatsächlich gelingt es ihm 1849, das Monopol von Christoph Winters in Köln zu durchbrechen und in der Stadt – Weyerstrasse Nr. 44 – seinen Theaterbetrieb zu etablieren. Von diesem Zeitpunkt an führen die Adreßbücher Franz A. Millowitsch als »Puppen Theaterbesitzer.«

Da das Winterssche Monopol nun schon einmal durchbrochen war, machten sich im Laufe der Zeit weitere Hänneschen-Theater in Köln seßhaft, so daß es schließlich zu einem Überangebot an Puppenspielen kam. Das hatte zur Folge, daß Millowitsch erneut eine Gastspieltätigkeit aufnehmen mußte. Hier – und auch bei seinen Vorstellungen in Köln – sah der Spielplan u. a. vor:

Wilhelm Millowitsch, Sohn von Caspar Millowitsch und Enkel von Franz Andreas Millowitsch, setzte die Familientradition fort. Zum Ensemble um die Jahrhundertwende gehörte auch »Tünnes« Peter Classen

»Doktor Faust – mit Gesang und Feuerwerk«, »Fridolin«, »Die afrikanische Höhle«, »Die Bleidiebe« (1855) oder »Oberon« (1857). Mehrmals wechselte Millowitsch in Köln die Spiellokale: Weyerstrasse Nr. 44, Am Hof Nr. 68, Thieboldsgasse Nr. 70 und Wahlengasse sind überliefert; auch in einer Bretterbude vor Groß-St.-Martin gab er Faxenvorstellungen.
Nach dem Tod von Christoph Winters im Jahre 1862 war auch Franz A. Millowitsch unter denen, die den Wintersschen Namen übernehmen wollten. So bezeichnete er sich in einigen Ankündigungen als »Ersten rechtmäßigen Nachfolger von Chr. Winters«. Als 1869 die Gewerbefreiheit eingeführt wurde, hatte Franz A. Millowitsch sein Hänneschentheater bereits an seinen Sohn Caspar übergeben und sich zur Ruhe gesetzt.
Franz A. Millowitsch, Begründer der Millowitsch-Dynastie, starb am 15. Juni 1875. Josef Wach resümierte Jahre später, nachdem er Millowitsch in einem Gedicht beschrieben hatte:

»Lang litt hä unger Gras un Klie,
Der Quetschenbüggel singk nit mieh.«

Doctor Schabaudewing

Melchior Bauduin
geboren 1797 in Köln
gestorben am 17. April 1880 in Köln, Bürgerhospital
Wundarzt und Geburtshelfer

Er hat nie ein staatliches Examen als Arzt gemacht. Deshalb war Melchior Bauduin – wie aus einem Ärzteverzeichnis des Jahres 1854 hervorgeht – die »innere Medizin unbedingt untersagt«. Dabei hatte der Beamtensohn und Stolz der Familie kurz vor dem Ziel seiner Wünsche gestanden. Doch als er durch die unsachgemäße Anwendung giftiger Lymphe Unheil anrichtete, mußte er nicht nur sein Praktikum im Bürgerhospital unprogrammgemäß beenden, sondern sich auch einer gerichtlichen Untersuchung unterziehen, die der aus Oldenburg stammende Oberarzt des Bürgerhospitals angestrengt hatte, um von seiner eigenen Verantwortlichkeit abzulenken, wie Bauduin meinte. Das Ergebnis war für Melchior Bauduin niederschmetternd: der Erwerb des staatlichen Examens wurde ihm verwehrt. Fortan bezeichnete Bauduin den vermeintlichen Urheber seines Unglücks stets als »Mordmensch«. Sein ganzes Leben lang konnte Melchior Bauduin diese Episode, deren Folgen er unglücklichen Umständen zuschrieb, nicht vergessen. Und alles, was in späteren Jahren an den Namen »Oldenburg« erinnerte, rief bei Bauduin Abscheu hervor. Spaßvögel sollten sich diesen Umstand zunutze machen.
So durfte Melchior Bauduin nur als Wundarzt und Geburtshelfer ohne eigene Praxis tätig sein; damit war er ein Arzt »zweiter Klasse« – so dem Ärzteverzeichnis zu entnehmen. Als Anstaltsarzt fand er eine Anstellung am Frauengefängnis »Bleche Botz« in der Schildergasse. Möglicherweise hat die Bekanntschaft mit den dort einsitzenden Frauen bewirkt, daß er bis an sein Lebensende Junggeselle blieb. Die persönlichen Schicksale seiner Schutzbefohlenen, denen Bauduin nicht nur als Arzt, sondern auch als Beichtvater diente, gingen ihm doch sehr nahe und führten dazu, daß er das Alleinsein im privaten Bereich vorzog.
Dafür entwickelte Melchior Bauduin einige andere Vorlieben, deren eine ihm schließlich zu seinem Spitznamen »Schabaudewing« verhalf; eigentlich erstaunlich, denn niemand hat ihn jemals in Gaststätten gesehen. Doch unverkennbar war seine Vorliebe für einige hochprozentige Tröpfchen, die er nicht nur sich selbst, sondern auch seinen Patienten verordnete, die er gewissermaßen »nebenberuflich« betreute. Zu diesen, meist Familien der unteren Einkommensschichten, denen das Geld für den Besuch in der Praxis fehlte, ging Bauduin ins Haus. Stets gerne gesehen, oft als Retter in der Not begrüßt. In den Straßen war Bauduin bei jung und alt bekannt. Sommer wie Winter trug

er einen zylinderähnlichen Hut. Jedoch nicht an der Stelle, für die die Kopfbedeckung eigentlich gedacht war; vielmehr hielt Bauduin die Kopfbedeckkung stets in der rechten Hand, während er einen Regenschirm, der zweckentfremdet als Spazierstock Verwendung fand, in der anderen Hand trug. Originell auch seine Kleidung: der Mantel aus blauem Tuch, mit mehreren, verschiedenen großen Kragen, einer immer länger als der andere, schien aus dem vergangenen Jahrhundert zu sein. Sein Schanzläufer – so hieß das Kleidungsstück – erlangte eine gewisse Berühmtheit: wo ein solches Kleidungsstück im Straßenbild auftauchte, konnte nur der Doktor Schabaudewing darunterstecken. Wer ihm begegnete, ob bekannt oder nicht, wurde freundlich gegrüßt und guckte ihm verwundert nach, weil Bauduin ständig mit sich selbst sprach.
Bauduins unkonventionelle Heilmethoden sprachen sich in der Stadt schnell herum. Immer mehr Kranke äußerten den Wunsch, lieber von Bauduin kuriert zu werden, als den Arzt in der Praxis aufzusuchen. Schabaudewings ärztliche Anwendungen unterschieden sich auf sehr angenehme Art von den ansonsten üblichen Heilmethoden. So gab es in der Stadt noch zahlreiche Nonnen, die, um ihren Lebensunterhalt zu bestreiten, Heilkunde nach alter Art betrieben. Denn die breite Schicht der Bevölkerung hielt nicht allzuviel von der Heilkunst der Ärzte, auch des finanziellen Aufwandes wegen, was viele in der Heilkunde erfahrene Männer und Frauen ausnutzten, um greulichen Unfug mit der Gesundheit der Menschen zu treiben. So wurden zum

Zwecke der Wundbehandlung Leichenfett, Fuchsfett, Bärenschmalz und Schlangenfett (nichts anderes als ein mit Zusätzen angereichertes Schweineschmalz) in den Apotheken verlangt. Gegen Rheumatismus wurde Regenwurmöl genommen, ältere Leute ließen sich mindestens zweimal im Jahr durch Aderlaß Blut entziehen.

Bei der Anwendung von Blutegeln soll es auch einige Mißgriffe gegeben haben. So wird von Melchior Bauduin erzählt, er habe einem Patienten zur Behandlung einer blutunterlaufenen Beule am Kopf Blutegel verordnet, jedoch in der Eile vergessen, der Frau des Patienten die Anwendung zu erklären. Als er sich am nächsten Tag nach dem Erfolg der Behandlung erkundigte, meinte die Ehefrau: »Et eß jet besser, Här Doctor, ävver hä hät rüh nor zwei erunder kräge, der andere moht ich ihm ahnbrode«! Was damals alles mit Blutegeln angerichtet wurde, geht aus einer »stadtkölnischen Romanze« hervor, die ein unbekannter Verfasser hinterlassen hat:

> En Quissel, schrumplich vun Geseech,
> Met Mantel un Kabaß,
> Die kühmten ärg, un hatt de Geech, –
> Dat es och keine Spaß!
>
> Et dät – vun Kopp bes en de Zieh,
> Der Rögge eraf, erop:
> En alle Glidder dät et wieh, –
> De Ping hoht gar nit op!
>
> Un als dä Doctor sei befohlt,
> Säht dä geleehte Mann:
> »Goht en de Appethek un hollt
> Bloothiggel, die setzt ahn!«
>
> Doch wie de Dheer sei nohm zor Hand,
> Do wollt kein einzig dran;
> Zom Doctor leef sei, schannt un schannt:
> »Bei mir bieß keiner ahn!!«
>
> Dä Doctor säht: »Dat eß Mallöhr,
> Woför ich gar nit kann,
> Denn wenn ich selvs Bloothiggel wör, –
> Ich beß bei Üch och nit ahn!«

Von Bauduins Tätigkeit in der »Bleche Botz« ist nicht allzuviel bekannt geworden. Überliefert ist, daß er eines Tages einer Gefangenen, die, von Geburtswehen plötzlich überrascht, laut stöhnte, die tröstenden Worte sagte: »Jo, leev Mäusche, dat deit nit so goot wie vör nüng Moond.«

Ein Mann, der später auf der Millowitsch-Bühne im Reichshallen-Theater und im Colosseum Karriere machte, wurde von Melchior Bauduin gegen seine Eltern unterstützt. Hier seine Geschichte: Als Bauduin eines Tages in die Bechergasse gerufen wurde, um einer Frau bei der Entbindung Hilfestellung zu leisten, lagen wenige Stunden später drei Kinder in der Wiege. Drillinge waren zu jener Zeit eine medizinische Sensation. Wie ein Lauffeuer ging die Kunde durch die Stadt, Schabaudewing habe gleich drei Kinder »geholt«. Da die glückliche Familie bereits mit 12 Kindern gesegnet war, setzte eine regelrechte Völkerwanderung in die schmale Bechergasse ein, die die Besuchermassen kaum aufnehmen konnte. Doch im Haus der einfachen Leute – der Mann betrieb eine Schusterei – blieb die Tür verschlossen. Der Vater weigerte sich, seine Familie zur Schau zu stellen.

Die neugierigen Kölner wußten sich dennoch Zugang ins Haus zu verschaffen: sie brachten ihre Schuhe zur Reparatur. Nun mußte man ihnen wohl oder übel Einlaß gewähren. Die aus Neugierde, teilweise aber auch aus Mitgefühl erteilten Reparaturaufträge überstiegen jedoch bei weitem die Kapazitäten des kleinen Einmann-Betriebes. So mußten wohl oder übel die Söhne aushelfen – eine Tätigkeit, die ihnen nicht neu war. Nur einer der älteren Jungen schloß sich aus: er spielte statt dessen mit selbstgebastelten Hänneschen-Puppen und erweckte damit den Zorn der Eltern.

Der um Rat gebetene Bauduin stellte sich auf die Seite des Jungen und bestärkte ihn in seinem Tun. So kam es, daß Peter – so hieß der rothaarige Junge – eine wahre Meisterschaft in der Kunst des Puppenspiels entwickelte, die ihn befähigte, später sein Hobby zum Beruf zu machen. Als Tünnes-Darsteller war Peter Classen in den achtziger Jahren, als Wilhelm Millowitsch die »lebenden Stockpuppen« auf die Bühne brachte, ein gefeierter Star.

Bauduins zweite Vorliebe galt dem Kölner Dom, den er von seiner Wohnung in wenigen Minuten zu Fuß erreichen konnte. Täglich erregte er in seiner Lieblingskirche einiges Aufsehen, wenn er mit einer brennenden Kerze in der Hand von Altar zu Altar zog und sich schließlich an einem niederließ, um sein Gebet zu verrichten oder um der Messe beizuwohnen. Sprach ihn jemand auf seine seltsamen Gebärden an, berief er sich – selbst bei hellstem Licht – auf sein schwaches Augenlicht. Über jedes Geräusch, welches einen leichten Flüsterton überstieg, konnte er sich maßlos aufregen.

Den Höhepunkt seiner nicht seltenen Auftritte bei solchen Gelegenheiten hatte er aber im Jahre 1869, als zwei ägyptische Prinzen den Dom besuchten und hier – mit Erlaubnis – den Fez aufbehielten. Bauduin erregte sich so darüber, daß er den Versuch unternahm, einem der Prinzen – er hielt die Besucher für Türken – den Fez vom Kopf zu schlagen. Antonius Hafermann (Tony Avenarius) hat »diese wahre Begebenheit, die sich so zugetragen im Jahre 1869, für artige Mägdlein und lustige Knäblein in gar anmutige Verslein« gebracht:

Was drängt sich dort wohl auf einmal
Vor des Domes Südportal?
Es fährt aus dem Hotel du Nord
Ein Wagen nach dem anderen vor.

Und von dem Bock, dem hohen Sitz,
Der Lohnbediente, im schwarzen Fritz,
Schwingt mit kühnem Salto mortale
Sich auf die linke, lackierte Sandale!

Schlägt dann ganz zierlich und nett
Mit der rechten eine Pirouett.
Und öffnet mit ergebenem Grinsen
Den Wagen diversen ägyptischen Prinzen.

Zu schauen des Domes herrliche Pracht,
Hat man per Achse sie hierher gebracht;
Auf dem Kopf den Fez nach heimischer Sitte,
Treten sie in des Heiligtums Mitte.

Doch hier packt sie, oh! welch Malheur!
Beim Kaftan an – von hinten her
Ein Äskulap abnormer Art,
Verwandter des Doctor Eisenbart.

Und dieser schreit im heiligen Grimme
Den Ersten an mit Donnerstimme:
»Dun av Ding Mötz, Do Sodetürk,
Söns schlon ich se Deer vun der Pürk!!«

Entsetzt ob des Doctors grimmiger Gebärde
Fielen sie beinahe zur Erde;
Doch da sie die kölnische Sprache nicht kannten,
Hastig die Prinzen weiter rannten.

Die hohen Herren hatten heut Pech;
Als kaum sie von der Stelle weg
Bis zum heiligen Christoffel, dem großen,
Sie abermals auf ein Hindernis stoßen.

Des Domes Schweizer im roten Habit
Majestätisch ihnen entgegentritt
Und hält, wie ein Pfau aufgeblasen,
Einen silbernen Teller unter die hohen Nasen.

Eine solche Sprach aber ist bekannt
Im Morgen- wie im Abendland;
Es machen kehrt wie auf Kommandowort
Die Prinzen – und verlassen den heiligen Ort.

Sie glauben zu sein im Schauspielhaus,
Wo man bezahlt den Entree voraus.
Die Spekulation auf Munificenz
Schien ihnen allhier die Quintessenz.

Es ist nun aber Gebrauch in der Welt,
Daß mit dem schnöden, erbärmlichen Geld
Sich Fürstenkinder nicht gerne befassen
Und andere Leute bezahlen lassen.

Und unter der Diener zahlreichem Heer
War auch so ein langer Verschnittener,
Der hatte einen Beutel gefüllt mit Gold,
Womit er den Dom beglücken sollt.

Der aber dacht: »Dat sinn mer ens!«
Macht eine tiefe Reverenz
Dem Herrn Schweizer und drehte sich stumm
Auf seinem orientalischen Absatz herum.

So verließen zu Wagen, wie sie gekommen,
Mehr oder weniger beklommen,
Des Domes Pracht, woran kaum sie nippten,
Die Söhne des Vize-Königs von Ägyten.

Und auf dem Bock, den hohen Sitz,
Der Lohnbediente im schwarzen Fritz
Schwingt sich mit kühnem Salto mortale
Wiederum auf die lackierte Sandale.

Es lag also nicht allein an Bauduin, daß die Besucher aus dem Orient die zuvor angekündigte große Spende für den Weiterbau des Kölner Domes nachher verweigerten.
Melchior Bauduin fühlte sich in »seinem Dom« wie zu Hause. Hilfesuchende wußten, wo sie ihren Arzt antreffen würden, wenn er zu Hause nicht öffnete. Manch einer saß bei der Frühmesse gerne an der Seite des frommen Mannes, der auch den Umsitzenden seine vergoldete Schnupftabakdose reichte, aus der sie sich mit einer Prise bedienen durften.

Zu Beginn des Jahres 1880 bat Melchior Bauduin den Domkapitular Schnütgen zu sich nach Hause. Der Kunstsammler, der vorher nie Bauduins persönliche Bekanntschaft gemacht hatte, war über die schriftlich ausgesprochene Einladung sehr überrascht. Über diese Begegnung im Hause Unter Goldschmied 42 berichtete Schnütgen später: »Seine konfusen Interieurs, in denen er bei künstlichem Licht wie ein Berggeist verlassen hauste, hatten für mich ein gewisses Interesse, namentlich aber der Einsiedler selber, der sehr verständig von seinem bevorstehenden Tode sprach, auf den ihn ein Konfrater vorbereitete, den er mir nicht nannte.« Schneller als vermutet, so erinnerte sich Alexander Schnütgen, las er die Todesanzeige des Mannes, der so sehnsüchtig gehofft hatte, die Feier der Vollendung des Dombaues noch erleben zu können. Am 17. April 1880 starb Melchior Bauduin im Alter von 83 Jahren infolge Altersschwäche im Bürgerhospital.

Für Schnütgen völlig überraschend, erhielt er wenig später von einem Notar die Nachricht, daß Bauduin ihm und dem Kölner Weihbischof testamentarisch je eine goldene Tabakdose vermacht habe.

Angesichts der bedürftigen Angehörigen, die für die Beerdigung aufzukommen hatten, verzichteten die beiden geistlichen Würdenträger auf die Erbschaft, wobei Schnütgen einräumte, dies sei ihm »durch den Umstand erleichtert worden, daß ich zu den leidenschaftlichen Nichtschnupfern zähle«.

Erleichtert atmeten die Kölner Zeitungssetzer auf. Denn weit über Köln hinaus war Bauduin wegen seiner Anzeigen in der Seufzerecke bekannt. Bizarre Formen und burleske Inhalte verrieten stets den Urheber. Die »Kölnische Volkszeitung« sorgte zwar für einige Verwirrung, als sie nach seinem Tode am 19. April 1880 schrieb: »Mit den unsinnigen Annoncen in hiesigen öffentlichen Blättern, in denen sein Name mißbraucht wurde, hatte er nichts zu schaffen.« Das mag – auf einige Anzeigen bezogen – sicherlich zutreffend sein. Doch ebenso sicher ist, daß die Setzer oft genug über die kaum zu entziffernden Manuskripte stöhnten, zumal Bauduin kurz vor der Veröffentlichung – wenn die Setzer gerade aufgeatmet hatten, daß sie Herr über die handschriftlichen Aufzeichnungen geworden waren – noch Textänderungen vornahm. Ein mit Bauduin bekannter Humorist hat selbst geschildert, wie er zuweilen von Stammtischfreunden den Auftrag erhielt, Melchior Bauduin aufzusuchen und von ihm die Unterschrift für irgendeinen blühenden Unsinn zu erschleichen. Der Text fand sich dann am folgenden Tag in der Seufzerecke der »Kölnischen Zeitung«: irgendeine pikante Anspielung, die besondere Aufmerksamkeit erwecken sollte.

Alexander Schnütgen, der mit dem Humoristen darüber gesprochen hat, berichtet: »Nicht leicht war es, die Unterschrift zu erlangen, wegen der eventuellen Folgen im Sinne des Beleidigungsparagraphen: es gelang nur, wenn darin auch der Oldenburger oder der Nordmensch in irgendeiner Weise erwähnt wurde, in einer freilich für die allermeisten Leser ganz unverständlichen, daher gleichgültigen Weise...«. Hier sind Schnütgens Erinnerungen ungenau: Nicht den »Nordmenschen«, sondern den »Mordmenschen« haßte Bauduin zutiefst, wie es auch aus den Anzeigentexten hervorgeht. Bauduins Gründe sind bekannt: war es doch der »Oldenburger«, der »Mordmensch«, der – als Oberarzt am Bürgerhospital – ihm den ärztlichen Aufstieg verwehrt hatte. Auf die Zeitungsanzeigen nimmt ein Lied Bezug, welches 1878 gesungen wurde:

> De Kölsche Zeidung en der Seufzereck
> Brängk off Annonce, nä, sin die zom laache!
> Un wer die ließ, frög, Eß dä Kääl nit geck?
> Denn wer Verstand hät, kann dat Blech nit maache!
> Un doch es keiner en de Mellezin,
> Dä hühter mer met Fug un Rääch verehre,
> Weil op de Kirchhoff Nümmes dät bis jitz kureere,
> We ander Lück, dä Doctor Bauduin!

Die »Kölnische Zeitung« widmete Melchior Bauduin einen Nachruf:

»Köln, ... Im Bürgerhospital trat gestern eines der wenigen Kölner Originale, der durch seine stilistisch wie logisch bizarren und inhaltlich burlesken Anzeigen in der galanten Ecke auch weit über das Weichbild unserer Stadt bekannte Wundarzt und Geburtshelfer Melchior Bauduin seine Reise ins Jenseits an. Welcher Kölner erinnerte sich des freundlichen Alten nicht, wie er, gleichviel ob die Schneeflocken ihm auf das weiße Haupt niederfielen oder die Sonne ihre glühenden Strahlen auf dasselbe herabsandte, mit dem Hut in der Hand und den Schanzläufer, einen Mantel, der vor 50 Jahren in der Mode war, umgeworfen, jeden, der ihm begegnete, grüßend, die Straßen durchwanderte oder wie er auf dem Altenmarkt zwischen den Bäuerinnen umherwandelnd seine Einkäufe an Gemüse, Obst, Fischen u.s.w. besorgte, die er dann, sorgfältig in sein Schnupftuch gebunden, dem heimischen Herde zutrug. Der hohe Dom verliert in ihm einen seiner fleißigsten Besucher und frommsten Beter, der dazu niemals auf das Licht, welches der Tempel spendet, Anspruch machte, vielmehr stets bei seinem eigenen Wachsstock seine Andacht verrichtete. Noch steht die Scene, wie Bauduin die beiden Söhne des Khediv, welche beim Besuche des hohen Domes ihren Fez nicht abgenommen, in frommer Entrüstung zum Tempel hinauswies, in aller Andenken. Als freiwilliger Mitarbeiter der galanten Ecke unserer Zeitung hat der sonst so harmlose Doctor, wie ihn das Publicum nannte, sowohl unserer Expedition durch die öfteren Abänderungen, die er in seinen Annoncen beliebte und stets mit großer Wichtigkeit vornahm, als auch den Setzern und namentlich den letzteren, durch seine kaum zu entziffernden Manuscripte manche böse Stunde geschaffen. Doch de mortuis nil nisi bene! (Übers.: nur Gutes über die Toten!)«

Orgels-Palm
oder auch Urjels-Palm

Johann Joseph Palm
geboren am 28. April 1801 in Köln, Kleine Neugasse Nr. 7
verheiratet vom 26. Mai 1830 bis zum 29. August 1839 mit Cäcilia geb. Hack
und vom 29. April 1840 bis zu ihrem Tode am 25. September 1881
mit Sophia geb. Kollgraff
gestorben am 29. Januar 1882 in Köln, Unter Krahnenbäumen Nr. 111
Husar, Militärinvalide, Orgeldreher

Am 8. Floréal des Jahres IX der französischen Republik – also am 28. April 1801 – holt sich Catharina Palm geb. Frantzen vom Nistplatz des Kölner Klapperstorches, aus dem Kunibertspütz, ihr drittes Kind: Johann Joseph, den späteren Orgels-Palm. Neueste Forschungen, insbesondere die des Bonner Oberstudiendirektors i. R. Johann Palm – eines Altenkels des Orgels-Palm –, haben inzwischen viel Licht in die bis vor kurzem im dunkeln liegende Jugend des Johann Joseph gebracht. Im westlichen Domviertel, dem kölschen »Quartier Latin«, besuchte er die angesehene Pfarrschule St. Mauritius. Schon beim Besuch Napoleons im Jahre 1811 beherrschte Johann Joseph die französische, die Amtssprache. Welche weiterführende Schule er hernach besuchte, ist leider nicht bekannt.
Als Johann Joseph kaum vierjährig ist, stirbt die durch Hunger geschwächte Mutter, die kurz zuvor noch einem Töchterchen das Leben geschenkt hatte, im Alter von nur 37 Jahren. Erst zu Weihnachten 1808 führt eine neue Mutter den Haushalt im Hause »Auf der Ruhr« Nr. 4524, wohin die Familie von der Komödienstraße Nr. 3931 umgezogen ist: Johanna Catharina Lohmar, eine Winzerstochter aus Remagen, schenkt ihrem Mann Franz bereits fünf Monate später einen Sohn, der jedoch vor seiner Taufe auf den Namen Gascon verstirbt. Am 25. November 1811 vergrößert Bernhard die neben Vater und Mutter aus Maria Margarete (geb. 19. 2. 1799), Johann Jakob (4. 3. 1800) – sein Geburtsdatum hat Josef Bayer irrtümlich für das von Johann Joseph, des späteren Orgels-Palm (geb. 28. 4. 1801) gehalten –, Christine (26. 9. 1802) und Maria Elisabeth (5. 2. 1805) bestehende Familie des gelernten Steinmetzen.
Etwa um das Jahr 1815 – die Franzosen haben Köln verlassen – beginnt Johann Joseph eine Lehre als Maler, Vergolder und Lackierer: er tüncht Gewölberippen, Altäre und Gesimse, streicht Häuser und Schuppen, vergoldet und bessert Fresken aus. Im Mariengartenkloster, der Werkstatt Waltzers, schließt er Freundschaft mit Crétien, dem Sohn seines Lehrmeisters. Mit ihm gemeinsam nimmt Palm an Musikkursen teil. Als der englische Dichter Lord

Byron Köln besucht, begeistert sich Johann Joseph – ein Zeitgenosse der Romantik – für die Genossenschaft der Philiker, einem Geheimbund zur Befreiung Griechenlands von den Türken, dessen westlicher Sektionschef der englische Lord war. Im Winter 1821/22 folgt Johann Joseph Palm dem Werben seines Idols: er nimmt am Befreiungskampf der Griechen teil.

Doch zuvor kommt er einer Pflicht nach: das Preußische Wehrgesetz vom 3. 9. 1814 schrieb vor, daß jeder wehrfähige Bürger ab seinem 20. Lebensjahre drei Jahre zur Linie, d. h. zur stehenden Armee, müsse. Johann Joseph verwirft deshalb seinen ursprünglichen Plan, als Geselle auf »Walze« zu gehen, zumal im Jahre 1819 in Kölner Zeitungen eine »allerletzte Warnung« erscheint: »Diejenigen Gesellen, die es wagen, ohne das übliche Kundschaftsbüchlein zu wandern oder eine Herberge aufzusuchen, sind wie Landstreicher zu behandeln.« Da dieses unbedingt notwendige amtliche Dokument aber erst nach Ableistung des Wehrdienstes ausgestellt wird, meldet sich Johann Joseph ohne langes Überlegen bei der Departements-Ersatz-Kommission. Da er den Einstellungs-Voraussetzungen entspricht, bewirbt er sich im Herbst 1820 zum 1. Leib-Husaren-Regiment Nr. 1, den sogenannten Schwarzen Husaren. Nach Beendigung seiner Grundausbildung in Danzig wird er zu einer aktiven Eskadron versetzt und bereits im Herbst 1821 zum Garde-Wachtmeister befördert. Die Antwort auf seine freudige Mitteilung nach Köln ist für Johann Joseph jedoch niederschmetternd: seine Eltern teilen ihm mit, daß seine Jugendliebe, die Schneiderin Cäcilie Hack, sich mit dem Schneider Johann Jansen verlobt und auch bereits das Aufgebot bestellt habe. Johann Joseph, der schon eine freiwillige Weiterverpflichtung in Erwägung gezogen hatte, eilt nach Köln, doch kann er die Hochzeit seiner Jugendliebe am 12. Januar 1822 nicht mehr verhindern.

Bereits einen Tag später verläßt der Husar Johann Joseph Palm Köln; sein Ziel ist Griechenland. Seinen späteren Erzählungen und auch den Inhalten seiner Lieder ist zu entnehmen, daß er in Griechenland, der Türkei und in Rußland als Freiheitskämpfer im Einsatz war. Im Jahre 1827 bewohnt Johann Joseph Palm als »Militärrentner« ein Haus in der Papenstraße 3 in Berlin. In »Spree-Athen« – so nennen Preußens Künstler liebevoll ihre Hauptstadt – nimmt Palm Kontakte zu Carl Wilhelm Gropius, dem Neffen des deutschen Konsuls in Athen, auf, der als Dekorations- und Hoftheatermaler einer der bedeutendsten Künstler seines Faches war. Doch schon bald zieht es Johann Joseph nach Köln zurück.

Ende April des Jahres 1830 ist Johann Joseph in seiner neuen Kölner Wohnung in der Marzellenstraße Nr. 48 anzutreffen. Hier feiert er nicht nur den Beginn seines 30. Lebensjahres, sondern er hält auch – diesmal erfolgreich – um die Hand seiner Jugendliebe an: am 26. Mai 1830 spricht Cäcilia Hack, deren Ehemann Johann Jansen einige Zeit zuvor verstorben war, vor dem Standesbeamten ihr »Ja«. Pünktlich meldet sich am 11. Februar 1831 im Hause Stolkgasse – dort hat Palm sich eine Werkstatt eingerichtet – der erste Stammhalter: in der Kirche St. Ursula wird er auf den Namen Franz getauft.

Johann Joseph Palm war einer der eifrigsten Interpreten der Lieder von Joseph Roesberg. Der unverheiratete Weinwirt, auch »keuscher Jupp« genannt, hat sich in diesem Notenblatt aus dem Jahre 1859 verewigen lassen. Der Illustrator Peter Deckers hat den Liedverfasser mit Bandonium, auf einem Weinkrug sitzend, dargestellt

Nach Franz vergrößern Adelheid (18. 2. 1833), Christian (23. 12. 1834) und Heinrich (2. 5. 1838) die Familie. Palms Familienglück dauert nicht lange, denn schon am 29. August 1839 stirbt seine Frau. Er löst die Werkstatt auf und zieht mit seinen Kindern in die Gereonsstraße Nr. 1. Doch er kann seinen Kindern die Liebe und Fürsorge der verstorbenen Mutter nicht ersetzen. Nicht zuletzt aus diesem Grunde heiratet er einen Tag nach seinem 40. Geburtstag, am 29. April 1840, die aus Keldenich stammende Dienstmagd Sophia Kollgraff. Palms Probleme werden durch die neue Verbindung nicht gelöst, sondern eher noch vergrößert: mit den Zwillingen Sophia und Gertrud (24. 1. 1841), Adelheid und Anna Walburga Gertrud (26. 10. 1842) und Anna sowie Elisabeth (16. 3. 1850) und den Einzelkindern Rosa (9. 3. 1844), Theresia (21. 12. 1845) und Friedrich Wilhelm Martin (15. 11. 1847) stellt sich ein überreicher Kindersegen ein. Palm ist gezwungen, mehrfach die immer wieder zu klein werdenden Wohnungen zu wechseln. Nirgends reicht der Platz aus.

Seine Arbeitsmöglichkeiten verschlechtern sich jedoch. Nur in den Sommermonaten, vor den verschiedenen Kirmessen, findet er Beschäftigung als Anstreicher. Die Gegenstände, die zu vergolden wären, werden immer seltener. Die Familie, bar jeglicher Unterstützung und Sozialhilfe, die man nicht einmal dem Wort nach kannte, nagt am Hungertuche; zwei Kinder sterben vor Entkräftung. Hinzu kommt, daß Palm an einer stärker werdenden Knieversteifung leidet, Spätfolge einer Schußverletzung aus seiner Husarenzeit. Ein bei der königlichen Regierung gestellter Rentenantrag wird abgelehnt. Doch einen Hoffnungsschimmer bringt die Nachricht, daß er eine Konzession als Drehorgelspieler nebst einer Beihilfe zum Erwerb einer Drehorgel erhalten werde. Ab Spätherbst 1843 reiht sich Johann Joseph Palm in die Schar der Orgeldreher ein: die meisten sind wie er Invaliden, denen der Staat als Dank für ihre Vaterlandsdienste eine Konzession erteilt hatte.

Im weißverschnürten Waffenrock der Schwarzen Husaren bot »der Neue« ein imposantes Bild im Kölner Straßentreiben. Nicht nur, daß er durch seine Körpergröße auffiel – zu Beginn seiner Orgeldreher-Tätigkeit wurde er als »der lange Palm« bezeichnet –, vielmehr wußte er durch sein gepflegtes, angenehmes Äußere und seine stattliche Erscheinung zu gefallen. Palm war »von Kopf bis Fuß immer tadellos sauber gekleidet, er trug stets einen breiten weißen Hemdkragen von schimmernder Reinheit und legte ein Hauptgewicht auf blankgewichste Stiefel«, weiß Josef Bayer zu berichten. Eine Berliner Veröffentlichung bestätigt dies: »Das ganze Gegenteil vom Maler Bock war der Urjels-Palm, ein vornehmer Straßenmusikant, der um 1840 mit seiner Drehorgel durch die Kölner Altstadtgassen zog. Sauber gekleidet, einen weißen Hemdkragen über der schwarzen Jacke, die mit Schnüren nach Art der früheren Husarenuniform zugeknöpft war. Eine hohe schwarze Troddelmütze verlieh seinem Gang Würde. Scharen von Kindern folgten ihm. Es gab niemanden in Köln zu jener Zeit, der den Schwengel mit solch vornehmer Eleganz zu handhaben gewußt hätte. Und wenn man ein Geldstück in seine

Büchse warf, brachte er seinen Dank nur mit einem angedeuteten Kopfnikken zum Ausdruck. Urjels-Palm hatte außer seiner Drehorgel nichts als Lebensart – beides zusammen ließ ihn überleben.«
Als erster Orgelspieler in Köln verzichtete Johann Joseph Palm auf die üblichen Leierkasten-Moritaten, vielmehr textete und komponierte er selbst Weisen, zu denen die Kinder auf den Straßen tanzen konnten. In seinem Freund Joseph Roesberg, Besitzer der Weinwirtschaft »Zum Hahnen« in der Minoritenstraße, hatte er zugleich einen Texter und Komponisten, der die unbestrittene Größe im Kölner Volksliedschaffen seiner Zeit war und dessen Lieder im Karneval die größten Erfolge hatten. Ob »et Schnüsse-Tring«, »et Carousselches-Leed«, »et Schmitze-Nettche« – viele der fast 100 Roesberg-Lieder gab Johann Joseph Palm, in den fünfziger Jahren nur noch »Orgels-Palm« genannt, zum besten. Willi Ostermann wußte, warum er den Orgels-Palm als den »einzigen öffentlichen Interpreten des Kölner Volksliedgutes im 19. Jahrhundert« bezeichnet hat. Nur wer weiß, daß sich die Kunst Palms nicht im Orgeldrehen erschöpfte, versteht die ihm in den Mund gelegten Worte: »Wann ich dat besge Musik nit verstünd, ich wöß nit, wat et wall gevve sall!«
Der Freundeskreis um Joseph Roesberg, zu dem Männer von Rang und Namen gehörten, wie der Museums-Stifter Johann Heinrich Richartz, der Architekt Joseph Felten u. v. m., erlaubte sich im Jahre 1865 einen Scherz mit dem Orgels-Palm, der heute als Anekdote in fast allen Schilderungen Palms nachzulesen ist. Zitieren wir Josef Bayer: »Palm war immer heiter und harmlos und infolge seiner Arglosigkeit konnten Spaßvögel ihn auch leicht in ihre Netze locken. Als die Pfarrkirche in Remagen einen neuen Organisten suchte, erlaubten einige Kölner Schnakenfänger, an ihrer Spitze Jos. Roesberg, der Dichter des ›Schnüsse-Tring‹ und des ›Schmitze-Nettchen‹, mit dem guten Palm sich einen Witz. Sie setzten sich mit dem Kirchenvorstand in Verbindung und führten die Verhandlungen so weit, daß der ›Organist Palm‹ am Kirmessonntag beim Hochamt ein Probespiel abhalten sollte. Und richtig, sie fuhren mit Palm, der einen neuen schwarzen Anzug erhalten hatte und deshalb ganz respektabel aussah, nach Remagen und stellten ihn dem Präsidenten des Kirchenvorstandes vor, der ihn dann mit dem Küster in der mit Gläubigen gefüllten Kirche zur Orgelbühne geleitete. Palm besah die Orgel von allen Seiten, äußerte sein Wohlgefallen, fragte aber schließlich ganz verblüfft: ›Wo ist denn der Schwengel?‹«
Diese Anekdote sollte als Beweis für die Behauptung dienen, Palm sei ein einfältiger Mann gewesen. War er das wirklich? Kann diese Anekdote die These von Josef Bayer untermauern? Tatsache ist, daß der Orgels-Palm mehrmals in Remagen gewesen ist; schließlich wohnten dort die Verwandten seiner in Remagen geborenen Stiefmutter. Recherchen in Remagen ergaben zudem, daß einer der Geschwister aus der Familie der Mutter das Schneiderhandwerk ausübte. Sicher ist weiter, daß die Remagener Pfarre zu Lebzeiten des Orgels-Palm keine manuelle Kirchenorgel besaß; erst 1904 erbaute der

Bonner Orgelmeister Johann Klais eine pneumatische Orgel mit 30 Registern für die Remagener Pfarrkirche St. Peter und Paul. Außerdem ist es unwahrscheinlich, daß sich Joseph Roesberg, ein sehr frommer Mann, einen solchen Scherz auf Kosten seines Freundes, der zudem der beste Interpret seiner Lieder war, geleistet hätte.

Könnte es nicht auch so gewesen sein, daß Joseph Roesberg und seine Freunde dem Orgels-Palm ein Geschenk machen wollten, mit ihm unter einem Vorwand nach Remagen fuhren, dort einen Anzug für ihn aussuchten oder nähen ließen und ihm dieses Bekleidungsstück als Geschenk zum 25jährigen Ehejubiläum überreichten? Daß bei Gelegenheit dieses Ausfluges in irgendeiner Kirche möglicherweise die Frage nach dem »Schwengel an der Orgel« auftauchte, ist im übrigen noch kein Beweis von Einfältigkeit, denn auch in Preußen hatten sich schon kirchliche Stimmen geregt, die nach englischem Vorbild Drehorgeln für die Kirchen wünschten, weil das Spiel der Küster nicht immer mit der allgemein gültigen Harmonielehre in Einklang zu bringen war.

Daß Joseph Roesberg, der unverheiratet blieb und sich selbst als den »keuschen Jupp« bezeichnete, anschließend einiges Beiwerk um den Kern einer erlebten Geschichte flocht, ist allerdings nicht verwunderlich. Wäre es nicht so gewesen, wäre sicherlich Verwunderung aufgekommen!

Viele weitere Anekdoten sind im Umlauf. Ob sie stimmen oder nicht: sie kennzeichnen den Orgels-Palm jedenfalls alle als einen Menschen, der nicht auf den Kopf gefallen war. Mögen die, die diese Anekdoten zum Beweis des Gegenteils verbreiten, einmal darüber nachdenken, ob aus Palms Worten nicht menschliche Größe und auch Schlagfertigkeit abzuleiten sind. »Bitte, Herr Kollege, geben Sie auch einen kleinen Beitrag für unsere Kunst«, soll Palm den Musikdirektor Franz Weber angesprochen haben, der neben seiner Domorganistentätigkeit auch als Dirigent des Kölner Männer-Gesang-Vereins tätig war. Ist ein solcher Ausspruch einfältig? Oder das Zusammentreffen mit dem städtischen Kapellmeister Ferdinand von Hiller: Unter dem Fenster von dessen Arbeitszimmer drehte Palm seine Orgel. Hiller, der sich beim Komponieren gestört fühlte, soll Palm gebeten haben, mit »dem Leierkasten« weiterzuziehen, worauf Palm höflich erwidert haben soll: »Recht gerne, Herr Kapellmeister, denn Künstler und Kollegen müssen sich gegenseitig gefällig sein.« Einfalt – oder höflich verpackte Ironie eines Mannes, der ein Dutzend Kinder zu ernähren hatte und dessen einzige Erwerbsquelle das Orgeldrehen war?

Als Palms jüngstes Kind, Elisabeth, am 16. 3. 1850 geboren wurde, war sein Erstgeborener, Franz, bereits 19 Jahre alt. Wenige Monate nach der Geburt der Schwester wird der Bruder am 11. 11. 1850 Vater eines Sohnes, der in der Taufe den Namen Anton Christian erhält. Erst nach der Geburt eines weiteren Sohnes (19. 10. 1852), der nach dem Vater Franz genannt wird, heiratet er – vom Militär zurück – die Mutter seiner beiden Kinder: Katharina Hermanns, Tochter des Dachdeckermeisters Anton Hermanns. Auch die Kinder

»Orgeldreher« – Postkarte aus einer Serie »Kölner Eigenarten«

aus dieser Ehe – zwischen 1850 und 1870 insgesamt zwölf – wachsen zum Teil im Hause des Großvaters auf, weil der Vater ein unstetes Leben führt und des öfteren von Hause weg ist. Johann Joseph Palm nimmt es ohne Murren hin: er ist stets darum besorgt, das notwendige Geld mit seiner Drehorgel einzuspielen, um all die hungrigen Mäuler zu stopfen.

Zwischen 1848 und 1882 wechselt er 15mal die Wohnung, achtmal innerhalb der Straße »Unter Krahnenbäumen«. Tagaus, tagein zieht Palm durch die Straßen der Kölner Altstadt, an bestimmten Tagen wandert er mit seiner Orgel nach Deutz hinüber, um auch dort den Klang seiner Orgel und seine Stimme ertönen zu lassen. Die Konzerte im »Marienbildchen« halten ihn nicht davon ab, wenige Meter weiter seine Orgel zu drehen. Palm wird zur liebgewordenen Einrichtung in der Stadt; er ist ein Stück Köln. Die Kinder laufen ihm nach, wenn er seine Runden dreht.

Mit zunehmendem Alter muß Palm immer größere Pausen einlegen. Das Gewicht der Orgel, das ständige Drehen des »Schwengels« machen ihm mehr und mehr zu schaffen. Ende der siebziger Jahre taucht im Karneval ein Lied auf, in dem Johann Franz Weber – Sohn des Domkapellmeisters und einer der erfolgreichsten Schöpfer von Karnevalsliedern – unter dem Titel »Do deis meer leid« viele Ereignisse und Persönlichkeiten aus dem städtischen Leben beschreibt, so auch den Orgels-Palm:

> Met der Urgel trick erus
> Künsler Palm vun Hus zo Hus,
> Fählen im och mänche Tön,
> Schnüsse-Tring spilt hä doch schön.
> Doch sing Urgel mänchmol brump
> We en al, rostige Pump;
> »Saht ens Palm«, su sähte Lück,
> »Hät die Buchping hück?
> Se deit uns leid,
> Se deit uns leid,
> Hat Ehr dann kei Geföhl?«

Zu dieser Zeit drehte Palm schon annähernd 30 Jahre seine Orgel. Sicherlich wird der eine oder andere »schräge« Ton erklungen sein, denn auch bei der besten Messingwalze können von Zeit zu Zeit Stifte abbrechen und damit Töne verloren gehen. Doch bei Palms sprichwörtlicher Pedanterie können wir davon ausgehen, daß spätestens am Wochenende der Fehler behoben wurde. Sicherlich hat Palm aber auch dem Alter Tribut zollen müssen. Der »Schwengel« muß schließlich in einem ganz bestimmten Rhythmus gedreht werden, sollen die Töne richtig »herauskommen«.

Es gibt kaum eine zeitgenössische Schilderung, in der nicht auch der Orgels-Palm Erwähnung findet. Die Beschreibungen der Kleidung weichen schon einmal voneinander ab, was eigentlich kaum verwunderlich ist, denn die 50

Jahre, in denen Palm durch Kölns Straßen zog, hinterließen auch ihre Spuren an seiner Kleidung. In einem sind sich alle Chronisten einig: sauber und adrett war der Orgels-Palm immer, ob er nun eine schwarze oder eine weiße Hose, ob er Schuhe oder Stiefel, ob er einen schwarzen Tuch- oder einen dunkelblauen Samtrock trug. Oft wird er als der »harmlose« Palm beschrieben, mitunter auch als »einfältiger« Palm geschildert, und zwar meist von Zeitgenossen, die ihm irgendwo begegnet sind, etwa in einer Gaststube am Stadtrand, in die der Orgels-Palm müde und abgekämpft einkehrte, um die ihm von der Wirtsfrau kostenlos vorgesetzte Suppe zu löffeln. Sie haben ihn nur beobachtet, gesprochen hat ihn bei solchen Gelegenheiten niemand.

Johann Joseph Palm wurde »uralt« mit seiner Orgel und möglicherweise auch etwas wunderlich. Trotzdem ertrug der Greis dank seiner urkölschen Mentalität die Neckereien naseweiser Jünglinge und altvorderer Besserwisser stets höflich und mit guter Laune. Im Vergleich zu vielen anderen Typen, denen die Kölner tagtäglich begegneten, war er in der Tat harmlos: Palm lag nicht betrunken in der Gosse, er kam nicht in Konflikt mit den Gesetzeshütern, er war nicht verkommen, er borgte und schnorrte nicht, sondern leistete harte Arbeit für mehr oder weniger geringes Entgelt. Palm pflegte sich mit seinem Lied vom »lustigen Lausknipper« zu revanchieren, dessen dritte Strophe zugleich Teil seines Vermächtnisses war:

> Und dreh ich heute die Orgel,
> Wirft man mir nen Groschen herab,
> Dann juckts mich wie am Peloponnes;
> Ich sag nicht wo, nehms mit mir ins Grab.
> Isobellos, so werd ich genannt
> Und bin als lustiger Lausknipper bekannt.

Im letzten Lebensjahr zeigt der altersschwache Militärinvalide noch ein selbstgefertigtes romantisches Panorama, so wie es heute noch Dekorationsmalern und Bühnenbildnern als Modell dient, sowie ein mechanisches Bergwerk. Er läßt Visitenkarten drucken, die er an Freunde und Verwandte verteilt:

Joh. Jos. Palm

Militair-Invalide
81 JAHRE ALT
kann nicht mehr mit der Orgel gehen, jetzt
komme ich mit einem Romantischen Panorama.

Krahnenbäumen No. 60

In seinen letzten Lebensjahren konnte Johann Joseph Palm die schwere Orgel nicht mehr tragen: er trug jetzt ein »Romantisches Panorama«

Mit seinem romantischen Panorama läßt sich Johann Joseph Palm fotografieren; die Bilder verteilt er an seine Kinder und Enkel. Am 25. September 1881 stirbt im Hause Unter Krahnenbäumen 111 die Ehefrau Sophia. Nur kurze Zeit später, am 29. Januar 1882 folgt Johann Joseph Palm seiner Frau in die Ewigkeit. Sein letzter Seufzer war das Lied »Du, du liegst mir im Herzen...«

Viele Bürger, junge und alte, folgten auf dem Friedhof Melaten dem schlichten Sarg des beliebten Volkskünstlers. Auch die Zeitungen gedachten seiner, z. B. der »Stadt-Anzeiger«: »Wieder hat eine bekannte Straßenfigur ihre irdische Laufbahn beschlossen, der Mann mit dem verschnürten Samtwams und der Troddelmütze, der uns schon in unserer Jugendzeit ein guter und nicht unlieber Bekannter war. Denn er trat immer sauber vom Fuß bis zum Scheitel, harmlos und mit heiterem Antlitze vor unserer Eltern Thür und erfreute uns mit den lustigen Weisen seiner Drehorgel. Johann Joseph Palm, der Straßenorganist, dem man das geflügelte Wort in den Mund legte: ›Wenn ich dat besje Musik nit verstünd, dann wöß ich nit, watt et jevve soll!‹ ist am 30. des vergangenen Monats im Alter von 84 Jahren hinübergeschlummert; sein letzter Seufzer soll ein Straußscher Walzer gewesen sein...« Hinsichtlich seines Alters irrte der Chronist: »erst« 81 Jahre war Johann Joseph Palm alt, als er starb.

Im »Amtlichen Kreisblatt« heißt es am Tage seiner Beerdigung: »Wieder ist ein Veteran der letzten Zeit der Freiheitskriege durch den Tod zur großen Armee abkommandiert worden: Palm hat bei den schwarzen Husaren gedient und ist in Köln als Orgeldreher allenthalben bekannt. Als ihm die Orgel zu schwer wurde, zeigte er ein leichtes Bergwerk, und zwar bis in den letzten Monaten seines Lebens.« Ähnlich die »Kölner Nachrichten« vom 3. Februar 1882: »Wieder ist ein Veteran der letzten Zeit der Freiheitskriege zur großen Armee abmarschiert: der Orgeldreher Palm, rühmlichst bekannt durch seine Sauberkeit, indem er stets in einem Samtrock ging, keinen schiefen Stiefelabsatz leiden konnte und große Dinge auf saubere Leinwand hielt. Er hat bei den schwarzen Husaren gedient und erzählte gerne, wie die alten Krieger, von seinem Soldatenleben.«

Mit Johann Joseph Palm war ein gutes Stück Kölner Straßenleben dahingegangen. Das rasante Ansteigen des Straßenverkehrs, die rege Bautätigkeit und der rapide Bevölkerungszuwachs ließen für Palms Nachfolger kaum noch Platz.

Meister Lupus

Cornelius Wolff
geboren am 2. Oktober 1802 in Esch (Kreis Bergheim, heute Erftkreis)
verheiratet mit Theresia geb. Frank
gestorben am 20. November 1887 in Köln, Langgasse 18
Schneidermeister

Mit seinen beiden Schwestern Johanna und Josephine bewohnte Cornelius Wolff Mitte des vorigen Jahrhunderts das an der Ecke Appellhof gelegene Haus Langgasse 18. Seine beiden Schwestern führten eine Kurzwarenhandlung, während Cornelius ein gefragter Schneider war. Gleich in seiner Nähe, in der Schwalbengasse, betrieb die Familie Nellen das »Schnapskasino«. In dieser Gaststätte verkehrten vorwiegend Angehörige des Mittelstandes, aber auch Gelehrte, Maler, Juristen, Musiker, Beamte und Offiziere. Unter den Handwerkern war Cornelius die herausragende Person: er leistete viele Beiträge zur Unterhaltung der Gäste, vertrug es aber auch, wenn er die Zielscheibe irgendeiner Uzerei oder eines Ulkes war. Seine vielen Anekdoten, die er zum Besten gab, wurden weniger ihres Inhaltes wegen belacht, als vielmehr wegen der Art und Weise, wie sie vorgetragen wurden. Gewissermaßen der Höhepunkt der akustisch lauten und optisch wirkungsvollen Vortragsart war das Ende eines jeden Vortrages: Cornelius lachte sich über seine soeben erzählte Geschichte fast halbtot und schlug seinem Nebenmann zur Bekräftigung beständig aufs Bein. Bis der Zeitpunkt kam, wo der »Herr Kleiderkünstler Lupus« – er war immer sehr stolz, wenn seine Freunde ihn so ansprachen oder einem Fremden vorstellten – genug vom Punsch hatte, den der Wirt selbst verfertigte. Dem kleinen Mann stieg der Alkohol etwas schneller in den Kopf als den anderen trinkfesteren Gästen. Freunde, die es gut mit ihm meinten, schickten ihn dann nach Hause, um ihn davor zu bewahren, zum Gespött anderer Gäste zu werden. Am einfachsten war dies zu erreichen, wenn sie ihm erzählten, sie müßten über einen »Hoflieferantentitel« für ihn beraten.
Eines Tages überraschte Cornelius – Corneljes gerufen – seine Freunde mit der Mitteilung, daß er in absehbarer Zeit ein großes Fest zu feiern habe: seine 25jährige Zugehörigkeit zur ehrsamen Schneiderzunft. Das sei doch, so meinte Corneljes, der richtige Augenblick, um ihm den immer wieder angesprochenen Titel eines »Hoflieferanten« auch endlich zu verleihen. Die Freunde machten gute Miene zum aufgezwungenen Spiel: sie bildeten ein Festkomitee, legten Listen für das große Festessen aus, die schon nach 14 Tagen wegen Überzeichnung geschlossen werden mußten.
Am Jubiläumstage traf sich eine große Gesellschaft im Weinrestaurant Her-

mann Disch in der Minoritenstraße. Das Festkomitee hatte ein hervorragendes Programm zusammengestellt: die besten Karnevalskräfte gaben Reden zum Besten und stimmten Lieder an, in vielen langen Reden wurde der Jubilar gefeiert. In der Mitte der buntgeschmückten Bühne stand auf einer Staffelei, mit einem Tuch verdeckt, das geheimnisvolle Diplom. Als es endlich soweit war und die Verleihung des Hoflieferantentitels verkündet wurde, erschollen laute Hochrufe, die nicht enden wollten. Der Jubilar mußte viele Hände schütteln, er wurde beglückwünscht, herumgereicht und »avgebütz«. Die Stimmung war auf dem Höhepunkt, als plötzlich Stille einsetzte: der Leiter des Festes war laut stöhnend auf einen Stuhl niedergesunken. Als seiner Person genug Beachtung geschenkt wurde, brachte er mit zitternder Stimme hervor, daß das Diplom dem Hoflieferanten Cornelius Wolff nicht überreicht werden könne, da der Herr Hofmarschall in Berlin vergessen habe, seine Unterschrift darunter zu setzen. Viele der Gäste waren sehr enttäuscht und verließen schon bald das Fest, die Stätte der fehlgeschlagenen Urkundenverleihung. Der »harte Kern« aber sicherte dem zunächst enttäuschten Corneljes zu, die Unterschrift so schnell wie möglich zu besorgen. Noch in der gleichen Nacht wurde die Urkunde – ohne daß man Corneljes gestattet hätte, einen Blick darauf zu werfen – »nach Berlin« gesandt. Und obwohl sie von dort nie nach Köln zurückkam, war aus dem Meister Lupus nun überall der »Herr Hoflieferant« geworden. Diesen Titel nahm er auch mit ins Grab.

Böckderöck Wau-Wau

Anna Maria Zaudig
geboren am 15. Oktober 1803 in Köln, Severinsstraße 7333 (später 97)
heiratet am 27. 1. 1827 Jakob Jansen, Weißgerber, geb. 1803, gest. 1832
und am 6. 9. 1839 Heinrich Rehfeld, Wollarbeiter, Tagelöhner,
geb. 1775 in Köln, gest. 1853
gestorben am 24. April 1876 in Köln, Kämmergasse 1

Das Unglück nahm seinen Lauf, als die im Vringsveedel aufgewachsene Anna Maria Zaudig die elterliche Bäckerei verließ, um ihren »Köbes" zu ehelichen. Eigentlich hätten Anna Maria und Jakob Jansen ein Traumpaar sein können: beide zählten 24 Lenze, als sie sich das Ja-Wort gaben. Doch während Jakob tagsüber seiner Tätigkeit als Weißgerber nachging, kam seine junge Frau vor Langeweile fast um. Hin und wieder griff sie zum kühlen Naß. Das war eigentlich nichts Neues für sie, denn während ihrer Tätigkeit in der Backstube

hatte ein guter Tropfen so manches Mal den Durst gelöscht – und auch über einigen Kummer hinweggeholfen. Als die Ehe in schneller Folge mit zwei Kindern gesegnet wurde, schien es, als habe Anna Maria nun ihr Glück und ihre Erfüllung gefunden.
Vielleicht wäre auch alles in den richtigen Bahnen verlaufen, wäre da nicht dieser Vogel gewesen. Genauer gesagt: diese Wachtel, die doch die Unverschämtheit besaß, von morgens bis abends ihren Lockruf ertönen zu lassen. Das ewige »böck-de-röck, böck-de-röck, böck-de-röck« ging Anna Maria dermaßen auf die Nerven, daß sie fast durchdrehte. Hinzu kamen das Geplärre ihrer beiden Kinder, die Wäsche, der Haushalt, der ständige Ärger mit der Nachbarschaft – die Familie Jansen wohnte in der Spielmannsgasse, die von Sängern, Schauspielern und Spielleuten bewohnt und wegen der Kirche »St. Johannes Baptist« viel frequentiert war – kurzum: Anna Maria war dem ganzen Spektakel nicht gewachsen. Wenn der auf der anderen Straßenseite ihr gleich gegenüber wohnende Mann am frühen Morgen seinen Vogel ins Fenster stellte, dann griff Anna Maria – kaum, daß ihr Mann das Haus verlassen hatte – zur Flasche, nahm einen tiefen Schluck, um die Nerven zu beruhigen, und lauerte förmlich darauf, daß der Vogel seinen bekannten Lockruf ausstieß. Und der tat ihr natürlich den Gefallen. »Do han mer et ald widder!« brachte sich Anna Maria in Rage. Und wie eine Furie stürzte sie aus dem Haus und schimpfte über die ganze Straße: »Dat ewige böckderöck, böckderöck, böckderöck vun däm Vugel geiht mer op der Wecker. Dä soll die Schnauz halde, dat Drecksbieß!« Diese Szenen wiederholten sich tagtäglich. Die »Beruhigungsschlucke« wurden immer tiefer, der Ärger immer größer. Und da es ihr Ehemann Jakob mit der Zeit vorzog, seine Abende andernorts bei einigen Glas Wieß zu verbringen, verfiel Anna Maria immer mehr dem Alkohol, bis eines Tages der Ehemann ganz von zu Hause fortblieb.
Der Ärger mit der Nachbarschaft blieb. Inzwischen war Anna Maria im ganzen Viertel wegen ihres Wachtel-Ticks bekannt. Wo sie sich blicken ließ, verspotteten sie die Kinder: »Böckderöck, Böckderöck« schallte es über die Straße. Und wenn Anna Maria den Kindern nachlief, um ihnen den Ruf mit einem Stock auszutreiben, klang es von der anderen Straßenseite aus vielen jugendlichen Kehlen: »Wau-Wau!« Auch ein Spottliedchen entstand mit der Zeit:

       Zo Köllen en de Spillmannsgass
       Do wonnt en ahle Frau,
       Die heisch met ehrem Name
       De Böckderöck-Wauwau!

Was das Alter angeht, führte ihr schon etwas verkommenes Äußere zu der irrigen Annahme, sie habe bereits einige Jahrzehnte auf dem Buckel. Doch der Schein trog: immerhin heiratete sie als 36jährige in zweiter Ehe den 64jähri-

Die Böckderöck-Wau-Wau. Ausschnitt aus einer Postkarten-Serie mit »Koelner Originalen«, etwa um 1920

gen Wollarbeiter und Tagelöhner Heinrich Rehfeld. Aus dieser Ehe gingen die Kinder Ludwig (geboren am 2. 10. 1840) und Katharina (geboren am 10. 8. 1846) hervor. Bei Katharinas Geburt war die Mutter bereits 43 Jahre alt, der Vater sogar schon 73jährig. Die ältere Tochter, wie die Mutter Anna Maria geheißen, geriet auf die schiefe Bahn. Am 13. November 1854 wurde sie vor dem königlichen Landgericht in Köln zu einem Monat Gefängnis verurteilt unter gleichzeitiger Aberkennung der bürgerlichen Ehrenrechte für ein Jahr, weil sie zum wiederholten Male beim Stehlen erwischt worden war. Auch die jüngere Tochter Katharina, in späteren Jahren »Böckderöcks-Trina« genannt, schlug die Laufbahn ihrer Mutter ein. Als kleines Kind wurde sie entsprechend angelernt.

Da Durst bekanntlich viel Geld kostet, versuchte Anna Maria durch Bettelei die kargen Einkünfte aufzubessern. Mit ihrer Tochter Trina auf dem Arm klingelte sie an den Haustüren. Wurde die Tür geöffnet, so kniff Anna Maria ihr Kind so stark, daß dieses jämmerlich schrie, worauf Anna Maria den erschrockenen Leuten, denen das Mitleid am Gesicht abzulesen war, kundtat:

Die Spielmannsgasse – zeitweise auch Spulmannsgasse geheißen – etwa um 1910

»Dat ärme Kind kriesch vör luuter Hunger. Gitt im doch jet!« Ähnlich hielt sie es in Kirchen: »Och, do han se däm Kind et Gebettböchelche gestolle! Gitt meer doch jet för e neu Booch för dat ärme Würmche!« Und die frommen Kölner gaben. Doch das, was sie erhielt, setzte Anna Maria sofort in Schnaps um. Und nicht selten torkelte die leidgeprüfte Frau bereits am frühen Nachmittag betrunken zu ihrer Wohnung. Sie scheute sich auch nicht, fremde Kinder mit auf ihre Mitleidstour zu nehmen, als ihre eigene Tochter zu groß geworden war.

Wo sich die mit der Zeit sehr gebückt gehende Frau, ihren Henkelkorb im Arm tragend, sehen ließ, sah sie sich dem Gespött der Jugend ausgesetzt. Neben dem bekannten Spiel mit dem »Böckderöck – Wau-Wau« sorgte Anna Maria für eine weitere Variante: Erscholl der Ruf »Böckderöck«, dann gab sie die Antwort: »Leck mich, dann wees do flöck!« So manches, nicht druckreife Wort kam über ihre Lippen. Und nicht selten kam es vor, daß sie in die Schulen ging, um sich über die »Hurenpänz« zu beschweren.

Mitte der sechziger Jahre, als die Militärs mit viel Musik in ihre Kasernen am Neumarkt, von der Mülheimer Heide kommend, zurückkehrten, mit ganzen Scharen von barfüßigen Schuljungen im Schlepptau, »dann sahen die vielen Schaulustigen auch die damals schon berühmte Böckderöck Wau-Wau, die vor den Soldaten ein Solo tanzte. Sie faßte dabei zierlich ihre Röcke mit beiden Händen und schürzte sie, aber manchmal höher, als es der Anstand zuließ, wenn das Publikum sie gar zu sehr verhöhnte oder verspottete«, erinnert sich Hermann Becker an diese Episode aus seiner Jugendzeit. Zu Beginn der siebziger Jahre verließ die Böckderöck die Spulmannsgasse, innerhalb der sie mehrfach umgezogen war, und zog zur Kämmergasse, wo sie 73jährig an Altersschwäche starb. Josef Wach erinnerte sich nach ihrem Tod an die Zeit, als die Böckderöck, quittengelb vor Ärger, von der einen zur anderen Seite lief, um die unartigen »Böckderöck«- auf der einen und die »Wau-Wau«-Rufer auf der anderen Seite zu erwischen:

>Böckderöck-Wauwau!
>Häss en Nas wie en Hohnderklau!
>Do läuf sing Stroß dat pucklich Irm,
>Gekannt vun Ahle, Junge,
>Et fuchtelt durch de Looch mem Schirm
>Un schlenkert met der Zunge:
>»Ehr Hellekinder, schambt Üch jet,
>Loot doch ahl Lück gewähde!«
>Se schannt, gov Jedemein sin Fett;
>Lang litt se en der Äde!

Einige Monate nach ihrem Tod regte sich bei einigen Kölnern das Gewissen. Ende des Jahres 1876 gedachten Kölner Karnevalsfreunde der Böckderöck:

No eß se dut, de meer su off bewundert
Un de uns Vatter grad su kannt we meer,
Dat Häufchen Unglöck, dat en halv Johrhundert
Gedeent dä Lotterbove zum Pläseer.
Dis Fröhjohr hät se no ehr Engk gefunge,
Halv dut log op der Stroßen de ärm Frau,
Oem se eröm wal an de hundert Junge,
De däte roofe: »Böckderöck! wau, wau!«

Als ich e Pööschche wor vun sibbe Johre –
Un en Zi-Pittersch-Schull an lehre fing,
Do weiß ich noch, wat dat off Kreppcher wore,
Wann meer als Jung der Ahl zo Liev ens ging.
An ehrer Nas hing e kristalle Dröppche,
Em Korv log Oellig un en Fläsch Schabau,
Der Kröckstock drog se luter ungerm Wööpche. –
Dat wor de Ahl, de Böckderöck, wau wau!

Wat han meer nohgerofe off dem Fräuche,
Un wann se schandt, wat hatte meer en Freud;
Dä trook am Mantel se un dä am Mäuche,
Doch schlog se öm sich, gov et off och Leid.
Ich denk noch dran, et wor am Lorenzplätzche,
Do reß ich ehr ens kräftig an der Mau!
Schnaf! gov se met dem Kröckstock meer e Krätzche:
»Ich weed Deer helfe: Böckderöck! wau, wau!«

Ehr laacht un denkt: »Dä he dat Leed geschrevve,
Dat wor ne Lotterbov der besten Aat!«
Vergeßt dobei, we Ehr et selvs gedrevve,
Dat Ehr als Jung et grad esu gemaht.
Un he sitz mäncherein, ich mag nit klaafe,
Dä kannt, wie ich, de Ahl och ganz genau,
Dä dhät, we ich, ehr och nohm Mantel raafe,
Un met meer rofe: »Böckderöck wau wau!«

Dä Millowitsch eß och ald heimgegange,
Dä Fleuten-Arnold blies om letzte Loch,
En dä Tapetelade süht mer hange –
Der Maler Bock, Freß-Klötsch un andre noch;
Nor Ein, de hann ich do nit finge künne,
Ein, de mich off geschandt: »Gemein Rabau!« –
Dröm lohß en unser Chronik meer vergünne
E Pläätzche och der Böckderöck! wau, wau!

Diese wehmutsvolle Erinnerung ging so recht an das Gemüt der Kölner, beweist uns aber auch, wie aktuell sie waren, immer nach dem Hänneschen-Motto: »Wat hück passeet, kütt morge op et Tapet!« Das Lied lag am 7. Januar 1877 bereits gedruckt vor, es muß jedoch schon im Jahr 1876, dem Todesjahr der Böckderöck geschrieben worden sein (»Dis Fröhjohr hät se no ehr Engk gefunge«). Da es in der Zeile »dä Fleuten-Arnold blies om letzte Loch« unzweifelhaft Bezug auf dessen am 12. 11. 1876 erfolgte Einweisung, die frühestens einen Tag später bekannt wurde, Bezug nimmt, wird an diesem Lied einmal mehr deutlich, daß die Karnevalszeit mit all ihren (gemeinsam gesungenen) Liedern die Funktionen erfüllte, denen heute Rundfunk und Fernsehen in wesentlich bescheidenerem Umfang nachkommen.

In einem Lied aus dem Jahre 1878 wird die Böckderöck Wau-Wau neben dem Fleuten-Arnöldche, dem Orgels-Palm, dem Doctor Schabaudewing und dem »Männchen em Mond« als »kölsch Räritätche« bezeichnet:

> Dat Leed eß uhs, doch well ich noch zoletz
> E klein nett Wievche Üch heher flöck bränge:
> »Do schläächte Kääl, Rabau, geblöhte Fetz!«
> Su wor die Frau der ganze Dag am schänge.
> Mem Huh-op-hevve nohm se et nit genau,
> Wann hinger ehr off schreiten Deutschlands Jugend.
> Doch do worsch stets e Muster jeder schönen Tugend,
> Gott hät Dich sillig, Böckderöck Wauwau!

Tröstende und hoffnungsvolle Worte für eine Frau, der zu Lebzeiten niemand helfen konnte.

Rechtsgelehrter Napoleon

Napoleon Hermann Weinhagen, Dr. jur.
geboren am 8. Juli 1809 in Moers
verheiratet mit Susanne geb. Sterren
gestorben am 14. September 1889 in Köln, Wolfsstraße Nr. 16
Rechtsgelehrter

Wegen seines exzentrischen Wesens war Dr. jur. Napoleon Hermann Weinhagen in Köln eine stadtbekannte Persönlichkeit. Der in Moers als Sohn eines Notars geborene Jurist – er nannte sich stets Rechtsgelehrter – benutzte seine Fähigkeiten, um in viele schwebende Verfahren einzugreifen. Viele Mitbürger nahmen ihn nicht ernst, andere verlachten ihn sogar, so daß einige seiner sicherlich gut gemeinten Pläne, die dem Gemeinwohl dienen sollten, nicht oder nur unter großen Geburtswehen zur Ausführung kamen, so z. B. sein Vorhaben, einen »Verein zur Ermöglichung von Ferien-Ausflügen armer Schulkinder schwacher Konstitution« zu gründen.

Auf den ersten Blick scheint es, als habe der Rechtsgelehrte seine Mitbürger verulken wollen. Doch daß er es ernst meinte, geht aus einem geharnischten Brief hervor, den der »Stadt-Anzeiger« am 27. Juli 1880 veröffentlichte und in dem sich Napoleon bitterlich über den Zeitungs-Redakteur Gehly vom »Sonntags-Anzeiger« beklagt. Diesem Redakteur hatte Napoleon Hermann Weinhagen am 26. April 1880 einen Aufruf zur Bildung des genannten Vereins übergeben und gleichzeitig die Expedition der Zeitung ersucht, die Sammlung von Geldbeträgen zu übernehmen. Zusätzlich hatte Weinhagen dem Redakteur seine Vorstellungen mündlich erläutert: »Ich denke mir die Sache so, daß demnächst, wenn die Idee Anklang gefunden, die Zeichner zu berufen sind, um ein Comité zu wählen, welches die Organisation und die Beschaffung weiterer Geldmittel durch Concerte, Lotterien, Bazar u. dgl. m. in die Hand zu nehmen hat.«

Der »Sonntags-Anzeiger« sollte also lediglich den von Napoleon Hermann Weinhagen unterzeichneten Aufruf veröffentlichen und die Expedition sollte ihre Bereitwilligkeit, Spenden anzunehmen, aussprechen. Die erste »Einlage« in Höhe von 20 Mark übergab Napoleon dem Zeitungsredakteur, der mit allen Vorschlägen einverstanden war. Am darauffolgenden Freitag erhielt Napoleon einen Korrektur-Abzug der Zeitung, den er noch am gleichen Tag mit einem Freigabe-Vermerk zurücksandte. Napoleon Hermann Weinhagen später: »Der Sonntags-Anzeiger vom 3. Mai erschien, aber mein Aufruf war nicht darin zu finden. Eine Aufklärung oder Entschuldigung erhielt ich auch nicht. Auf meine Interpellation sandte mir Herr Gehly die Doppelkrone zurück mit dem Bemerken, daß es ihm ›in letzter Stunde‹ klar geworden sei,

daß er durch die Aufnahme des von mir unterzeichneten Schreibens Verpflichtungen und Lasten übernehmen würde, denen er nicht gerecht werden könne.« Die Zeitung hatte also »kalte Füße« bekommen. Leider besaß aber dort niemand den Mut, Napoleon Weinhagen dies offen zu sagen.
Die Angelegenheit schien bereits vergessen, als Mitte Juni 1880 ein Erlaß des Kultusministers, durch welchen »den Regierungen die Förderung von Ferienaufenthalten schwächlicher Kinder« aufgetragen wurde, bekannt wurde. Nun meldete sich Napoleon und verwies auf seine Urheberschaft. Da diese nicht nur in Zweifel gezogen, sondern ihm auch unterstellt wurde, er schmücke sich mit fremden Federn, reagierte Napoleon wütend: »Die Dreistigkeit, mit der es Herrn Gehly beliebt, im Sonntags-Anzeiger meine Person in die Öffentlichkeit zu bringen, zwingt mich, zur Vermeidung von Mißdeutungen die Zurückhaltung aufzugeben, welche in dieser Angelegenheit zu beobachten ich mir vorgenommen hatte.« Dann teilte Napoleon mit, er habe bereits am 12. Mai 1880 dem Schulinspektor Dr. Brandenberg seine Idee mitgeteilt und diesen ersucht, durch einen von ihm zu erlassenden Aufruf die Initiative zu ergreifen. Weinhagen wörtlich: »Es war das schon etwa vier Wochen vor dem Erlasse des Cultusministers, durch welchen den Regierungen die Förderung dieser Angelegenheit befohlen wurde. Dem Herrn Schulinspector stellte ich meinerseits 20 M. zur Verfügung und bemerkte ausdrücklich, daß ich nicht etwa den Ehrgeiz habe, zu dem Comité zu gehören oder in sonstiger Weise in den Vordergrund treten zu wollen, sondern mich mit dem Bewußtsein begnüge, eine gute Sache angeregt zu haben. Mein Versuch nach dieser Richtung hin war aber damals erfolglos und so ist leider keine Aussicht vorhanden, daß die gute Sache in diesem Jahre zur Ausführung kommt. Außer dem Gelde ist auch noch ein großes Quantum Menschenliebe, aufopfernde Thätigkeit und organisatorischen Talentes erforderlich, um die gewiß nicht geringen Schwierigkeiten zu überwinden.«
Irgendwer hatte Weinhagens Idee also dem Kultusminister »verkauft«, ohne den richtigen Urheber zu benennen. Ist es da verwunderlich, daß sich Weinhagen dagegen wehrte? Die Idee als solche fand jedenfalls zunächst Anklang. Am 28. Juli 1880 erschien im »Stadt-Anzeiger« der Kölnischen Zeitung eine Anzeige:

**Für den Ferienaufenthalt
schwächlicher armer Kinder**

sind mir ferner zugegangen von H. F. 5 M, D. 5 M, G. M 20,
Frau G. M. 20, v. Rath 100, durch denselben 20,
von den Schülerinnen und Pensionären
der Steineckeschen Anstalt 47,15, Fr. St. 3, H. 2,
zusammen mit den bereits angezeichneten Gaben M 302,15

Becker
Oberbürgermeister

Einen Tag später erschien in der Rubrik »Kölner Local-Nachrichten« des »Stadt-Anzeiger« ein Bericht: »Unter dem Vorsitze des Herrn Oberbürgermeisters hielt das Comité für den Ferienaufenthalt schwächlicher armer Kinder vorgestern Vormittag eine Sitzung ab. Es wurde u. a. beschlossen, daß sowohl die einzelnen Mitglieder des Comités als auch die Bezirksvorsteher Beiträge für den genannten Zweck in Empfang nehmen sollten, auch wurde das städtische Schulbureau als Annahmestelle für solche bestimmt. Es sei hier bemerkt, daß bereits 300 M eingegangen sind. Sodann wurde bestimmt, daß bei Auswahl der Kinder nur das Bedürfnis in Betracht kommen soll, und daß die denselben zu erweisende Wohltat nicht eine Auszeichnung des Fleißes sein dürfte. Kränkliche Kinder, welche ärztliche Pflege beanspruchen, sollen nicht ausgewählt werden. Das Comité beschloß ferner, sich sofort mit einem Aufruf an die Wohltätigkeit der Kölner Bürgerschaft zu wenden, damit ihm die Ausführung seines Vorhabens durch Zuwendung von Beiträgen ermöglicht werde.«

Als die »Kölnische Zeitung« im Jahre 1889 in einem Beitrag »Taxen sind Faxen« über die auch heute noch oft geübte Unsitte des Taxierens von Grundstücken »im Sinne des Auftraggebers« berichtete, ergänzte Napoleon diese Ausführungen mit scharfer Zunge.

Dr. Weinhagen wohnte viele Jahre auf der Breite Straße Nr. 127. Nachdem seine Ehefrau gestorben war, zog er zur Wolfsstraße 16. Hier starb er am 14. September 1889.

Graf Düsseldorf

Joseph Düsseldorf
geboren am 27. Januar 1812 in Köln, auf dem Entenpfuhl Nr. 3303
(Eintrachtstraße 44)
gestorben am 7. November 1873 in Köln, Eintrachtstraße 68
Tagelöhner

Nachdem Joseph Düsseldorf als Tagelöhner viele Jahre mehr recht als schlecht seinen Lebensunterhalt bestritten hatte und Invalide geworden war, entdeckte er sein Herz für die »Rechtspflege«. Seinen Stammplatz hatte er am Haupteingang des in den Jahren 1824–1826 erbauten Gerichtsgebäudes am Appellhofplatz, wo er, auf zwei Krücken gestützt, die aus- und eingehenden Bürger eingehend musterte.

Alle Fremden, insbesondere aber die Bauern, wurden von ihm angesprochen und gefragt, wohin sie wollten, was sie im Justizgebäude zu tun hätten, ob sie einen Prozeß führen müßten oder ob sie als Zeuge geladen seien. Viele der Angesprochenen, zum ersten Mal in ihrem Leben mit der Justiz befaßt, gaben ihm bereitwillig Auskunft auf alle Fragen – und erzählten ihm den Hergang der Sache, deretwegen sie gekommen waren. Joseph Düsseldorf hörte sich alles geduldig an, machte hin und wieder einige Bemerkungen, schlug sich auf die Seite des Erzählenden und gab gute Ratschläge: ob und wie der Prozeß zu gewinnen sei, ob und welcher Anwalt dabei helfen könne, welche Richter streng und welche milder waren. Kurzum: die so »belehrten« Gesetzesübertreter waren gerne bereit, dem selbsternannten Rechtspfleger das erbetene »Honorar« in Form eines Trinkgeldes zu zahlen. So wirkte er von morgens früh bis zum Gerichtsschluß im Dienste der Justiz. Zwischendurch vertrat er sich die Beine und kippte sich in den nahegelegenen Gaststätten – falls die bis dato getätigten Geschäfte dies zuließen – einige Körnchen die Kehle hinunter.

Am frühen Nachmittag erschien seine Ehefrau, die »Gräfin«, um ihn zu seiner Burg im Milchgäßchen – einer kleinen Sackgasse an der Eintrachtstraße – zu geleiten. Weil Joseph zumeist ziemlich angesäuselt war, hänselten ihn die vielen Kinder und Jugendlichen, denen er täglich begegnete: »Kröcke-Jusep« riefen sie spöttisch hinter ihm her. Zumeist wurde er dann sehr böse, doch schon bald lenkte er ein: »Ich ben der Graf vun Düsseldorf. Wenn Ehr Graf för mich saht, kritt Ehr en Kamell. Wenn Ehr andersch saht, werfen ich Üch de Kröcke an de Kopp!«

Natürlich zogen die Kinder die Bonbons den Krücken vor: »Herr Graf«, schmeichelten sie ihm. Doch kam es des öfteren vor, daß die Kinder nicht seinen Wünschen folgten. Dann warf er ihnen tatsächlich seine Krücken nach, die ihm seine Frau zurückholen mußte.

Boom Graf von und zu Dattenberg

David Boom
geboren am 17. September 1813 in Alphen (Holland)
verheiratet in erster Ehe mit der Tochter des Tabakfabrikanten van Delden,
in zweiter Ehe mit der Königin Pomare von den Sandwich-Inseln
und in dritter Ehe mit Katharina Christine geb. Gendring in Köln
gestorben am 16. Februar 1892 in Köln
Inhaber der Tabakfabrik E. van Delden & Zoonen,
Gründer der Sektfabrik Boom & Co. in Reims,
Gründer der karnevalistischen Prioritäts-AG, Prinz Karneval in Leipzig,
Kanzler des Narren-Reiches, Weltreisender

Kommt die Rede auf den Stammbaum eines Geschlechtes oder einer Familie, scheiden sich sehr oft die Geister. Wer hätte nicht gerne auch einen oder gar mehrere Größen in seiner Ahnenreihe? So geriet es bald zur Mode, »seinen« Stammbaum vorzuweisen: je älter, desto besser. Ein Kölner Original kann für sich in Anspruch nehmen, der Mann mit dem ältesten Stammbaum der Welt zu sein: Graf von und zu Dattenberg, in Holland als David Boom zur Welt gekommen, in Köln ein Mann von Welt geworden. Als 19jähriger hatte sich David Boom mit der Tochter des Tabakfabrikanten van Delden in Amsterdam vermählt und – nach van Deldens Tod – die Fabrik E. van Delden & Zoonen übernommen, zog es aber dann vor, nach Köln zu ziehen, um sich hier auf die Leitung der Kölner Filiale seines Unternehmens zu beschränken. Kaum in Köln, zog ihn der Karneval in seinen Bann. Das närrische Treiben gefiel Boom so gut, daß in ihm der Plan reifte, die »tollen Tage« auf das ganze Jahr auszudehnen. Aber da spielten selbst die lebenslustigen Kölner und Karnevalsfreunde nicht mit.

Booms Vorliebe für prickelnden Schaumwein, der »die Frohheit spendet«, führte dazu, daß er 1858 – nach Aufgabe seiner Tabakproduktion – einen geschäftlichen Abstecher nach Frankreich machte. In Reims gründete er unter dem Namen »Boom & Co.« eine Champagnerfabrik, deren Geschäfte, mit ausreichend Kapital aus dem Verkauf der Tabakfabrik im Rücken, schnell in Schwung kamen. Es dauerte nicht lange, bis dem propagandatüchtigen Erzeuger viele Ehrentitel verliehen wurden, während es für die beliebten von ihm produzierten Marken »Boom« und »Minet jeune« zahlreiche Auszeichnungen gab.

Nach Köln zurückgekehrt, verstärkte Boom seine gesellschaftlichen und geschäftlichen Aktivitäten. Mit Sekt ließ es sich im lebensfrohen Köln besser leben als mit Tabak. Und wo besser lassen sich die potentiellen Freunde des prickelnden Getränkes finden als im Karneval? Es kam, wie es kommen mußte: David Boom gründete in Köln 1859 eine karnevalistische »Prioritäts Aktien-Gesellschaft«, die sich später unter dem Präsidium von Julius Cramer in ein »Närrisches Herrenhaus« umwandelte. Boom selbst aber spielte als selbsternannter Graf von und zu Dattenberg im närrischen Reiche bald eine Rolle, die ihn weit über Deutschland hinaus als – wie ein zeitgenössischer Chronist über ihn schrieb – »eines jener immer seltener werdender Originale bekannt werden ließ, denen selbst in bewegten Zeitabläufen der alte, ewig junge Humor niemals ausgeht«.

Boom berauschte sich nicht nur am eigenen Produkt, sondern auch an seinen erfolgreichen geschäftlichen Aktivitäten. Von Köln führten ihn Reisen durch viele Länder und Erdteile. Zwischen seinen Weltreisen kam der Graf immer wieder nach Köln, um hier bei seinen Freunden »nach dem Rechten« zu sehen. Nach ein paar Tagen packte ihn jedoch wieder das Fernweh. Längst bevor die »Kölsche Kappesboore« Afrika entdeckten und dort ihre durch Landverkäufe erworbenen Vermögen anlegten, war der schwarze Kontinent David Boom schon fast zur zweiten Heimat geworden. Es fehlte nicht viel, daß er für immer dort geblieben wäre. Oder hätte bleiben müssen. Gewissermaßen in letzter Sekunde konnte sich der Graf von den Sandwich-Inseln absetzen, obwohl deren Bewohner ihn nicht nur als einen der ihren aufgenommen, sondern ihm obendrein noch ihre Königin zur Frau gegeben hatten. Erst die mit großem Prunk begangene Hochzeit brachte dem Grafen die Erleuchtung, daß es den Insulanern – und insbesondere der Königin Pomare – durchaus ernst war.

Unter Hinweis auf seine »politischen Verpflichtungen« in Europa konnte sich der »Ehemann wider Willen« offiziell verabschieden und sich schließlich – inoffiziell – aus dem Staube machen. In Köln angekommen, ernannte er sich zum »Kanzler des Narren-Reiches«. Als solcher fühle er sich wohler denn als König eines Inselreiches, ließ er verlauten. Und wo er sich sehen ließ, drängten sich die Freunde um ihn, um seinen Erzählungen zu lauschen. Graf von und zu Dattenberg tat das, was seine Zuhörer von ihm erwarteten: er erzählte munter drauflos, gerade so, wie es ihm in den Sinn kam. Die Wahrheit seiner Berichte ließ sich ohnehin nicht nachprüfen.

Aber nicht nur seine spannenden Erzählungen ließen die Stammtischbrüder an seinen Lippen hängen. Es wirkte belustigend, wenn er – im Bemühen, Deutsch oder sogar etwas Kölsch zu sprechen – die drolligsten Töne herausbrachte. Viele meinen heute noch, Holländisch sei keine Sprache, sondern eine Halskrankheit: Ein »sch« sprach er wie ein »s« aus und beim »z« stieß er mit der Zunge an, so daß ein zischendes »sz« dabei herauskam. Ein Ausspruch von ihm wurde bald zum geflügelten Wort. Wo immer sich die Gelegenheit bot, ließ er seine Philosophie vom Stapel: »Darum drauf und immer drauf, szu des Frohsinns höchstem Knauf!« Später machte ein Lied in Köln die Runde »Seiner närrischen Erlaucht des Grafen von und zu Dattenberg, Kanzler des Narrenreiches, Leiblied«. Daraus hier einige Zeilen:

In der Arch bei all der Bande
Traumgequält mein Urahn slief,
Weil vergessen auf dem Lande
Er sein gräfliches Archiv.
Doch der Arche nach da swamm
Sein Verwalter Werner stramm.
Der erhielt dafür zum Lohne
Auch den Adelsbrief.
Also ward erhalten echt
Der Beweis, daß mein Geslecht
Vor der Sündflut nassen Szeiten
Herrlich stand auf!
Darum drauf und immer drauf
Szu des Frohsinns höchstem Knauf!

Das Geslecht, es sritt 'nun weiter
Durch der Szeiten Lust und Weh,
Und es war die Folge heiter,
Daß ich heute vor Euch steh,
Des Geslechtes letzter Sproß,
Ich, der Narren-Kanzler groß,
Narr von meines Hauptes Seitel,
Bis szum großen Zeh!
Wunderbar war mein Gesick,
Bis zum heutgen Augenblick,
Sah ein jedes Volk der Erde
Uns Menschhauf!
Darum drauf und immer drauf
Szu des Frohsinns höchstem Knauf!

An der Königin Pomare
Fand ich eine holde Braut
Und nach dem Verlöbnisjahre
Wurde ich ihr angetraut.
Doch mich riß die Politik
Aus dem Insulanerglück.
Weinend hat sie meinem Siffe
Lange nachgesaut.
Darauf hat sie nachgesandt
Aus dem Sandwichinselland
Das Portrait von ihrem Sohne
Mein Smersz hört auf.
Darum drauf und immer drauf
Szu des Frohsinns höchstem Knauf!

Als sich der Graf im Jahre 1866 von seinen Freunden verabschiedete, um nach Berlin umzusiedeln, gab er ein Abschiedsfest, welches alles in den Schatten stellte, was Köln bis zu diesem Tag an privaten Feiern je gesehen hatte. In Berlin scheint es dem Grafen etwas langweilig geworden zu sein. Doch Boom wußte, wie er die Aufmerksamkeit auf sich lenken konnte. Zu Beginn des Jahres 1867 ließ er mit der Meldung aufhorchen, bei Ausgrabungsarbeiten habe man in seinem Stammsitz Dattenberg seine Ahnentafel aufgefunden. Der in einer Eisenkiste verborgene Familienschatz bestand aus einem Pergament-Kodex von 110 Blättern, betitelt »Vita St. Dadonis«, einer Stammtafel der Dathanen bis gegen 600 n. Chr. und zwei vergilbten Chroniken. Alle diese Schriftstücke, so wurde bekanntgegeben, waren in iranischer Sprache abgefaßt und in Samarkaland gedruckt worden.

Mit diesem sensationellen Fund konnte David Boom nun auch »offiziell nachweisen«, daß sein Geschlecht das »drittälteste der ganzen Welt« sei und zurückreiche bis zum Jahre 1500 vor Christi Geburt. Ein Gutachten, erstellt von einem Dr. Klaks und dem »jetzigen regierenden Grafen Boom v. Dattenberg, Chef des Herakliden-Hauses in Gurgistan, Mitregent zu Guriel, geborener Anführer der Schirvan zu Baku, Herr zu Ciudad de los Reyes, Gründer des Gestüts zu Badachian und Inhaber des Exquises zu Epernay und Boussy« gewidmet, untermauerte die Aussage des Grafen von und zu Dattenberg.

Damit hatte Boom erreicht, was er wollte: auch die Berliner sprachen über ihn. Geschäftliche Reisen führten David Boom zu Beginn des Jahres 1868 nach Leipzig. Hier fand er Zugang zu der Gesellschaft für Künstler und Kunstfreunde »Klapperkasten«, deren Mitglieder sich den Kopf darüber zerbrachen, wie sie den im Vorjahr ins Leben gerufenen Leipziger Karneval weiter fördern und pflegen könnten. Die beiden Schwestervereine »Insulanerriege« und »Feuerrüpelbrigade« hatten bereits ihre Hilfe angeboten, doch die Verantwortlichen hatten sich festgefahren. Da kam wie ein Retter in der Not David Boom, der seine in Köln gesammelten Karnevalserfahrungen einbringen konnte und damit allgemeine Begeisterung weckte.

Schon bald konnte die in Leipzig erscheinende »Illustrirte Zeitung« berichten: »Während im vorigen Jahr ein Knabe die Rolle des Prinzen Carneval unternahm, hat Leipzig diesmal einen gelungenen Wurf gethan; es hat als solchen einen wahrhaften Krösus der Narretei, der wiederholt dem Carneval der Schwesterstadt Köln präsidirte, gewonnen. Es ist kein geringerer als der durch seine humoristischen Lustfahrten und Abenteuer im Reiche des Ulks und des Weins rühmlichst bekannte und im Norden wie im Süden oftgenannte Fürst-Graf von und zu Dattenberg, Boom I., Beherrscher der Marke Minet jeune und Boom in Rheims. Allzeit Mehrer und Leerer des Reichs widmet er sich vorzugsweise den auswärtigen Angelegenheiten, und seine Heldenthaten gehören der Geschichte – des Sects an. Er hat ganz und gar durch sein imponirendes Aeußere und die aristokratischen Manieren sowie durch seine vorzügliche Rednergabe und das volltönende Organ das Zeug dazu, um einen wirklichen Prince du Sang repräsentiren zu können.« Was

David Boom in Köln vergeblich angestrebt hatte, erreichte er in Leipzig: einmal ein echter Prinz, ein Prinz Karneval – und damit Herrscher über ein Narrenreich – zu sein. Bereits bei den Vorbereitungen des Festes lag dem Prinzen die Leipziger Bevölkerung fast zu Füßen. Zitieren wir erneut die »Illustrirte Zeitung«: »Als verlautete, daß ein echter und rechter Prinz Carneval gefunden sei, nahmen die Vorbereitungen plötzlich riesige Dimensionen an, und das Fieber der Narretei verbreitete sich endemisch sogar auf einige Nachbarstädte, namentlich auf die Narrengrafschaft Leisnig, welche vom Prinzen Carneval anectirt und von seinem Statthalter Surim Pascha verwaltet wurde.«
Boom berief ein vielköpfiges Ministerium und gründete eine Hofkanzlei des Narrentums, die vor allem die Aufgabe hatten, die Presse pausenlos mit Neuigkeiten zu versorgen, um die Bevölkerung in die richtige Karnevalsstimmung zu versetzen. »Seine feierliche Krönung und Vereidigung als constitutioneller Fürst des Narrenreiches fand unter der marmornen Gedenktafel in der Veste Malepartus (Gasthof zur Stadt Frankfurt in Leipzig) mit großem Pomp statt. Sein Gelübde wurde am sogenannten Weiberfastnacht gedruckt und als Plakat an die Straßenecken angeschlagen. Nun schüttete er als Wahlfürst sein Füllhorn der Gnade über Stadt und Land aus und verlieh zahlreiche Aemter und Würden durch Diplome, so daß es sogar neben einem Hof-Minnesänger an einem ›Hof-Haarkräusler‹ und ›Hof-Athleten‹ nicht fehlte. Der Aufenthalt des Prinzen in einer Residenz war aber immer noch ein strenges Incognito, wenn er auch bisweilen in Begleitung seines Hofkanzlers vierspännig ausfuhr. Erst am Sonntag den 23. Februar erfolgte die officielle Einholung, deren Cortege die vorjährige bei weitem an Größe und Glanz übertraf. Mittels eines improvisirten Extrazugs auf der Leipzig-Dresdener Bahn, dessen Locomotive, festlich geschmückt, vor der Stadt abgelassen wurde, traf der Erkorene ein und brachte sein schönstes Geschenk, nämlich günstiges Wetter, seinem harrenden und ihm tausendfach entgegenjubelnden Volke mit.«
So weit eine zeitgenössische Schilderung, der weiter zu entnehmen ist, daß die Auffahrt vor dem »Hotel Prinz Carneval« (Hotel de Prusse) endete. Auf dem Balkon stehend, nahm Boom I. die Huldigungen seines vieltausendköpfigen Narrenreiches entgegen. Unter ihm entwickelte sich der Narrenmarkt, auf dem es zwischen Verkaufs- und Schaubuden nur so wimmelte. Für wenige Groschen gab es Wunderdinge zu sehen und originelle Sachen zu kaufen. Der Erlös war ausschließlich für die Armen bestimmt. Allein die Leipziger Turner, die ihre athletischen Künste demonstrierten, nahmen in wenigen Stunden 300 Taler ein.
Interessant auch die »Brautwägung« vor dem Balkon des Prinzen auf der Ratswaage. Pseudodamen, sogenannte Riesengrößen, hatten sich als Prinzessinnen gemeldet. Sie wurden gewogen, wobei eine Bewerberin fünf Männer aufwog. Als dann endlich die erkorene Prinzessin »Klapperia«, die sozusagen federleicht war, erschien, wurde sie im Triumphzug dem Prinzen zugeführt.

Mit einer Festtafel für viele geladene Gäste endete der Tag. »Mehr Menschen als je zuvor« waren Rosenmontag auf Leipzigs Straßen versammelt, als sich der Karnevalszug in Bewegung setzte. 75 Gruppen boten ein buntes, prächtiges und originelles Bild. Auf dem Prinzenwagen – einem Narrenschiff – thronte Boom I., an seiner Seite die hübsche Prinzessin Klapperia. Der Prinz schwenkte in der rechten Hand einen kolossalen silbernen Pokal. Zehntausende Festgrüße, von ihm selbst gedichtet, und einen Zentner Bonbons in Goldpapier nebst Reimdevise warf er während des vierstündigen Zuges unter das Volk.

David Boom als »Boom I., Prinz Carneval von Leipzig« im Jahre 1868. Originalzeichnung von G. Sundblad in der Leipziger »Illustrirte Zeitung« vom 14. März 1868

Als Prinz und Prinzessin, umgeben von einem glänzenden Hofstaat, zum Schluß des Zuges auf dem Balkon des prinzlichen Hotels erschienen und Boom eine Lobrede auf Leipzig hielt, kannte der Jubel keine Grenzen. Einen weiteren Glanzpunkt bildete die Festvorstellung in dem mit Tannengrün und Insignien des Narrentums ausgeschmückten alten Theater. Der Festouvertüre folgte das Festspiel »Die Heimat der Narretei« und später die dramatische Festdichtung »Leipziger Leben«, eine Parodie auf Jacques Offenbachs »Pariser Leben«.
Anschließend fand im Schützenhaus ein Narren-Kommers statt. Ein glänzender Maskenball am Dienstag und das »Kater- und Heringsfrühstück« am

Aschermittwoch beschlossen die närrischen Tage, denen sich die feierliche Verabschiedung des Prinzen anschloß. In Berlin erwartete ihn eine Überraschung: »Es war ihm zu Ehren«, so die Illustrirte Zeitung, »auf dem Berliner Bahnhof eine Regimentsmusik aufgestellt, welche ihn mit einem Tusch empfing. Der Präsident des Carnevals überreichte ihm im Namen der Damen Leipzigs einen Lorberkranz.« Nach Leipzig hatte David Boom alias Graf von und zu Dattenberg auch Berlin erobert.

Mit Freude registrierte David Boom, daß sich sein Narrenreich immer mehr ausweitete. Und sicherlich ist es nicht vermessen, wenn wir heute feststellen, daß der Kölner Karneval auch in Leipzig Pate gestanden hat. Exportiert durch einen gebürtigen Holländer, der als «Zugereister« schnell Geschmack am kölnischen Volks- und Brauchtum gefunden hatte – und es weitertrug. Booms Aktivitäten in Leipzig führten auch dazu, daß noch im Jahre 1868 die »Leipziger, Kölner und Mainzer Carnevalsgesellschaften in ein Cartel getreten und zum Zeichen der gegenseitigen Hochachtung die präsidentliche Ehrenmützen ausgewechselt haben«.

Kaum zur Ruhe gekommen, startete David Boom zu einer weiteren Reise. Die Eröffnung des Suez-Kanals sah auch den Grafen unter den illustren Gästen. Auf der Rückreise machte Graf Dattenberg in Köln, der Hochburg seines Narrenreiches, Station, um alte Freunde wiederzusehen. In der »Ewigen Lampe« in der Komödienstraße traf er, wie erwartet, einen lustigen Stammtisch an, an dem man sich gerade über das prunkvolle Fest am Nil und über den gastfreundlichen Khedive unterhielt. Da kam der Graf gerade recht; von ihm war schließlich einiges aus »erster Hand« in Erfahrung zu bringen. Doch bevor jemand das Wort an ihn richten konnte, hatte Boom bereits einen alten Bekannten entdeckt: den »königlich preußischen Comissionsrath und berühmten Cirkusdirektor, Besitzer der steinernen Cirkusbauten in Berlin, Hamburg, Breslau und Kopenhagen«, Ernst Renz, den er fragte: »Sagen Sie mal, was macht eigentlich mein Hengst!?« Mit seinem Spürsinn erfaßte Ernst Renz sofort die gestellte Scherzfrage und gab ernsthaft Antwort: »Ausgezeichnet, lieber Graf! Kommen Sie morgen Vormittag zu mir in den Stall und sehen Sie, was aus dem Tier in kurzer Zeit geworden ist –, wahrhaft ein Kapital!« Verwundert hörten die Stammtischfreunde das ihnen unverständliche Zwiegespräch. Schließlich wollte einer wissen, wie es komme, daß Graf Dattenberg einen Hengst halte und weshalb Renz dieses Tier in seinen erlesenen Stall aufgenommen habe. Jeder in dieser hochkarätigen Runde kannte die Ansprüche, die Renz stellte. Und jeder wußte um die Berühmtheit der Kunstpferde von Ernst Renz. Aber ein Hengst von Graf Dattenberg bei Renz? Das war neu, das mußte aufgeklärt werden. Auf entsprechende Fragen antwortete der Zirkusdirektor mit einem Achselzucken und einem Blick auf den Grafen, auf dessen Erklärung er selbst gespannt war. Den Geist, den der Graf mit seiner scherzhaft hingeworfenen Frage gerufen hatte, wurde er nun nicht mehr los: aus dem Spaß mußte Ernst werden. Und so erzählte der Graf der atemlos lauschenden Gesellschaft eine ebenso fantastische wie glaubwür-

dige Geschichte. Als Vertreter Hollands sei er zu den Festlichkeiten anläßlich der Kanaleinweihung nach Suez und Ismailia gereist, begann der Graf seine Erzählung. In Xanta, als Gast des Paschas Bimstein, habe dessen 16jährige Tochter ihn gebeten, mit in das festliche Kairo reisen zu dürfen. Nachdem der Pascha entgegen allen Erwartungen seinen Segen zu der Fahrt gegeben habe, sei er mit der jungen Orientalin nach Ägypten in See gestochen. »Es folgten nun sehr schöne Tage«, erzählte der Graf, »denn das anschmiegsame Wesen Samidas – so hieß die Schöne – hatte uns schnell zu Vertrauten gemacht, eng schlossen wir uns aneinander.« Die Freude sei aber nur von kurzer Dauer gewesen, berichtete er weiter und auf das erstaunte »wieso« folgte gleich die Erklärung:
»Als ich mit Samida in Kairo das Opernhaus aufsuchte, hat sich der ebenfalls anwesende Khedive sogleich in die Pascha-Tochter vernarrt; unverwandt richtete er sein Glas auf meine schöne Begleiterin.« Am nächsten Tag, so der Graf, sei er Gast im märchenhaften Palais des reichen Khedive gewesen. Diesem habe er versprechen müssen, ihn mit Samida bekannt zu machen. »Ich habe zwar mit meinem Herzen schwer kämpfen müssen, aber letztlich, liebe Freunde, gab doch mein Wunsch, Euch wiederzusehen, den Ausschlag!« Es habe allerdings »schwieriger Unterredungen« mit Samida bedurft, um dieser die Bereitschaft abzuringen, dem Khediven zu folgen. »Als Dank für meinen Verzicht und für meine Bemühungen machte mir der Fürst einen prachtvollen Vollbluthengst zum Geschenk, den er mir eigenhändig übergab und den ich direkt von Alexandrien aus an unseren Freund Renz schickte, zur Pflege und zur Dressur.« »Natürlich, in Wien hat man mir das edle Tier überbracht«, schaltete sich jetzt Ernst Renz in das Gespräch ein: »Der Hengst hat seitdem gewaltige Fortschritte gemacht – es ist kaum zu glauben, wie weit gute Erziehung solche Tiere bringen kann. Wenn der Graf gestattet, werde ich den Hengst Pilger nennen und morgen Abend dem Publikum vorführen!«
Sein Einverständnis knüpfte der Graf an die Bedingung, daß keiner aus der Gesellschaft in der Vorstellung fehlen dürfe. Und Ernst Renz machte Ernst: bereits am frühen Morgen des folgenden Tages prangten an allen Ecken in Köln große Zirkusplakate mit der Ankündigung, der arabische Vollbluthengst »Pilger« werde in der abendlichen Vorstellung seinen ersten Auftritt haben. Das Wundertier, so las man weiter, sei ein Geschenk des Khedive von Ismailia an den Grafen von und zu Dattenberg aus Anlaß der Eröffnung des Suez-Kanals und der Hengst werde seinen ersten öffentlichen Auftritt im Abendland unter den Augen seines »persönlich anwesenden Besitzers« haben. Der Zirkus konnte am Abend nur einen Teil der Besucher fassen, die in Scharen herangeströmt waren, um das »Wunderpferd« aus dem fernen Ägypten zu bestaunen, jenes Tier, welches, so die Kölner Zeitungen, »der prachtliebendste Fürst der Gegenwart dem bekanntesten Feinschmecker« zum Geschenk gemacht hatte. Graf von und zu Dattenberg, der Urheber der Komödie, saß in einer reich bekränzten Loge und genoß das Schauspiel beim Er-

81

scheinen »seines« Pferdes Pilger. Ernst Renz badete förmlich im Beifall, der sich zum Orkan steigerte, als er einige neue Dressuren vorführte.
Als sein wirklich gelungener Auftritt zu Ende war, ergoß sich ein wahres Blumenmeer über den Künstler und das Pferd. Graf Dattenberg, der »Besitzer«, wurde lautstark in die Manege gerufen. Das Publikum gab erst Ruhe, als der Graf der Aufforderung nachkam und eine salbungsvolle Rede hielt.
Da auch die Zeitungen überschwenglich berichteten, klingelte in den folgenden Tagen die Zirkuskasse wie selten zuvor. Ein wahrer Besucherboom setzte ein, sehr zur Freude von Ernst Renz. Wenige Tage später traf sich die Stammtischgesellschaft, um die Ereignisse Revue passieren zu lassen. Bei dieser Gelegenheit setzte David Boom seinem Streich die Krone auf. Er bot den nun berühmt gewordenen »Pilger« Ernst Renz zum Kauf an. Dieser, völlig überrascht, wollte den Grafen spontan nach seinem Gesundheitszustand fragen, machte aber dann in Sekundenschnelle eine Kehrtwendung. Als cleverer Geschäftsmann hatte er schnell erkannt, was er anrichten würde, sollte sich durch eine Unachtsamkeit das Geheimnis um das »Wunderpferd Pilger« lüften.
Nach einigem Hin und Her einigten sich der Zirkusdirektor und Graf Dattenberg schließlich auf die stolze Kaufsumme von 4500 Talern. Weitere 200 Taler gab Ernst Renz für ein üppiges Mittagessen für seine Stammtischfreunde aus, aus Anlaß des »seltenen Kaufes«, wie er sich doppeldeutig ausdrückte. Für Graf Dattenberg war dies ein unverhofftes, für den Zirkus ein gutes Geschäft. Denn »Pilger« und die Mär um seine Herkunft ließen überall, wo der Zirkus gastierte, die Kassen klingeln. Die Erlöse aus dem Verkauf der Tabakfabrik, die Überschüsse, die die Champagnerfabrik in Reims abwarf, versetzten Graf Dattenberg in die Lage, sein Leben zu genießen und die halbe Welt zu bereisen.
Wurde er auf den scheinbar unerschöpflich sprudelnden Geldstrom angesprochen, hatte er auch dafür eine einfache Erklärung bereit. »Mein Urahn«, so der Graf, »ist in seiner Stammburg Dattenberg in einen Dauerschlaf versunken. Und trotz seines todesähnlichen Schlafes wachsen seine borstigen Haare ständig weiter, sogar durch die Felswände hindurch. Ein findiger Bürstenbinder nutzt dies, um tagtäglich die immer üppiger sprießenden Borsten zu schneiden und daraus Bürsten zu binden, und das in so großen Stückzahlen, daß mein Konzessionsanteil zum Leben reicht.«
Seine letzte Tat wäre dem Kanzler des Narrenreiches fast zum Verhängnis geworden. Als 1871 die deutsche Belagerungsarmee vor Paris zur Langeweile verurteilt war, griff Dattenberg auf höchst ungewöhnliche Weise ein: er lancierte einen ganzen Eisenbahnzug mit Champagnerflaschen und Rotweinkörben in die vordersten Linien. Mit seiner bekannten Dreistigkeit gab er sich als holländischer Edelmann aus, erhielt daraufhin von den Franzosen jede gewünschte Vollmacht und gelangte so zu den deutschen Truppen, die er in eine höchst fröhliche Stimmung versetzte.
Dattenbergs eigene Laune sank aber spürbar, als er auf dem Rückweg in der

Gegend von Reims unter dem Verdacht, ein Spion der Deutschen zu sein, verhaftet und ins Gefängnis geworfen wurde. Eine Kugel schien ihm sicher, denn sein Koffer enthielt genug Schriftstücke, um den Vorwurf der Spionage zu erhärten. Doch auch in dieser Situation behielt Boom einen kühlen Kopf: Er brachte den Wärter dazu, ihm den Koffer auszuhändigen. Als der Untersuchungsrichter eintraf, fand er den vermeindlichen Spion umgeben von Feuer, Rauch und Asche. Graf Dattenberg hatte kurzerhand den Koffer samt Inhalt verbrannt.
Dann wurde es ruhiger um den Kanzler des Narrenreiches. Doch eines Tages kam er wieder nach Köln zurück. Nachdem er sich richtig eingelebt hatte, fand er bald neues Lebensglück: am 4. August 1888 heiratete er Katharina Christine Gendring. Als 75jähriger Jung-Ehemann fanden seine närrischen Eskapaden zwangsläufig ein Ende. Der Monate später folgende Karneval erinnerte sich jedoch des Narrenkanzlers, dem ein »Leiblied« gewidmet wurde:

>Saut den letzten des Geschlechtes,
>Alt, doch jung bei Lied und Wein;
>Dünkt sich stets szu sein was Rechtes,
>Denn er glaubt, ein Narr zu sein.
>Narr, der alle Mensen liebt,
>Narr, der nie ein Herz betrübt,
>Narr, der auch den Feind läßt leben
>In dem Gold vom Rhein.
>Muß ich von der Welt einst fort,
>Diesem Riesen-Narrenort,
>Soll der Narren-Herold rufen
>Dem Narrenhauf:
>»Narren, immer drauf und drauf
>Szu des Frohsinns höchstem Knauf!
>Drum drauf! Drum drauf!
>Immer drauf!«

Am 16. Februar 1892 starb David Boom – Graf von und zu Dattenberg, Chef des Herakliden-Hauses in Gurgistan, Mitregent zu Guriel, geborener Anführer der Schirvan zu Baku, Herr zu Ciudad de los Reyes, Gründer des Gestüts zu Badachian und Inhaber des Exquises zu Epernay und Boussy, Tabak- und Sektfabrikant, Kanzler des Narren-Reiches und Prinz Karneval von Leipzig – in Köln, der Hochburg seines Narrenreiches. Was mag aus seinen Untertanen geworden sein?
Im Liederbuch der »Große Kölner Karnevals-Gesellschaft« findet sich im Januar 1891 das »Reise-Abenteuer-Erinnerungslied des Grafen Dattenberg, Kanzler des Narrenreiches«:

Sechzig Jahr – wird er fürwahr
Bald, daß ich – jugendfrisch,
Urfidel – meiner Seel! –
Mir blieb gleich, – sag ich euch!
Darum singt, – was euch bringt
Voll Gemüt – hier im Lied
Euer Graf, – der stets brav
Ganze Welt – Kopf gestellt!
Narrenhauf,
Schaue auf
Mich und meinen Lebenslauf!
Darum drauf, immer drauf
Zu des Frohsinns höchstem Knauf!

Schon die Arch – Noahs barg
Einen Sproß, – stolz und groß,
Vollblutecht, – vom Geschlecht,
Dessen Zier – ich bin hier!
Weit umher – Land und Meer
Ich wohl sah, – Afrika,
Sandwichsin – Königin
Pomare, – Herzensweh.
Narrenhauf . . .

Konstanti – nopel, – sieh! –
Philippo – pel, – oho! –
Adria – nopel, – da
Kennt den Graf – jedes Schaaf.
Was nicht grüßt, – wird gespießt,
Haupt nicht senkt, – wird gehenkt
Sultan ruft: »Alles Schuft!«
Sack zum Schluß, – Bosporus.
Narrenhauf . . .

Fern am Nil, – Krokodil,
Obelisk, – Odalisk,
Pyramide – hoch, sehr müde,
Auf Kamel – voran schnell,
Wüste wüst, – doch versüßt
Hat Khediv – mir durch Brief
Meine Müh; – drin stand: »Sie
Pascha hier, – Roßschweif Dir!«
Narrenhauf . . .

Hoch am Pol, – auch, jawohl!
Erdachse da – drehen ich sah;
Walfisch schwer, – weißer Bär
Mich entzückt – angeblickt;
Großer Zar – bot mir dar
Portofeuille, – doch in Eile
Ungeniert – refüsiert,
Schlitten, Schellen, – auf nach Köllen!
Narrenhauf . . .

Nur am Rhein – will ich sein,
Trinken Wein – in den Reih'n
Froher Narren, – deren Sparren
Aus dem Haupt – Leid nicht raubt,
Deren Brust – Spannkraftlust
An dem Fest – nicht verläßt,
Die, wie ich, – toll und frisch,
Feiern all – Carneval!
Narrenhauf, Schaue auf
Mich und meinen Lebenslauf!
Darum drauf, immer drauf
Zu des Frohsinns höchstem Knauf!

»Auf dem Narrenmarkt«. Originalzeichnung von G. Sundblad in der Leipziger »Illustrirte Zeitung« vom 14. März 1868. Ausschnitt der Darstellung »Vom zweiten Leipziger Carneval«

Auch elf Jahre nach seinem Tod dachten die Kölner noch an David Boom. Am 22. Februar 1903 sangen Karnevalsfreunde in einer Sitzung der »Große Allgemeine KG« das Lied, als dessen Verfasser A. Barthelheim angegeben ist:

Der Graf von Dattenberg
geb. 1813

Ein Erinnerungsblatt zu seinem 90. Geburtstage.
Melodie: Der Graf von Rüdesheim

Oft hab den Graf von Rüdesheim
Ich aus dem Schlaf erweckt;
Heut gelten soll mein Narrenreim
Dem »Grafen Boom von Sekt«.
Laßt ihm denn, dem Original
Aus nun verschwundner Zeit,
Hier widmen unsern Weinpokal
Feucht, fröhlich und gescheit.
Hört im Geist – wie er dreist
Die Stern vom Himmel log,
Der die Brust – voller Lust
War des Faschings Pädagog.

Sein neunzigster Geburtstag fällt
In dieses neue Jahr,
Er feiert ihn in dieser Welt
Nicht mehr wie einst es war;
Doch bleibt uns die Erinnerung
An ihn Dezennien lang,
Sie wird von neuem wieder jung
Bei Lied und Becherklang.
Wie so oft – unverhofft
Trat in der Bütt er auf,
Und sein Wort – dauert fort:
»Nun, bis zum letzten Knauf!«

Schon bei der Sintflut schwamm der Arch
Noahs sein Urahn nach,
Der schlau sich in der Kist verbarg,
Ein Kerl von echtem Schlag.
Aus seinem Samen wuchs empor
Der Narren Kanzler stolz,
Des Ulkes größter Matador,
Ein Schoßkind Gott Apolls.

Bei Pomar – war sein Haar,
Das greise, schwarz vor Schreck,
Der ihn kannt – immer fand
Schwarz behaart ihn und knatschgeck.

»Herr Graf« hieß er im Hotel Disch,
Wo er der älteste Gast,
Manch echter Graf, der dort bei Tisch,
Hat sich gelacht nen Ast.
Berühmt am ganzen Rheinesstrom
War er besonders stark,
Stets loszuschlagen seinen »Boom«
Als Exquisite Mark.
Wohlbeleibt – war beweibt
Der edle Graf dreimal,
Fünfzig Jahr – älter war
Er als dritter Herr Gemahl.

Auf Reisen man ihn respektiert,
Der Kellner Schar beglückt
Ihn als »Erlaucht« nur tituliert,
Sich vor dem Trinkgeld bückt.
»Sandt Bismarck mir kein Telegramm?
War Prinz Emil nicht hier?«
Ein Piccolo bejaht es stramm,
Man denkt, »Welch hohes Tier!«
Den Pelzrock – an den Pflock
Man ihn katzbuckelnd hängt,
»Flasche Boom!« – Hotel Rome!
Wie wird dort der »Stätz« geschwenkt!

Nun weilt er im Elysium,
Doch ist er oft betrübt,
Weil es – er nimmts gewaltig krumm –
Champagner dort nicht gibt;
Doch ists zuweilen ihm vergönnt,
Zu schaun bei uns hinein;
Wenn er die Freunde dann erkennt,
Dort schwelgend bei dem Wein,
Tönt sein Ruf: – »Piff! Paff! Puff!
Hätt ich doch davon ein Faß!«
Doch wir drauf: – »Bis zum Knauf
Dir ein ganz spezielles Glas!«

Bullewuh

Hieronymus Blau
geboren am 13. September 1815 in Köln, Weidengasse 48
gestorben am 8. Mai 1884 in Köln, Tempelstraße 21
Städtischer Wegeaufseher

In den Anlagen am Eigelsteintor und am Sicherheitshafen (Türmchen) führte Hieronymus Blau – Bullewuh, mitunter auch Wullewuh gerufen – die Aufsicht. Wenn er nicht gerade unterwegs war, hauste er in einer kleinen, niedrigen Holzbude. Als »Dienstmütze« trug er eine alte grüne Försterkappe, in seiner Hand hielt er stets einen Stock, auf den er sich mitunter stützte, den er aber auch benutzte, um »die Pänz« zur Räson zu bringen. Der Bullewuh führte ein strenges Regiment: wo er sich blicken ließ, riefen ihm die Kinder nach: »Bulle-Bullewuh – hau de Kinder nit esu!«
Hieronymus Blau hatte sich ein schönes Fleckchen als Arbeitsstelle zuweisen lassen. Schon Charlotte Schiller, der Witwe des Dichterfürsten, gefiel es hier. Im Jahre 1821 schrieb sie in einem Brief an ihren in Köln als Landgerichtsassessor tätigen Sohn Friedrich Wilhelm Ernst von Schiller: »Wie schön es wohl am Rhein sein mag! Der Weg nach dem Türmchen und dem Sicherheitshafen ist mir beim Abendhimmel lebhaft im Gedächtnis.« Knappe 74 Jahre später beschreibt ein unbekannter Dichter die Gegend in dem Lied »De Fescherzunf vum Rhing«:

> Des Morgens fröh em Sonnesching
> Der Wullewuh noch schlief,
> Uns ganze Klick kütt an der Rhing,
> Derheim dann keiner bliev.
> Stolz setzen all mer an der Senk,
> Kei Minsch e Wöötche säht.
> Wann dä Kuletschhot dann nit blänk,
> Mer schwenke met der Gäht:
>
> Mer fange Schnie'dre, Hechte, Schleie,
> Hurra! Der Chreß – dä hät ald Beß,
> Uns ganz Gelääsch dat deit sich freue,
> Wann bröllt dä Schääl: »Ich han 'nen Ööl!«

Am Thönche, an däm Schlaachtes, eß
För uns de schönste Plaaz,
Do hät der ganzen Dag mer Beß,
Wat sin de Fesch su staats!
Uns keiner do jet maache kann.
Wer kütt, weed uusgelaach;
Me'm Wattler noch allein mer han
Dä ganze Rhing gepaach.

Metunger, wann de Fesch sin geck,
Dann kritt mer off de Krauz,
Kei Ruthaug noh däm Würmche leck,
Se halde zo de Schnauz.
Met Kies un Oellig weed gelock,
Op eimol bieß jet an,
Un träcken alle Mann met op,
Dann hängk 'ne Schluffe dran.

Mer flutsche noh 'nem wärme Rähn
Naaks en de Prumenad.
Un sööken do met der Latän
De Würm noh Feschers Aat.
Un alles kütt dann en de Dos,
Su'n Dheer gewennt sich flöck,
Mänch ärme Wurm dä obdachlos,
Bei uns mäht noch sie Glöck!

Uns ganz Gelääsch dat weiß Bescheid,
Wann kütt vum Rhing der Här,
Kei Minsch dann wigger feschen deit:
»Nen Dag, Här Kummissär!«
Mer setze stell, em Mung de Nötz,
Dat eß däm gar nit klor,
Un han 'nen duden Hungk am Stätz,
Dä grad versoffe wor:

Mer fange Schnie'dre, Hechte, Schleie,
Hurra! Der Chreß – dä hät ald Beß,
Uns ganz Gelääsch dat deit sich freue,
Wann bröllt dä Schääl: »Ich han 'nen Ööl!«

Der große Komet

Johann L. Dickopf
geboren am 23. Februar 1820 in Sinzig
verheiratet mit Gertrud Walburga geb. Wego
gestorben am 11. Mai 1865 in Köln,
Alte Mauer an Aposteln Nr. 4 (Gertrudenstraße 4)
Inhaber der Gaststätte »Gertrudenhof vulgo Geistensterz«

Im Schatten der Apostelnkirche befindet sich – auf der Ecke zur Gertrudenstraße – der vor einiger Zeit renovierte Gertrudenhof. Die geschmackvolle Einrichtung lädt zum Verweilen ein. In einer gemütlichen Ecke zeugen einige Bilder von der großen und bewegten Vergangenheit der Gaststätte, deren Geschichte eng verbunden ist mit dem Namen eines Mannes: Johann L. Dickopf.
Rund 130 Jahre ist es her, daß Johann L. Dickopf wie ein Komet am Kölner Gastronomiehimmel aufstieg. Er, dessen Wiege in Sinzig am Rhein im Hause armer Leute gestanden hatte, brachte ein Kölner Haus zur Blüte und machte es weltbekannt. Der heutige Gertrudenhof steht zwar nicht genau an der Stelle, an der Johann Dickopf wirkte. Doch wenn die Gäste des jetzigen Gertrudenhofes einen Blick durch die bleiverglasten Fenster in die Gertrudenstraße werfen, sehen sie einen gewaltigen Gebäudekomplex, in dem heute die Mitarbeiter der Kölner Kreissparkasse mit Zahlen jonglieren. Und eben das tat auch Johann Dickopf, als er am 20. Oktober 1855 von den Eheleuten Osterwald den »Gertrudenhof vulgo Geistensterz«, ebendort gelegen, käuflich erwarb.
Vater Johann Dickopf konnte seinem Sohn außer seinem gleichlautenden Namen nichts mitgeben, als dieser sich nach Köln aufmachte, um hier Arbeit zu suchen. Werktags schuftete der fleißige junge Mann aus Sinzig in Johann Wegos Schreinerei, mitunter zehn und zwölf Stunden. Sonntags kellnerte er bis zur Polizeistunde in Johann Eiser's Ball-Local in der Komödienstraße 34. Nichts gönnte er sich, Silbergroschen um Silbergroschen legte er auf die hohe Kante, um sich seinen Traum zu erfüllen: ein Lokal der Superlative. Die Schwestern seines Meisters wurden zunächst sein Schicksal: Gertrud Walburga Wego, 15 Jahre älter als er, versorgte ihn mütterlich und wurde im Dezember 1848 seine Frau, Maria Anna Eiser geb. Wego überließ ihm – nach dem Tode ihres Mannes Johann Heinrich Eiser im April 1846 – den zweitgrößten Tanzsaal Kölns »für nen Appel un en Ei«! Doch Johann L. Dickopf wollte mehr. So erwarb er mit seiner Frau am 20. Oktober 1855 »die auf der alten Mauer-Straße an Aposteln in hiesiger Stadt Cöln, unter der Haus-Nummer vier gelegene, unter dem Namen ›Gertrudenhof vulgo Geistensterz‹

In dieser Zeitungsanzeige hat sich Johann Dickopf mit seinem Portrait »verewigt«

Der »Gertrudenhof vulgo Geistensterz«. Zeitungsanzeige aus dem Jahre 1857, kurz bevor die Umbenennung »Im großen Kometen« erfolgte

bekannte Besitzung, bestehend in Wohnhaus mit Wirtschafts- und Restaurations-Localen, in der sogenannten Orientalischen Halle, in Hofraum, Garten und in den sonstigen Dependentien« für nur 18 400 Taler und »die sämtlichen dort vorhandenen Mobiliar-Gegenstände« für weitere 1000 Taler. Ein gutes Geschäft.
Zunächst gestaltete Johann Dickopf die Tanzfläche zu einem »Paradiesgarten« um. Um jedes Detail kümmerte er sich selbst. Künstliche Zitronen- und Orangenblüten zauberten südliche Atmosphäre, auf den Wedeln kunstvoll gefertigter Dattelpalmen wiegten sich exotische Vögel. Winzerlauben luden zum zärtlichen Tête-à-Tête ein, Fontänen versprühten Eau de Cologne.
Ab Silvester 1855 prasselte ein Feuerwerk der Reklame los, wie es die verdutzten Kölner noch nicht erlebt hatten. Und Dickopf hielt, was seine Reklame versprach: Spitzenleistungen der Gastronomie! In einer Zeit ohne Tiefkühltruhen servierte er elsässische Gänseleberpastete, norwegischen Hummer, Escargots und Froschschenkel, marokkanische Langusten, russischen Bärenschinken, arktischen Walfisch. Jeden Mittag stand ein neues Faß mit 300 Nativ-Austern aus der eigenen Zucht in Ostende »groß wie ne Boddem vun enem Hoot« vor der Tür. An jedem Freitag erhielt Dickopf ein Achteltönnchen goldgrünen Imperial-Kaviar aus Persien »su deck wie Kurente«, von gewagten Tortenkreationen, gewaltigen Fruchteisbomben und erlesenen Weinen ganz zu schweigen. Seine Reklameeinfälle könnten ganze Bände füllen. Kostproben seiner »Formulierungskünste« sind uns reichlich überliefert.
Wenn am Abend der »Geist« über ihn kam, pflegte der kleine Mann zur Erheiterung seiner Gäste auf den Tisch zu klettern und wunderliche Reden zu halten. Überliefert sind die Worte: »Hütet Euch vor Kellnern, Freunde. Selbst der ehrlichste unter ihnen ist ein arger Spitzbube. Ich muß es wissen, denn ich war selber einer!«

Seine Geschäftstüchtigkeit machte auch vor Majestäten nicht halt. Als Friedrich Wilhelm IV. von Preußen eines Tages am Gertrudenhof vorbeifuhr, kredenzte Johann Dickopf dem Landesvater vor der Tür einen Goldpokal mit erlesenem Rheinwein. Der König trank diesen Pokal genüßlich bis zur Nagelprobe leer und dankte: »Ein delikates Tröpfchen!« »Gell, Majestät«, meinte darauf Dickopf geschmeichelt, »das ist ein Weinchen. Aber das ist noch gar nichts. Majestät sollten erst mal in meinen Keller kommen, dort stehen noch viel bessere!«

Beim Ringen um die zahlungskräftigen Offiziere, die im nahegelegenen Blankenheimer Hof am Neumarkt ihr Stammquartier hatten und dort auch ihr Essen einnahmen, lief er schon bald diesem Konkurrenten den Rang ab. Es blieb nicht aus, daß Gäste versuchten, mit Dickopf ihre Späße zu treiben. Mancher geriet aber an die falsche Adresse, wenn er sich mit der hochnäsigen, auch »Juno von Mülheim« genannten Ehefrau anlegte. So wollte einmal ein Leutnant aus uraltem Adel die »Juno« auf die Schippe nehmen: »Gnädigste leiten Ihren Stammbaum sicherlich bis zur Arche Noah zurück?!« Doch Frau Wirtin konterte: »Enä, Jüngelche, ming Ahne hatte e eige Boot!«

In der Geschichte des Karnevals spielen der ulkige Wirt und sein Haus eine nicht unbedeutende Rolle. Dickopf wurde häufig die Zielscheibe der Witze einzelner Karnevalisten, die in seinem Namen Einladungen und Begrüßungen an die Narrenschar richteten:

> Sagt, wie bewirth ich,
> Der Blödsinngeborene,
> Närrische Chor!
> Schenkt mir nur Vergißmeinnicht-Leben.
> Schüpper, was kann euch der Geistensterz geben?
> Hebt zu Eurem Olymp mich empor.
> Der Dreiklang er wohnt im flammenden Saale.
> Oh, trinkt meinen Nektar
> Und laßt mir die Schale!

In einer zeitgenössischen Zeitungsschilderung heißt es u. a.: »Hier hat der Prinz Carneval seine Nachblüte zu üppigstem Wachstum entfaltet. Hier saßen tausend Männer von Köln mit der Schellenkappe närrisch geschmückt um die Bütt gelagert, und aus vielstimmigen Zecherkehlen erbrauste das »Gaudeamus« der Kölner Fastnachtslandschaft, bis daß der altersgraue Apostelklotz draußen anfing zu klingen wie ein holländisches Glockenspielwerk.«

Und dann erinnert sich der Chronist an eine Geschichte, die der geschäftstüchtige und publicitysüchtige Wirt in bester Weinlaune ausgeheckt hatte und der ein biederer Schneidermeister als Besucher einer Karnevalssitzung zum Opfer gefallen war: »Lebt er noch, der Maestro der Nähnadel, den sie hier hinterlistig zu dem vielbelachten Kamelsritt verlockten? Sie zogen das kunstreich aus Holz und Pappdeckel geschnitzte Wüstenschiff mitsamt dem Reiter hinaus in die tabaksqualmigen höheren Regionen. Die ganze lange Sitzung hindurch hing hier das arme Opferlamm des Fastnachtsulks zwischen Himmel und Erde, einsam und weltverloren, ein Eremit des Grielächertums. Elastische Champagnerpfropfen zuckten um sein blasses Haupt und ungehört verhallte sein Wehruf in den Triumphmelodien der Narrenzunftbrüder«.

Am 5. Oktober 1858 sichteten Gäste des Gertrudenhofes beim mitternächtlichen Heimweg über dem »Geistensterz« den von Donati (Florenz) am 2. Juni 1858 zuerst entdeckten und dann nach ihm benannten Donatus-Kometen. Mit seinem riesigen Schweif stand dieser Komet, mit bloßem Auge gut auszumachen, über dem Gertrudenhof. Der geschäftstüchtige Wirt nahm dies zum Anlaß, sein Lokal umzubenennen. Fortan hieß es in den Zeitungsanzeigen nicht mehr »Gertrudenhof vulgo Geistensterz« sondern »Im großen Kometen«. Die Darstellung des Kometen schmückte jetzt seine Inserate. Übrigens: bei einer von Donati errechneten Umlaufzeit des Kometen von 1879 Jahren wird er im Jahre 3737 wieder über Köln zu sehen sein.
Die Erscheinung des Kometen fand ihren Niederschlag auch im Karneval, so in dem Lied »Der Kumeet« von Michael DuMont (Text) und Johann Weber (Melodie):

Anno aachunfuffzig wore
Heiße Daag, we Mallig weiß;
Mänchem klähvte gar de Hoore
Faß om Kopp vun luhter Schweiß.
Mänche Saach an ville Stelle,
Wor se noch esu verkeet,
Woht beschönig em Verzelle
Vun dem prächtige Kumeet.

Mähde, Zum Exempel, leefe
An Girjun un Cünnibähz,
Am Appellhofsplatz, un reefe:
»Süch enß an dä Stätz, dä Stätz!«
Met Zaldaten ungerdessen
Wood dann noch en Stund parleet,
Doch de Huhsarbeit vergesse –
Schold wor dhran dä Kumeet.

Wann 'ne Mann, sich zu zerstreue,
Singe Weg noh'm Weehtshuhs nohm,
Stähnevoll vun villem Neue,
Spät noh Huhs zo waggle kohm,
Saht hä, pröttelten si Wievche:
»Och, ich ben, ich weiß doch neet,
Ganz verblenk. Dran eß, min Düvche,
Schold geweß nor dä Kumeet.«

Och, wann do doch immer schinge
Wolls en unser Stadt su hell,
Wööd mer singe Weg auch finge
Glich un good an jeder Stell.
Dann, wann nit en Kölln de Stähne
Un zo Zigge Mondleech auch,
Helfen unse Gaslatäne,
Süht kein Hand mer off vör'm Aug.

Och, Kumeet, wann do wolls blieve,
Köhm en Nuth der Stadtroth nit,
Gasbelöchtung selvs zo drieve,
We imm jitz su Mäncher rieth;
Bröch dan auch nit zu taxeere
Röhre, Gasfabrik ald jeez,
Un krägh beim Entreeprineere
Leech noch Schaden an der Stähz.

Dann auch bruchte nit met Zihfren
Lück zu maachen unklor Schlöß,
Un de andre nit zu ihfren,
Dat hä doch et besser wöß.
Un bei 'su em Zeidungsbrummen
Uevver Wahrheit oder Sching,
Mög och noch 'nen Unus kummen,
Dä et säht üch op Lating.

Dat et Weltall dröm gingk drieve,
Oder secher kräg e Loch,
Dat, Kumeet, dat dhät mer schrieve,
Doch et steiht ald immer noch.
Dröm lohßt uns bei Loss un Wetze
Diß Johr widder ungestöt
Dröcklich bei einander setze,
Köhm auch widder dä Kumeet.

Den Grundstein zu einem notwendigen Anbau – dem späteren Kometensaal – legten die Eheleute Dickopf bereits im Mai 1857. Vorher hatten die »Neugastronomen« eines der glanzvollsten Konzerte veranstaltet, welches je auf Kölner Boden stattgefunden hat. Die Musikchöre des 16., 30. und 33. Infanterie-Regiments und des 8. Cuirassier-Regiments gaben unter der Leitung des Direktors der gesamten Musikchöre des Königl. Garde-Corps in Berlin, Wilhelm Wieprecht, Proben ihres Könnens.
Die Kölner strömten in Scharen herbei. Der Erfolg dieses Konzertes und der Besucherandrang mögen ausschlaggebend für die Entscheidung der Eheleute gewesen sein, rund 20 Monate nach dem Erwerb bereits einen Anbau zu errichten. Johann Dickopf wäre nicht Johann Dickopf gewesen, hätte er dies nicht auch der Nachwelt überliefert, denn bei der Grundsteinlegung zum großen Kometensaal ließ er ein Dokument einmauern: ein Schreiben des Architekten Roß, einige Annoncen, ein Flaschenetikett »Hochheimer« und einige Scheidemünzen. Und natürlich die eigenen Aufzeichnungen, die in den achtziger Jahren bei Ausschachtungsarbeiten aufgefunden und zur allgemeinen Belustigung der Kölner Bevölkerung in der »Kölnischen Zeitung« veröffentlicht wurden. Dieses Zeitdokument gibt einen Einblick in die Geistes- und Gedankenwelt des Johann Dickopf:

»Anno 1857 Am Tage nach Christi-Himmelfahrt den 23. May wurde dieser neue Flügel resp. Bau in Angriff genommen. Der Eigentümer Johann Dickopf 38 Jahre alt, geboren zu Sinzig am Rhein und seine Frau Gertrud, geborene Wego aus Mülheim am Rheine nebst deren Bruder Johann Wego, legten den Ersten Stein zu diesem Bau. Zur angegebenen Zeit war der Gertrudenhof (vulgo Geistensterz) das größte und schönste Lokal zu allen Festlichkeiten und durfte sich dem Saale Gürzenich würdig zur Seite stellen. Der Gertrudenhof vulgo Geistensterz, war stehts das auserwählte Local zu

Anstelle »Gertrudenhof vulgo Geistensterz« heißt es in den Zeitungsanzeigen nun »Im großen Kometen«.

großen Festlichkeiten nicht allein wegen seiner Größe, sondern auch wegen seiner innern prachtvollen Ausschmückung, weshalb auch ein Teil desselben Paradiesgarten genannt wurde. In demselbe wurde 1856 bei Gelegenheit der Erhebung des Erzbischoffs von Cöln Johannes von Geissel (Cardinal) von Rom, 72 der ältesten Männer gespeiß, wo S. Eminiz der Cardinal unter dem größten Andrange von Zuschauern selbß den Vorsitz führte, wozu noch acht fremde Bischöfe eingeladen und zugegen waren. Das Musikchor des 33 preußischen Infanterie Regiments verdiente jedesmal an den 3 Carnevalstagen Tausend Thaler exklusive 25 % Armenabgaben welche von Bällen an die Armenverwaltung entrichtet werden mußten, jetzt wo wieder Klöster im entstehen sind, fängt man an durch Polizeiliche verordnungen die Tanzbelustigungen derart zu beschränken, daß man befürchten muß, daß für die Folge jar nicht mehr getantz vielmehr nur gebetet werden darf. Allgemeiner Unwillen zeigt sich jetzt nicht allein bei der tanzlustigen Jugend, sondern auch in allen Schichten der Menschenklasse, besonders diejenigen welche am meisten unter dieser Tanzbeschränkenden Verordnung leiden, wozu voran die Wirthe, Schuster, Schneider, Blumenmacher, Bäcker, Parfümeriehändler, Modehändler etc. kurzum wenn man es streng nimmt, ist kein Verbot, was buchstäblich jeden Gewerbetreibenden trifft und so nachteilig auf dieselben wirkt wie dieses neue Verbot. Augenblicklich sind 4 Pfeiler der neu zu errichtenden Rheinbrücke beendigt, der Central Bahnhof im Botanischen Garten in Projekt genommen und das Nord Süd und Weist Portoal des Domes fertig und das neue Museum wozu Herr Richarz ein Kölner Kaufmann 150 000 Thlr. geschenkt hat bis zu ersten Stocke herangestiegen. Ich habe dem Finder dieses nun so viel Neues und Wahres gesagt und möchte als Wirth doch gerne wissen wie es mit dem Tanzverbote ergange wie es mit demselben steht wissen, weshalb mich zu benachrichtigen bitte. Johann Dickopf Gertrud Dickopf Johann Wego Aposteln Alte Mauer Nr. 4«

Neben der allgemeinen Heiterkeit, die die Veröffentlichung auslöste, wurde in der Kölner Bevölkerung auch diskutiert, wie es wohl möglich sein werde, dem Verstorbenen eine Nachricht zukommen zu lassen, um ihn darüber zu informieren, wie es »mit dem Tanzverbot ergangen« sei. Und da das Problem keine Lösung fand, wartet Johann Dickopf bis heute noch auf eine Antwort...
Doch es gab nicht nur Heiterkeit, sondern auch einigen Ärger. Und den bekam die »Kölnische Zeitung« mit Johann Peter Dickopf, dem Bruder des Verstorbenen, der es nicht verwinden konnte, daß der Zeitungsredakteur die Veröffentlichung des Briefes mit der kommentierenden Anmerkung versehen hatte, Dickopf müsse wohl ein Geizkragen gewesen sein, weil er »lediglich ein paar geringwertige Münzen beigelegt und ihm die Grundsteinlegung nicht einmal ein Kastemännchen (ein 25 Pfg. Stück) wert gewesen sei.«
Dies rief den Bruder auf den Plan, der in einer Zuschrift an die »sehr geehrte Zeitung« erbost, aber auch ironisch mitteilte, »daß der Verstorbene nur deshalb kleine Münzen habe beifügen können, weil die Anzeigenpreise der Zeitung« ihn um sein Verdienst gebracht hätten. Das saß, denn Johann Dickopf hatte in der Tat Unmengen seiner sauer verdienten Groschen an Inseratskosten entrichtet. Doch zurück zum Kometensaal: nach einer Bauzeit von 18 Monaten konnte Oberbürgermeister Stupp den Saal am 6. November 1858 einweihen. Der geschäftstüchtige Wirt hatte bereits im Oktober Subscriptions-Listen zu dem anläßlich der Eröffnung stattfindenden Fest-Essen ausle-

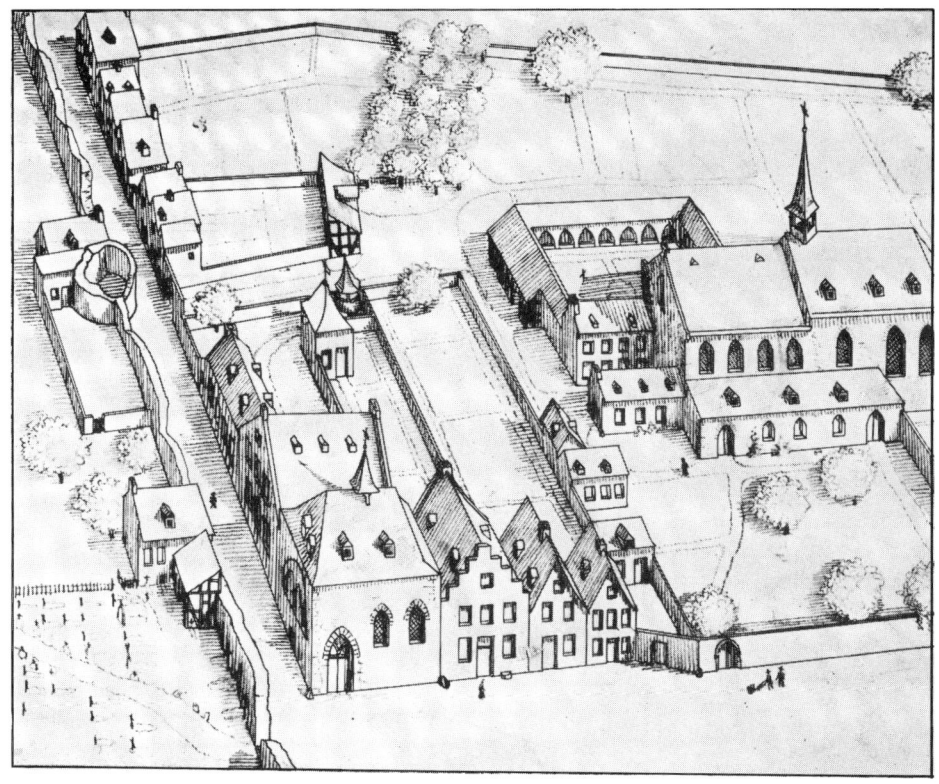

Rekonstruktion des Gertrudenklosters und des Hospitals St. Agnes. Nach deren Aufhebung im Jahre 1802 wurde hier – gegenüber der Römermauer – der Gertrudenhof erbaut.

gen lassen. Nach dem Essen begann der erste Ball. Um daran teilnehmen zu können, hatten die verehrten Festgäste »außer den bereits verabreichten Karten an der Casse zu 1 Thlr. à Person auszugeben«. Kaum war der Eröffnungsrummel vorbei, fand bereits einen Tag später das erste Konzert à la Strauß statt, dargeboten von der Kapelle des Kgl. 33. Infanterie-Regiments unter der Leitung ihres Direktors Laudenbach.

Als um 18 Uhr das Konzert begann, erstrahlte der Saal in seiner neuen Beleuchtung in vollster Pracht. Dickopf bot wieder ein erlesenes Programm. Aber noch sah sich Dickopf nicht am Ende seiner Träume. So schmückte er den Saal mit einem riesigen Kometen aus, der, so Dickopf wörtlich in einer seiner vielen Zeitungsanzeigen, »unter der strahlenden Sternenbeleuchtung in einer Länge des Schweifes von 48 Fuß und der ihn in einem Umfange von 7 Fuß umgebenden Sterne zum ersten Male mit seinen 1200 Flammen den Augen der anwesenden hohen gelehrten und nicht gelehrten Astronomen darbieten und diese zur Bewunderung hinreißen wird...«.

Rosenmontag begann abends um 20 Uhr ein »großer Riesen-Cometen-Masken-Ball im ganzen Reiche des Cometen-Saales und dem neu eröffneten Kronen- und Masken-Saal dieses Letztern in einer Länge von 138 Fuß und einer Breite von 40 Fuß, welche durch die Galerien mit dem Cometen-Saale in Verbindung stehen und zusammen über 6000 Personen fassen... An diesem Abende um 10 Uhr wird die Enthüllung des großen carnevalistischen Riesen und Pracht-Gemäldes von 1800 Quadrat-Fuß FlächenInhalt statt finden, welches von den hiesigen Künstlern Herrn Kleinenbroich und Meister ausgeführt ist und welches den Vater Rhein auf seiner Festfahrt mit der Colonia, umgeben von tropischen Pflanzen, umschwebt vom Helden Carneval und dem Panorama der Stadt Köln, darstellt. Dasselbe wird den Augen des hochverehrten Publicums und der Kunstkenner, wie in 1001 Nacht, vom großen Cometen beleuchtet, von strahlendem Sternenlicht mit Wolken umgeben und überschwebt von den vier Jahreszeiten in bengalischer Beleuchtung, zu überraschendsten in allen Zonen nie erlebten Anblick gewähren.«
Für Dienstag kündigte er einen »Großen Welt-Masken-Ball der Jecken aller Zonen« an und für Aschermittwoch lud er alle »Leidende und Katzenjammer-Besitzende« ein: »Morgen große Austern-Revue und Special-Besichtigung im Austern-Park des Cometen. Außer den großen Nativ-Austern ist für Dilicatessen aller Art, namentlich für Seezungen, Schollen, Tarbot, Seekrebse, Caviar, Sardinen, Sardellen, Häringe aller Art bestens gesorgt.«
Einige Jahre später, im Jahre 1878, erinnert sich ein Zeitgenosse: »Tausend Sterne strahlten an der himmlischen Saaldecke und schauten fröhlich herunter auf das lustige Menschenvölkchen, das sich nach dem Takt festlich gestimmter Flöten und Geigen gar zierlich im Tanz drehte.« Und an anderer Stelle erinnert er sich, daß »damals, als der Winter täppisch daherkam und die frostigen Glieder der Erdenmutter in die warme, weiße Schneedecke einhüllte, als der Wind um die Ecken pfiff und wir den Schanzläufer hoch über die Ohren zogen, der geniale Gastwirt höchst eigenhändig das Wahrzeichen der gemütlichen Geselligkeit, den Cometen, lichterloh ansteckte. Dann ging es hoch her dadrinnen bei naturreinen Weinen und lukullischen Küchenerzeugnissen.«
Wie sehr die Umtaufe des »Geistensterz« in den »Kometen« die Gemüter beschäftigte, geht auch aus einem lustigen Einakter hervor, den die »Albano Gürzenich« (Vorläufer der Cäcilia-Wolkenburg) am Karnevalsdienstag 1859 im Gürzenich zur Aufführung brachte: Die Szene war der Olymp. Im Hintergrund zwischen Wolken ein großes Fenster, durch das etwas tiefer ein Stück der Erdkugel zu sehen war. Alle Götter – Jupiter im Schlafrock, Merkur als Briefträger, Venus als »staatse decke Madam« – saßen auf Wolken und sangen nach bekannten Opernmelodien einen Götterchor. Mitwirkende waren u. a.: Johann Maria Carl Farina (der Verfasser), Andreas Pütz, Johann Joseph Fischer, Peter Joseph Mülhens u. a. Der Dialog war äußerst witzig. So sagte z. B. Jupiter in einer Anwandlung von Eifersucht: »Venus, gangk ens do vum Mars fott! Üvverhaup, Do sitz op minger Wolk«.

Den Gesprächen folgten humorvolle Einzelgesänge und endlich setzte sich der ganze Olymp zum Mittagessen, da »et Ceres erklärte, et hätt Hunger, et wör 1 Uhr un et hätt för fresch Schlot un Gemös gesorg«. Pan, von dem damaligen Auskultator Johann Joseph Fischer dargestellt, servierte als Kellner im Kostüm eines Ziegenbockes; die Stelle der Frackschöße vertrat das Ziegenschwänzchen. Als er »Juno« Suppe reichen wollte, goß er diese aus Versehen über das neue Sonntagsnachmittagskleid. Der ganze Olymp ist entrüstet; einige ergreifen den armen zitternden Pan; der Olymp hält Gericht über ihn. Jupiters Machtspruch entscheidet schließlich, und er verkündet als Strafe für den ungeheuren Frevel: »Haut im der Stätz av!«

Der prachtvolle Ballsaal mit der großen Orchesterbühne im Gertrudenhof. Heute befindet sich an gleicher Stelle die Kassenhalle der Kölner Kreissparkasse

Und alle Götter wiederholen im Chor: »Haut im der Stätz av!«. Nachdem der unglückliche Pan, dem Zwange folgend, seinen Ziegenschwanz auf einen Block legt, haut ihm Mars mit seinem Schwerte diese Zierde ab. Dann ergreift Jupiter den abgeschlagenen Ziegenschwanz und wirft ihn aus dem Fenster des Olymp hinaus. In demselben Augenblick aber erhebt sich – hinter der Szene – auf der Erde ein lautes staunendes Rufen: »Uh! Süch ens do! Seht ens! D'r Kumet! D'r Kumet!« Einer aus der Götterschar tritt darauf schmunzelnd an die Rampe und spricht mit deutlicher Anspielung auf die vielbeachtete Umtaufe die Verse:

»Wat doch nit alles en de Welt passet!
Uus dem Geistestätz es wode ne Kumet!«

Johann Dickopf gab keine Ruhe: unermüdlich plant er weiter, baut aus und um. Morgens führt er die Bücher, am Mittag inspiziert er Küche und Keller, abends mischt er sich unter die Gäste. Welcher Mensch hält dies schon durch? So zwingt ihn nach der Karnevals-Session 1862 eine Leberzirrhose, das Berufsleiden mancher Wirte, ins Krankenhaus. Hier diktiert er sein Testament: »Ich, Johann Dickopf, vermache hierdurch meiner Ehefrau Gertrud geborene Wego meinen gesamten Vermögensnachlass ohne alle Ausnahme, er bestehe, worin er immer wolle, als volles Eigenthum und selbst denjenigen Theil desselben, welchen ich meinen auch etwa überlebenden Vater hinterlassen müßte, zum lebenslänglichen Nießbrauche.« Es geht schnell mit seiner Gesundheit bergab. Weder die Ärzte Dr. Sticken, Dr. Schniewind, Dr. König noch Dr. Clemens können ihn kurieren.

Als Johann L. Dickopf am 11. Mai 1865 nachmittags die Augen schließt, verglüht auch der »Komet«; vorbei ist die große Zeit des »Gertrudenhof vulgo Geistensterz«. Im Alter von nur 45 Jahren mußte Johann Dickopf diese Welt verlassen. Kaum glaublich, was dieser agile Mann in den rund 10 Jahren seiner Geistensterz-Tätigkeit bewegen konnte.

Das »Concert- und Restaurationslokal Gertrudenhof« bestand bei Dickopfs Ableben aus dem zweistöckigen Hauptgebäude mit einer Straßenfront von 116 preuß. Fuß bzw. 36,41 Meter Länge und 8,85 Meter Tiefe, dem mit dem Hauptgebäude verbundenen massiv erbauten Concert-Saal von 28,25 Meter Länge und 22,29 Meter Breite mit einem holzverschalten Orchesterraum von 8 Meter Breite und 4,24 Meter Tiefe sowie zwei Nebenkammern, Küche, Vorratskammer und Waschküche enthaltend.

An Weinvorräten lagerten im Keller: 12 400 Liter Moselwein in Trarbacher Fudern, 7700 Liter Rheinwein in Stückfässern, 900 Liter Trübwein in Ohmfässern und fast 1100 Liter französische Rotweine, darunter der legendäre Clos de Vougeot sowie ein Halbohm Chambertin Napoleon. In einer langen Stellage lagerten 420 Flaschen Maiwein-Essenz, Limonaden, Selters sowie 1000 Flaschen auserlesene Spitzenweine, 94 Flaschen Champagner, 145 Flaschen 1864er Chateau Haut-Brion und 66 Flaschen Hochheimer. Ein rund 500 Positionen umfassendes Inventar gibt uns Auskunft darüber, daß Johann Dickopf einen Warenbestand von – nach heutiger Währung – 521 232 Mark zurückließ. Insgesamt wies die Bilanz ein Eigenkapital von – ebenfalls umgerechnet – 6 662 064,80 Mark aus. Das Sprichwort »Wer nix weed, weed Weet« hatte für Johann Dickopf keine Gültigkeit.

Die Witwe Dickopf – eine stadtbekannte Frauenrechtlerin – führte das Haus zunächst weiter, doch sie konnte ihren verstorbenen Mann nicht ersetzen. So vertraute sie die Restauration den Gebrüdern Mosler an. Am 7. Dezember 1869 erliegt sie einem Herzschlag. Vorher konnte sie noch in ihrer letztwilligen Verfügung festlegen: »... meine Leiche ist am Sterbetag in der Kirche St. Aposteln aufzubahren und auf ewige Zeiten ist dort für mich ein Jahrgedächtnis zu feiern. Den Sarg sollen Waisenkinder zum Grabe geleiten und mein Grabmal darf dem meines verstorbenen Mannes um nichts nachstehen ...«. Zu ihrer Universal-Erbin bestimmte sie ihre Nichte Gertrud Wefels geborene Eiser. Der Gertrudenhof wechselte in der Folgezeit mehrfach die Besitzer; doch niemand konnte mehr an frühere Zeiten anknüpfen.

Maler Bock

Heinrich Peter Bock
geboren am 30. Juli 1822 in Köln, Maximinenstraße Nr. 92
gestorben am 3. Dezember 1878 in der Provinzial-Irrenanstalt in Düren
Entertainer, Showman, genialer Künstler

»Das Metzgerhandwerk soll er erlernen.« So jedenfalls wollte es der Schreiner Joseph Bock, als sein Sprößling Heinrich Peter, zur Freude seiner Lehrer, seine Schulzeit beendete. Doch Heinrich Peter hatte anderes im Sinn; schon in seinen Jünglingsjahren hatte er begonnen, für die Kunst zu schwärmen. Durch sein phantasievolles Auftreten rief er, nach einigem Ärger in der Schule, auch die allgemeine Heiterkeit der Kölner Bevölkerung hervor, der er als hoffnungsvoller Jüngling ständig zahlreiche Beweise seines Kunstverständnisses lieferte.
Nahte die Jesuiten-Kirmes, dann dekorierte er mit großem Eifer den frisch getünchten Giebel seines elterlichen Hauses in der Maximinenstraße mit uralten Gemälden. War das Haus endlich von oben bis unten mit diesen bunten Bildern bedeckt, setzte sich der junge Musensohn stolzen Sinnes in das Fenster der ersten Etage, ließ seine langen, dürren Beine nachlässig am Giebel hinabbaumeln und musterte mit prahlerischen Blicken die neugierigen Kirmesbesucher, von denen es eine ganze Menge gab, denn die Kirmes war für viele neben Weihnachten der schönste Tag des Jahres.
Als Neunzehnjähriger meldete sich Heinrich Peter Bock im Jahre 1841 freiwillig bei den Dragonern, die zu dieser Zeit in Deutz ihr Quartier hatten. Er wurde für tauglich befunden und eingestellt. Aber bereits nach wenigen Wochen war für Heinrich Peter Bock die Soldaten-Herrlichkeit zu Ende. Die Preußen, die sonst mit jedem Narren fertig wurden, hatten in ihm ihren Meister gefunden. Sie befürchteten, Dragoner Bock würde die ganze Schwadron närrisch machen, sollte er noch länger bleiben. Sein Auszug aus der Kaserne erfolgte mit tatkräftiger Unterstützung der Militärs schneller als sein Einzug. Den jungen Bock konnte dies jedoch nicht verdrießen: zur Erinnerung an seinen Militärdienst trug er fortan an einem Schuh einen Sporn als »ehemaliger leichter Kavallerist«.
Wieder in »Freiheit«, wurde er mehr und mehr zur stadtbekannten Persönlichkeit. Von A. Starle liegt uns eine Beschreibung des jungen Bock vor: »Eine Kunstnatur mit langen Haaren, wallend bis auf die Schultern, mit ledernem Käpplein aus dem vorigen Jahrhundert, mit einem Rocke, dessen Schnitt aus der Zeit der Restauration zu sein scheint. Sein Gilet dagegen ist höchst dandymäßig, weite Pluderhosen gestalten ihn zum Türken und seine blankgewichsten Stiefel, per Bacco! Das müssen wohl Peter Schlemihls Sie-

benmeilenstiefel sein, worin fast ein ganzes Regiment Füße anständiges Quartier finden könnten.
Dieser junge Mann in seinem fantastischen Anzuge ist ein enthusiastischer Kunstfreund, ein feiner Kenner der Rubens' und Correggio's, ein ausgemachter Gemmenfreund, ein Conservator und Retoucheur alter Gemälde, mit einem Worte das A–Z aller Kunstkennerei – und dennoch hat er von der Kunst kaum eine Idee. Ein Bock ist er zu heißen, der possierlich umherspringt und überall wittert und schnüffelt bei Kunstschätzen, als daß man ihn mit Recht auch nur in die Kategorie der Farbenreiber versetzen möchte.
Und wie der junge Mann mit dem lockenwallenden Jupiterhaupte kräftig und energisch reinhauen konnte! Selbst Rationen für Zwölfe und mehr verschlingt er mit riesenhafter Leichtigkeit und er trinkt trotz einem Bärenhäuter Gargentun, der beim Zechen stets seinen Humpen größer als das Heidelberger Faß leerte. Und wie innig und sinnig floß ihm dabei der süße Strom der Rede! Bei Gott! Man sieht die Worte seiner begeisterten Sprache, die eben Kunstwerke, Kölner Klüngel oder Ähnliches auszulegen und abzuhandeln scheinen.«
Mit Heinrich Sartorius können wir einen weiteren Heimatschriftsteller zitieren, der den Maler Bock noch persönlich gekannt hat und sein Aussehen wie folgt beschreibt: »Am linken Fuß einen Pantoffel, am rechten einen Wasserstiefel mit Reitersporn, über der linken Schulter einen kleinen (spanischen) Mantel, auf dem Kopf einen spitzen Hut mit Feder, unter dem linken Arm eine Rolle (nicht Mappe), angeblich Zeichnungen enthaltend, und in der rechten Hand, hängend getragen, eine gelbe, glasierte irdene Schüssel, sogenannte ›Frechener Kump‹.« Und Hermann Becker schildert ihn als »auffallend schönen, in der Blüte seines Lebens stehenden Mann von imposanter Statur, der sich vor 1860 noch ungestört seines Lebens freuen konnte. Zu jener Zeit sah man den Maler Bock kavaliermäßig mit Stiefel und Sporen; einen Stiefel am rechten Fuß, den linken mit Lappen umwickelt, die Sporen trug er oftmals in der Hand.«
Eigentlich verwunderlich, daß ein solcher Mann auf die schiefe Bahn geriet. Sicherlich war dafür neben seiner ihm angeborenen Faulheit mitentscheidend, daß seine lieben Mitbürger alles taten, um ihn in seinem Tun zu bestärken. Wo Heinrich Peter Bock auftrat und seine in gewähltem Hochdeutsch vorgetragenen Reden hielt, wurde er belacht und beklatscht; wo er sich etwas borgte oder sich ungebeten an den Tisch setzte, da teilten Gönner mit vollen Händen aus.
Das einzige Kapital, von dem Heinrich Peter Bock zehren konnte, waren seine eiserne Gesundheit und Nerven von Stahl. Seine Wohnsitze wechselten mit der Jahreszeit: im Sommer war es die Promenade oder auch die Bogen der alten Stadtmauer, die er zu seinem Schlafgemach machte. Wurde es ihm zu kalt, stieg er in einen Möbelwagen oder Kohlenkarren, oder er bezog »sein Hotel« am Ufer des Rheins: einen großen, eisernen Dampfkessel. Köstlich, wenn der wohlbeleibte Polizeisergeant Spieckenheuer ihn aufforderte

Der Maler Bock, wie ihn A. Wallraf jr. sah. Der Sporn am linken Fuß erinnert an Bocks Zeit als »ehemals leichter Kavallerist«

Der Dom, vom Botanischen Garten aus gesehen, um 1820. Das ganze Gelände südlich der Maximinenstraße wurde im 19. Jahrhundert zur Anlage des Hauptbahnhofes benutzt

herauszukommen. Freundlich lächelnd steckte Heinrich Peter Bock seinen Kopf heraus und bat den Hüter des Gesetzes höflich: »Bemühen Sie sich doch bitte in meinen Salon!«
So gut er sich mit dem dicken Spieckenheuer verstand, so oft kam der geniale Künstler, der sich an keine irdischen Gesetze gebunden fühlte, durch seinen Lebenswandel mit anderen Hütern der öffentlichen Ordnung in Konflikt. Das war für Heinrich Peter Bock jedesmal ein gefundenes Fressen. Und erst recht für die zahlreichen Schaulustigen, die sich schnell einstellten. Die Ordnungshüter, von Bock als »Henkersknechte der nächtlichen Bosheit« bezeichnet, mußten sich dann unter dem Gelächter der Umstehenden sagen lassen: »Ihr werdet noch alle unter meinem Dolche fallen!«, und wenn das Gelächter abebbte, fügte Bock hinzu: »Doch nein, mein Dolch ist zu schade für Euch!« Manchmal drohte er auch: »Ich wandere aus – und gehe nach Nippes!«
Weniger sein Auftreten als vielmehr die Tatsache, daß Bock nicht zu bewegen war, sich eine feste und ständige Unterkunft zu verschaffen, führte zu mehreren Zusammenstößen mit den Ordnungsbehörden. Vor Gericht gab er auf eine Frage nach seiner Wohnung eine Hausnummer in Bayenthal an. Bei Nachforschungen stellte sich heraus, daß unter dieser Nummer weder ein Haus noch eine Wohnung zu finden waren, wohl aber ein am Rheinufer ab-

gestellter Dampfkessel. Als Bock einmal früh morgens gegen vier Uhr auf dem Alter Markt aufgegriffen worden war, sollte er wegen obdachlosen Umhertreibens mit einer Haft von vier Wochen bestraft und zur Verbüßung der Strafe nach Brauweiler überwiesen werden. Hiergegen legte der gekränkte Maler Berufung ein; vor der Strafkammer vertrat er seine Sache in eigener Person mit einer ernsten, hochwichtigen Miene. Den Platz auf der Anklagebank hatte der große Künstler verschmäht, statt dessen stand er aufrecht in seiner ganzen Länge, die anderen Beschuldigten neben und hinter sich mit strengen Blicken messend. Plötzlich legte er einige Aktenstücke, ein Notizbuch und einen Reitersporn auf die Bank, zog eine mächtige Hornbrille hervor und rieb bald deren Gläser, bald seine Augen mit seiner Tuchmütze. Dann machte er auf abgerissene Papierfetzen Notizen und maß das Publikum, das sich des Lachens nicht erwehren konnte, mit vorwurfsvollen Blicken. Als schließlich seine Sache zur Verhandlung kam, hielt er seine Verteidigungsrede:
»Meine Herren, ich handle mit Blumen und Stammblättern, vorzüglich in den Kasernen, davon wissen die Soldaten zu erzählen. Ich verkaufe auch Tonpfeifen, aber wenn es in den Akten heißt, ich kehrte auch die Straßen, so ist das nicht wahr, denn das tue ich nur als Gefälligkeit. Ich besitze 200 wertvolle Ölgemälde und einen Raffael, aber die verkaufe ich nicht, das habe ich nicht nötig. Jetzt hat man mir von der Armenverwaltung einen Anzug auf das Depot geschickt. Aber den ziehe ich nicht an, dafür bin ich zu stolz. Ich kaufe mir meine Kleider alle selbst. Ich bin katholisch, wissen Sie das, meine Herren?« Gelächter kam im Saal auf, und Bock rief ins Publikum: »Ist das für zu lachen?« Dann fuhr er fort: »In der Martins-Kirche werden die vierzehn Nothelfer verehrt. Ich habe eine Vorliebe für diese Heiligen gefaßt.« Und auch hier, nachdem das Publikum in schallendes Gelächter ausgebrochen war: »Ist das für zu lachen?« Weiter Bock: »Ich wohne in Kalk, das kann ich beweisen. Ich habe immer mit Rebellen zu tun gehabt, die mich mißhandelt haben; ich war aber nie unehrlich: ich habe einen Anzug, den ich gefunden, zurückgebracht, obschon mir die Kleider vom Leibe fielen, und beinahe hätte ich mir auch einmal die Rettungsmedaille verdient.«
Nach dieser gelungenen Verteidigungsrede erhob selbst der Staatsanwalt keine Einwände, als der Richter den Nachtschwärmer freisprach. Mit mehreren stummen, tiefen Verbeugungen drückte Heinrich Peter Bock dem »hohen Gericht« seinen »allerverbindlichsten Dank« aus und schritt – nach allen Seiten freundlich grüßend – erhobenen Hauptes zur Tür hinaus.
Am 1. Juli 1861 wurde in Köln das Wallraf-Richartz-Museum eingeweiht, das schon bald zum Anziehungspunkt nicht nur für Kölner, sondern auch für fremde Besucher der Stadt, für jung und alt wurde. Auch Heinrich Peter Bock interessierte sich natürlich für das neue Museum, in dessen Räumen sich die Kunstfreunde drängten. Dies wußte er zu nutzen, um sich in Szene zu setzen. In bekannter Manier hielt er Vorträge vor den Besuchern, die oftmals nicht wußten, wie ihnen geschah, und die sich teilweise sehr beeindruckt

zeigten. Weniger Eindruck machte Bock jedoch auf Johann Anton Rambaux, der alles andere als Gefallen an ihm und seinen Kunstvorträgen hatte: Als Ermahnungen nichts halfen, erteilte er Bock Hausverbot und wies das Aufsichtspersonal an, dem Kunstgenie den Eintritt ins Museum zu verwehren. Das führte natürlich zu lautstarken Disputen mit den Aufsehern. »Ich werde dem Museum ein Gemälde, von meiner Hand gemalt, stiften, welches Rubens, Rembrandt, Raffael in den Schatten stellen wird. Ein historischer Vorgang – Papst Gregor III. und Attila beraten nach der Schlacht auf den Katalaunischen Feldern über die Erhöhung der Krankenkassen- und Invalidenrenten«, schleuderte er einmal auf dem Höhepunkt einer Auseinandersetzung dem Wachpersonal ins Gesicht. Leider hat Bock das Versprechen nie eingehalten. Das Gemälde wäre sicherlich eine Bereicherung für das Museum gewesen.

Heinrich Peter Bock's Verhältnis zur Kölner Damenwelt war zunächst ein getrübtes; es wurde mit zunehmendem Alter aber immer besser. Nachdem er in seiner »Sturm- und Drangzeit« bei einem Schäferstündchen kräftig auf die Nase gefallen war, unterließ er weitere Versuche, ein weibliches Wesen an sich zu binden. Ob der von den Kindern immer wieder angebrachte Ruf »Maler Bock! Maler Bock! Stipp de sibben Hööner op!« in Anspielung auf sein fehlgeschlagenes Liebesabenteuer entstand? Bis heute sind Entstehung und Bedeutung dieses zu Bock's Lebzeiten geläufigen Rufes nicht endgültig geklärt.

Aber was hatte es mit dem Schäferstündchen auf sich? In der guten Absicht, ihm bei der rauhen Jahreszeit ein schützendes Dach zu bieten, bot ihm ein Mitbürger die Stelle eines Wächters in einem neugebauten Haus an. Heinrich Peter Bock ging gern darauf ein. Nachdem er es sich in dem neuen Haus recht bequem gemacht hatte, fühlte er sich doch bald einsam: »Der Mensch erfreut sich nicht allein, es müssen ihrer zweie sein«, dachte er, und schon bald konnte er eine Eva in sein Palais einführen. Wir wissen nicht, was die Dame seines Herzens bewog, schon bald die Flucht zu ergreifen. War es die Umgebung? Oder war es der allzu stürmische Künstler? Überliefert ist jedenfalls, daß sich das weibliche Wesen – bar jeglicher Bekleidung – auf das Dach des Hauses flüchtete und von dort aus jämmerlich um Hilfe rief. Nachbarn und Wächter eilten herbei, und noch in derselben Nacht mußte der zu stürmische Freier seine feudale Unterkunft mit einer dumpfen, engen Zelle vertauschen. Im Arresthaus in der Spinnmühlengasse wurde er eingesperrt und von dort aus schrieb er einen Brief an seine Schwester:

»Jesus, Maria, Josef, St. Christien, St. Christofferus etc. etc. Ich sitze hier, unschuldig hinter Schloß und Riegel. Henkersknechte der Schwarz-Partei haben mich mißhandelt, und die Kleider bis aufs Hemde vom Leibe gerissen. Schicke mir Geld, denn ich muß noch Zeugen laden, sonst bin ich verloren. Auch einen Rock, eine Pfeife und Tabak, etwas Korinthen-Brot, ein Stück Limburger Käse, auch etwas Verbandsstoff, denn ich habe einen verwundeten Arm. Eile, eile ehe es zu spät ist. Schwatze nicht mit den anderen Weibern

Der Leder-Großkaufmann Johann Heinrich Richartz war der Stifter des ersten Museumsbaus für die Sammlung Wallraf, der nach Plänen des Architekten Josef Felten errichtet und 1861 eingeweiht wurde

an den Straßenecken, sondern eile. Ich wollte dir keine Grobheiten sagen, sondern nur deine Seele erwecken. Sargio, Heinrich, Peter Bock. Zur Zeit königlicher Gefangener im städtischen Munizipal-Gefängnis Spinnmühlengasse.«
Sein tölpelhaftes Verhalten sprach sich in der Kölner Damenwelt schnell herum. Nach seiner Entlassung führte er heftige künstlerische Auseinandersetzungen mit den Marktfrauen auf dem Heu- und Alter Markt. Dabei kam es zum großen Zank, als die Ausführungen des genialen Malers den Frauen gar zu phantastisch vorkamen. Um den Streit zu beenden, gab ihm eine gutmütige Marktfrau ein Eckchen Käse, das – auf ein grünes Kappesblatt gelegt – für 10 Pfennig verkauft wurde. Doch das hätte sie besser nicht getan. Bock schimpfte: »Sie elende Person wagen es, einem Künstler einen solchen Bettel anzubieten!« Und indem er die Hand ausstreckte und nach dem Käse griff, meinte er: »Doch her damit – Großmut gegen geringere Leute war stets mein Prinzip.«
Mit zunehmendem Alter und wachsender Popularität wurde Heinrich Peter Bock allerdings in der Kölner Damenwelt immer beliebter. Er war Kavalier vom Scheitel bis zur Sohle. Im Gewühl bahnte er den Damen Gassen, machte Kratzfüße. Bei Regenwetter, wenn die Straßenrinnen überflutet waren, trug er unschlüssige Damen über die Wasserpfützen. Gab es gar einen Namenstag

Das Treppenhaus im Wallraf-Richartz-Museum mit den Fresken von A. Steinle war nur eine von vielen Attraktionen im Museum, vor denen der Maler Bock gerne seine »Kunstvorträge« hielt. Die Entwurfszeichnungen zu Steinles Fresken sind heute noch im Kölnischen Stadtmuseum vorhanden; das kunstvoll gestaltete Treppenhaus existiert leider nur noch auf alten Fotos

zu feiern, dann war Heinrich Peter Bock zur Stelle, um zu gratulieren. Natürlich erst recht, wenn es sich dabei um eine Wirtsfrau handelte; fand er doch hier jedesmal Gelegenheit, seinen großen Durst und seinen Appetit öffentlich bewundern zu lassen. Doch Heinrich Peter Bock kam nie mit leeren Händen; stets trug er einen herrlichen Blumenstrauß bei sich, den er irgendwo am Wegesrand oder bei einem seiner Spaziergänge gepflückt hatte: Butterblumen, Klatschmohn, Veilchen, Stroh, Gras und Kletten band er stets kunstvoll zusammen. Mit den Worten: »Schöne Frau, ich gratuliere herzlich zu Ihrem Namenstag. Sie sind die Edelste Ihres Geschlechtes. Mögen Amoretten Sie in Ihren Träumen umspielen!« übergab er den Strauß an das geschmeichelte Namenstagskind. Natürlich erfolgte im Gegenzug die Einladung an den Musensohn, »doch eine Kleinigkeit zu nehmen«. »Oh gewiß, recht gerne«, sagte dann Bock, »Ihnen kann ich nichts abschlagen, Schönste der Schönen, aber bitte nur ein Glas Bier und ein Röggelchen mit Käse.«
Kaum stand das Gewünschte vor ihm, begann er sein Spielchen. Zunächst verspeiste er den Käse: »Bitte, Kellner, das Röggelchen ist zu groß, geben Sie mir noch etwas Käse.« Während der Kellner für Nachschub sorgte, war das Röggelchen zu Ende. »Bitte, Kellner, geben Sie mir noch etwas Brot, der Käse ist so zu mächtig«, ließ Bock sich aus, als endlich der Käse vor ihm lag. Dieser Dialog wiederholte sich nun so oft, bis der Künstler-Gast gründlich gesättigt war. Da Bock aber Käse und Röggelchen nicht trocken herunterwürgen konnte, durfte natürlich das Bier nicht fehlen. Und es war eine Menge Flüssigkeit, die Bock benötigte, um die Bissen hinabzuspülen.
Gefiel es Bock nicht mehr, stand er auf, nahm den Blumenstrauß aus der Vase und verabschiedete sich unter tiefen Verbeugungen: »Schöne Frau, ich wiederhole meinen Glückwunsch, ich muß aber noch einer anderen Dame zum Namenstag gratulieren.« Und hocherhobenen Hauptes verließ er, den Blumenstrauß in der Hand, den gastlichen Ort. Als ihm ein Unkundiger deshalb einmal Vorwürfe machte, fuhr Bock ihn an: »Mein Herr, Sie haben wohl geglaubt, mir eine Ehre anzutun! Aber im Gegenteil, ich habe Ihnen eine Ehre erwiesen, als ich Ihre Einladung annahm!«
Mit der Zeit wetteiferten Kölns Wirtinnen um die Gunst, von Heinrich Peter Bock einen Blumenstrauß zu erhalten. Wer von ihm nicht bedacht wurde, registrierte dies mit Bedauern. Was für die Marktfrauen das Fleuten-Arnöldche war für Kölns Wirtinnen ihr Maler Bock.
Bocks Selbstbewußtsein kannte keine Grenzen. So kam er eines Sonntagsnachmittags durch die Ulrichgasse. Hier begegnete ihm eine Bürgerfamilie, die er – obschon er sie gar nicht näher kannte – in überschwenglicher Weise begrüßte. Gleichzeitig bat er den Familienvater um leihweise Überlassung seines Taschentuches. Der brave Mann überreichte Bock das gewünschte Taschentuch. Ohne eine Miene zu verziehen, putzte Bock sich kräftig die Nase darin und reichte mit »aller verbindlichstem Danke« das verschmutzte Tuch zurück. Der guten Frau gelang es, ihren Mann zu beschwichtigen, sonst hätte dieser sicherlich die Fäuste fliegen lassen.

Einen großen Auftritt hatte Bock eines Tages in der Delikatessenhandlung Rahm auf der Schildergasse. Hier verlangte er würdevoll ein Viertelpfund Bohnenkaffee und ein Pfund Zucker. Während die Ladenmamsell das Gewünschte abwog, fragte der alte Rahm den Maler Bock, warum er stets einige Kleidungsstücke, Pferdedecken usw. über den Arm gelegt trage. Ob er keinen Schrank habe, um dort die Sachen aufzubewahren? »Bedaure nein«, war die Antwort Bocks. Gutmütig meinte darauf der alte Rahm: »Oben auf dem Speicher habe ich einen guterhaltenen kleinen Kleiderschrank – den können Sie geschenkt haben.« »Sie sind ein Ehrenmann vom Scheitel bis zur Sohle im schlichten Kleide des Bürgers«, rief Bock aus. »Meine Dankbarkeit kennt keine Grenzen, stets möge das Glück auf allen ihren Lebenswegen Sie begleiten«, schnappte sich die beiden Tüten mit Kaffee und Zucker, brachte eine Verbeugung zustande, mit der ein spanischer Hidalgo Ehre eingelegt hätte und wollte zur Ladentüre hinaus. »Herr Bock, wie ist es hiermit?«, rief ihm der alte Rahm nach und machte die Bewegung des Geldzählens. »Oben steht mein Schrank, verrechnen Sie es bitte damit«, und stolzen Schrittes, mit einem freundlichen Lächeln, verschwand Bock, den verdutzten Rahm stehenlassend, der nicht wußte, ob er sich ärgern oder lachen sollte.

Seine vielseitige Sammlertätigkeit hatte Heinrich Peter Bock sehr früh entwickelt. Es gab kaum etwas, was er nicht sammelte und in sein »Depot« brachte, gleich, ob es sich um zerbrochene Töpfe, beschädigte Bilderrahmen oder sonstigen alten Trödel handelte: Vor seiner Sammelwut war nichts sicher. Sein umfangreiches Sammlerdepot kam ihm zugute, als auch ihn während des Deutsch-Französischen Krieges 1870/71 die allgemeine Begeisterung erfaßte. Zwar war Heinrich Peter Bock als »Aktiver« weder tauglich noch gefragt. Aber das »Kölner Bürgerpack« konnte ihn in einer seltsamen kriegerischen Aufmachung bewundern. Er trug alle gesammelten oder geschenkten Seitengewehre und ein paar französische Reiherpistolen. Das Glanzstück war jedoch ein preußischer Tambourmajorstock. Eines Tages stolzierte er damit auf dem Neumarkt umher. Zwei alte Landwehrleute, die vom Dienst kamen und den seltsam aussehenden Bock anstierten, wurden mit einem Salutieren des Stockes begrüßt. Dabei gab Bock ihnen – wie sich Augenzeuge Wilhelm Millowitsch später erinnerte – die Versicherung: »Fürchtet nichts – ich kämpfe mit Euch!«

Als Soldatenfreund hatte er sich schon früher gerne aufgespielt. Überliefert ist, daß er im Jahre 1865 in einer bitterkalten Nacht auf der Torwache von St. Severin erschien. Hier bat er um die Erlaubnis, sich an dem heißen Ofen, »der ja auf Staatskosten geheizt wird«, etwas wärmen zu dürfen. Natürlich wurde der »große Künstler« eingelassen und die braven 33er teilten am nächsten Morgen ihr Frühstück mit ihm. Hieraus machte Bock eine feierliche Zeremonie. Auf dem Fußboden breitete er ein großes rotes Taschentuch aus, zerschnitt darauf eine Handvoll Grünkohl, schüttete ein Fläschchen Baumöl darüber und verspeiste dann den Salat mit den Worten: »Vegetarianische Delikatesse!« Anschließend erteilte er den Soldaten – die meisten von ihnen wa-

ren Analphabeten – Unterricht im Lesen und Schreiben. Die Soldaten waren sprachlos, gehorchten aber ihrem Lehrmeister, der sich herabgelassen hatte, »als ehemaliger leichter Kavallerist den Fußkranken beizustehen«!
Auch an das Fenster der Kasernenwache am Neumarkt klopfte er im Winter 1867 in einer sternklaren Nacht und klagte mit bewegten Worten, wie schmählich ihn das Kölner Volk behandele; er wolle sich deshalb frühmor-

Auf der stadteinwärts gelegenen Seite des Severinstores betätigte sich der Maler Bock als Lehrmeister der Soldaten, nachdem diese ihn in einer bitterkalten Nacht des Jahres 1865 aufgenommen und beköstigt hatten

gens auf der Kommandantur beschweren und bis dahin auf der Wache bleiben. Auch hier wurde ihm nicht nur Unterschlupf gewährt, sondern er konnte auch Hunger und Durst stillen.
Bock scheute sich auch nicht, bei Bäckern und Metzgern, in Gasthöfen und Großküchen alle erdenklichen Speisereste »für Hausarme« zusammenzutragen. In mancher Familie quartierte er sich ohne zu fragen für ein paar Stunden ein, kochte und wärmte dort für seinen eigenen Magen alle die Gaben, die er »für Kranke und Wöchnerinnen« zusammengebettelt hatte. »Sie sind ein edles Weib«, schmeichelte er der Dame des Hauses und setzte sich ungeladen an die Tafel. Allerdings: schenken ließ Bock sich nie etwas. Nein, er »borgte« nur. »Was? Ich soll ein Almosen nehmen?«, rief Bock mit beleidigtem Stolz, wenn ihm jemand etwas schenken wollte. »Ich werde Ihnen Ihre lumpigen Gaben mit Zins und Zinseszins zurückzahlen, wie es einem Edelmanne ziemt.« Er scheute sich auch nicht, sich als »Grafensohn, den meine Amme, die alte Zauberflöte, verwechselt hat«, zu bezeichnen. Oft konnte man beobachten, daß Bock in einer Bäckerei ein Brötchen kaufte, mit einem Zehn-Pfennig-Stück bezahlte und dann zehn einzelne Pfennige als »Wech-

selgeld« zurückerhielt. Neben vielen Anekdoten, die teilweise schon zu Lebzeiten von Heinrich Peter Bock in Umlauf waren, wurde er später auch oft in Liedern, wie z. B. von Josef Wach, besungen:

»Maler Bock! Maler Bock!
Stipp de sibben Hööner op!«
Do kütt hä, en der räächte Totsch e Strüßche,
De spetze Nas am Rand en Dröppche zeet,
Em Knopploch vum verschlesse Rock e Rüsche,
De Mapp met Bilder ungerm Ärm hä dräht.
Ne Schluffe an dem eine Foß, ne Sporre
Am Stivvel an dem andre, un sing Botz
Sitz halver Beins, hä als Genie geborre,
De Feis om Kopp, de Stroßejunge trotz:
»Gemeines Bürgerpack!« su deit hä schänge,
»Do Strühzaldat, do Ääzenbalg!« hä bröllt. –
En einer Schottel deit hä Schlot sich menge,
Womet em Feld hä sich die Täsche föllt.
Et drog de Nummer »Veezehndausend Veezig«
Sien Huus, ne Kessel vun der Gasfabrik,
Dren schleef der Bock en Rauh, am Morge leet sich
Vum Sönnche wecken hä, dann wor et Zick;
Hä krovv erus mem ehschte Timp der Klock. –
Wer sprich, ehr Lückcher, noch vum Maler Bock?

Auch dieses Lied liest sich wie die Lebenserinnerungen des Kunstgenies:

Der Maler Bock ben ich genannt
Un ben e ne riche Kääl,
Mie Vatter stamp vum Adel her
Un wor ne Milljonär.
Der Düvvel höllt in en de Iwigkeit,
Wann su ne Prinzrabau noch schreit:
»Maler Bock! Maler Bock!
Stipp de sibben Hööner op!«

Des Morgens, wann ich fresch opston
Un kruffen us dem Sack,
Dann ärgert för kapott zo gon
Mich all dat Bürgerpack.
Sugar als en der Prumenad
Röf su ne stiefe Strühzaldat:
»Maler Bock! Maler Bock!
Stipp de sibben Hööner op!«

Vun do gon ich nohm Aldermaat
Un söke meer jet uhs;
Dä Metzger zeig meer Speck un Schwaat,
Dä Kappesboor ne Struuß.
Op einmol röf su 'n Appeltiff,
Die flöck sich hingerm Korv verkrüff:
»Maler Bock! Maler Bock!
Stipp de sibben Hööner op!«

Dann krauen ich nohm Nühmaat her, –
Ich han zwor vill Malöör –
Öm ahnzosin der Exerzeer
Met Zäbel un Gewähr.
Zwor achten ich dat Militär,
Doch röf och ald nen Ääzenbär:
»Maler Bock! Maler Bock!
Stipp de sibben Hööner op!«

Su geit dat fott vun Dag zo Dag,
Wo ich mich drihe hin,
Steiht jeden Bürgerpanz un laach,
Als wör jet Neu 's zo sin.
Kaum meinen ich, ich wör en Rauh,
Do schreit ald su nen Prinzrabau:
»Maler Bock! Maler Bock!
Stipp de sibben Hööner op!«

Heinrich Peter Bock kam es sicher nicht ungelegen, daß er im Winter 1872/73 in der Arbeitsanstalt Brauweiler einquartiert wurde. Er selbst bezeichnete die Arbeitsanstalt pathetisch als »mein Landgut in Brauweiler«. Der Zufall wollte es, daß er hier mit dem »Fleuten-Arnöldche« zusammentraf und mit ihm in einem Saal zusammen arbeitete. Doch dies sollte nicht lange währen, denn eines Tages meldete sich Bock beim Direktor und bat, ihn von dem Zusammensein mit dem Arnöldche zu befreien: »Dieser versoffene Mensch sagt immer ›Du‹ zu mir.« Lachend erfüllte der Direktor diese Bitte, denn Heinrich Peter Bock war bei allen sehr beliebt. Gerne trieb man einige Späßchen mit ihm. So fragte ihn z. B. der Direktor, ob er Lust habe, die früheren romanischen Wandmalereien in der Abtei-Kirche zu restaurieren. Dies sei doch eine Arbeit, bei der er seine Maltalente zeigen könne. Bock schlug das Ansinnen rundweg ab mit der Begründung: »Spätere Geschlechter werden sagen, welch vorzüglicher Restaurator hat diese schlechten, primitiven Malereien so vorzüglich restauriert!«

Hätte Bock geahnt, was sich während seines Aufenthaltes in Brauweiler in Köln ereignete, hätte ihn wohl nichts mehr auf seinem »Landgut« gehalten: die »Germania« meldete nämlich seinen Tod. Paul August Majunke, Redakteur dieser Berliner Zeitung, ließ seine Leser, unter Berufung auf Meldungen aus Düsseldorf wissen:
»Der am 12. ds. Mts. in Brauweiler bei Köln verstorbene, auch in weiteren Kreisen bekannte Maler Professor Bock, früher dahier wohnhaft, hat sein ganzes, nicht unbedeutendes Vermögen testamentarisch zu frommen und milden Zwecken vermacht. Unter anderem bestimmte er eine Summe von 20 000 Thalern zur Erbauung eines Katholischen Mägdehauses dahier und 10 000 Thlr. zu Stiftungen für zwei Jünglinge, die sich dem Studium der katholischen Theologie widmen wollen; dem bekannten Asyl in der Spinnmühlengasse zu Köln vermachte er 5000 Thaler und dem erzbischöflichen Stuhle daselbst 10 000 Thlr., deren Zinsen zur Aufbesserung schlecht dotierter Vicarienstellen verwendet werden sollen. Bock, ein bedeutender Künstler, namentlich durch seine Altarbilder bekannt, war unverheirathet und trat vor etwa zehn Jahren vom Protestantismus zur römisch-katholischen Kirche über, ein Schritt, der ihm namentlich in hiesigen Künstlerkreisen viele Anfeindungen verursachte, so daß er den Entschluß faßte, sich auf sein Landgut in Brauweiler zurückzuziehen und dort den Rest seiner Tage in Ruhe und wahrer Frömmigkeit zu verbringen.«
Dieser Artikel war für die Redakteure der Kölner Zeitungen Anlaß, dem Schreiber eins auszuwischen. Denn Paul August Majunke hatte sich schon mehrmals ihren Zorn zugezogen, weil er sich seinen Lesern als »mit den Kölner Verhältnissen sehr vertraut« darbot. Nun ergab sich die Gelegenheit, dem »Großmaul« eins auszuwischen. Die »Kölnische Volkszeitung« machte ihre Leser am 29. Januar 1873 deshalb mit diesem köstlichen Nachruf bekannt und schrieb dazu einige Einleitungsworte: »Zur Erheiterung des Kölner Publikums theilen wir nachstehenden Artikel mit, durch welchen ein Berliner Blatt sich hat mystificiren lassen.«
Einen Tag später druckte auch die »Kölnische Zeitung« den Nachruf ab und versah ihn mit folgender Einleitung: »Die fromme Berliner Germania des Herrn Majunke, dem man nicht bestreiten kann, daß er schon zum Oefteren Heiteres geleistet, hat sich in diesem Genre soeben selbst übertroffen. Eine der neuesten Nummern seines Blattes enthält nämlich folgende Correspondenz:« – Hier folgte der Wortlaut des Majunke-Artikels, dem die Schlußbemerkung angefügt war: »Die in dieser vergnüglichen Correspondenz bethätigte Mystification ist ganz besonders deshalb ergötzlich, weil Herr Majunke seine Vertrautheit mit kölnischen Verhältnissen so gern glaubhaft erscheinen lassen möchte. Einen schlagenderen Beweis dafür konnt er nicht liefern, als mit obiger Correspondenz, die er in seiner Herzenseinfalt für baare Münze genommen.«
Natürlich versuchte der Redakteur der »Germania«, sich hiergegen zu wehren. So ließ er über sein Blatt verbreiten, nicht er und seine »Germania« seien

hereingefallen, sondern die »Kölnische Volkszeitung« habe versucht, die »Kölnische Zeitung« mit dieser fingierten Meldung aufs Glatteis zu führen. Doch in diesem Falle waren sich die Redakteure der Kölner Zeitungen ausnahmsweise einmal einig. Den Schlußstrich zog die »Kölnische Volkszeitung«: »Die Spekulation des Herrn Majunke ist ein Irrtum, schließlich hat man die gelungene Correspondenz nicht der Kölnischen Volkszeitung, sondern einem anderen Blatte, in dem die Germania ausdrücklich als Quelle angegeben war, entnommen. . . . Wenn aber irgendwer vermutet, daß wir als Provinzielle die Germania nicht lesen, so können wir das als vollkommen richtig bescheinigen!«

Ist es verwunderlich, daß sich der Karneval des dankbaren Stoffes annahm? Zur Fastnacht 1873 erschien ein Flugblatt, »Gequetscht, verlegt und verschliessen von der Hanswurstlichen Hofdrückerei«, dessen Text in typischer »Bock-Manier« verfaßt war:

»Offener Brief an den Redacteur der ›Germania‹, Herrn Paul August Majunke.
Sie haben sich in Gemeinschaft mit einem Curatpriester aus Düsseldorf herbeigelassen, mich zu beleidigen und zu verhöhnen und mich dadurch dem Hasse und der Verachtung ausgesetzt. Als ein Redacteur, der sich seiner Stellung bewußt ist, – und ein solcher wollen Sie doch sein – war es Ihre Pflicht, eine Berichtigung aufzunehmen, wie es der § 26 des Preßgesetzes erheischt. Ihr Blatt wäre hierzu keinen Augenblick zu schade gewesen. Sie haben es aber vorgezogen zu schweigen, wollen sich aus der Affaire herausziehen und die Kölnische Zeitung für alles verantwortlich machen. Das glückt ihnen aber nicht, und nicht die Kölnische Zeitung ist ›reingefallen‹, wie Sie in Ihrer Nummer vom 1. Februar sagen, sondern Sie, geschwätziger Herr Redacteur. Sie denken, weil wir in der närrischen Zeit leben, sei das Volk dumm und es würde Ihnen glauben, daß Köln keine, Düsseldorf aber eine Spinnmühlengasse habe. Zu dumm! Sie haben eine komische Ansicht von der Narrheit. Fragen Sie in Köln jeden Jungen nach dem Rosenhügel, er wird Sie belehren und, wenn Sie es wünschen, dahin führen, während in Düsseldorf selbst der Oberbürgermeister davon keine blasse Ahnung hat. Sie und Ihr College Curatpriester erzählen Ihren Lesern, ich habe mein Vermögen zu frommen und milden Zwecken vermacht. Darin liegt offenbar eine Beleidigung des Staates und meiner Person. Während die Häuser, welche Mädchen beherbergen, ausgerottet werden, – fragen Sie doch nur Ihren Madai – beschuldigen Sie mich der Aufhülfe derselben und den Staat der Mithülfe, da dieser doch zu einer solchen Schenkung die Genehmigung erteilen muß; Sie beschuldigen mich der Theilnahme der Rebellion, indem ich angehende Theologen in ihren Studien (doch nur zu Aufruhrzwecken) unterstützen will. Werden doch täglich Ihre Collegen noch immer ausgewiesen! Sie beleidigen den Staat ferner, wenn Sie sagen, daß ich dem bekannten Asyl in der Spinnmühlengasse 5000 Thlr. vermacht habe. Hat der Staat nicht selbst heidenmäßig viel Geld? Denken Sie doch an die fünf Milliarden! Und von mir armen Schlucker 5000 Thlr. annehmen? Reiner Spott! Und nun noch gar dem erzbischöflichen Stuhle daselbst – also in der Spinnmühlengasse – habe ich zur Aufbesserung schlecht dotirter Vicare 10 000 Thlr. vermacht! Das ist der Sache die Krone aufgesetzt. Pfui, Hal – Majunke! Damit Kölns Damen nicht erröthen, wenn dieselben dereinst wieder in die glückliche Lage kommen, von mir einen Blumenstrauß präsentiert zu erhalten (denn mein Aufenthalt hier dauert nicht ewig), von mir, dessen tugendhafter Lebenswandel ihnen sattsam bekannt, übergehe ich diese Infamie und gehe weiter in Ihren Anschuldigungen, die in Ihrer curatpriesterlichen Correspondenz kein Ende nehmen. Sie halten mich wohl für so wankelmüthig, wie Sie sind, und sagen, ich sei vom Protestantis-

mus zum Katholizismus übergetreten, wie Sie seit einigen Jahren Ihren wahren Glauben verlassen und zu einer neuen Secte übergetreten sind. Denken Sie nicht von mir: ›Gleiche Brüder, gleiche Kappen!‹ Sie nennen eine Anstalt des Staates ›Landgut‹, als wenn das Volk Steuern dazu hergäbe, Vergnügungslocale für Menschen, wie ich bin, zu erbauen; Sie schildern mich todt, wahrscheinlich, um mein Vermögen den Heimathlosen in die Hände zu spielen. Ha! die würden sich wundern. Doch warum mit Ihnen noch länger herumbalgen und mich über Sie ärgern, bei Ihnen ist doch jeder Hopfen und Malz verloren. Ueber Kurz oder Lang entgehen Sie Ihrem Schicksale nicht, und rufe ich Ihnen nur noch zum Schlusse zu: Bessern Sie Sich!
Arbeitsanstalt Brauweiler, 17. Februar 1873. Bock, Maler und moderner Diogenes.
Postscriptum. Soeben geht mir Ihre Germania vom 15. cr. zu. Sie freigesprochen? Entsetzlich! Doch wir haben ja ein Kammergericht; die Sache muß geändert werden. Ich melde zur Vorsorge schon jetzt die Nichtigkeitsbeschwerde an. Merken Sie Sich das! Bock.«

Heinrich Peter Bock überlebte den makaber-köstlichen Zeitungskrieg um mehrere Jahre. Doch als er am 26. Juli 1877 erkrankte und wegen »Karbunkel, eitriger Brustfellentzündung und Rippencaries« ins Bürgerhospital eingeliefert wurde, ahnten die Ärzte, daß er nicht mehr lange ihr Patient sein würde. Bock wurde mehrfach operiert; am 5. Juni 1878 überwiesen ihn die Ärzte zur Lindenburg, wo er sich auf dem Aufnahmeschein als »Gemälde-Restaurateur« bezeichnete. Nur zwei Monate blieb er hier – am 8. August 1878 fand er eine neue Bleibe in der Provinzial-Irrenanstalt in Düren. Hier starb er am 3. Dezember 1878.
Mit dem »Maler Bock« trat in aller Stille die bekannteste und beliebteste Kölner Straßenfigur, fern der geliebten Vaterstadt, von der Bühne des Lebens ab. Köln verlor mit ihm einen großen Schauspieler, der sein ganzes Leben lang Komödie gespielt hatte. Als er in Düren beerdigt wurde, hatte niemand einen Groschen übrig, um sein Grab mit einem bescheidenen Kreuz oder Stein zu schmücken. Den Dürenern blieb es verborgen, daß Kölns größtes Straßenoriginal in ihrer Stadt seine ewige Heimat gefunden hatte.
Doch vergessen war er nicht. Als die Todeskunde nach Köln kam, setzte Peter Prior posthum dem Maler Bock ein literarisches Denkmal: Am 12. Januar 1879 gedachte Peter Prior des genialen Künstlers in folgendem Lied:

>   Maler Bock, dich well ich lovve,
>   Bes mien Hätz höt op zo schlonn,
>   Bes ich ens met Dir do bovve
>   Met de Engele spille gonn.
>   Söökt em Fägföör – en der Hölle,
>   Sökt em Himmel – op der Äd,
>   Jo zo Neppes un zo Kölle,
>   Keiner dä im gliche dhät!
>
>   Wenn Ehr je en Öhrem Levve
>   Jet vun Molerei gekannt,

Wo et gode Bilder gevve,
Wohd dä »Maler Bock« genannt.
Botterblömcher, Kiescher, Flette,
Stockviülcher, Weilcher, Rus,
Jo, us nix wie Gras un Klette,
Maht hä off dä schönste Struhß!

En dem thatenreiche Levve
Hätt hä nie en Bett gesinn,
Woll 't Glacis kei Lager gevve,
Schleef em Kessel hä am Rhing.
Alles laachte, wenn spazeere
Gingk der »Bock« en singem Lack,
Doch dä dhät sich nit schineere,
Schannt: »Gemeines Bürgerpack«!

Fröher leef mer noh der Schulle
Öftersch hin un öftersch her,
Jeder kräg wahl gecke Schrulle,
Kohm dä »Bock« ens en de Quer.
Oh! wie kraute mer als Junge
Hingerdren dann em Galopp,
»Maler Bock«, wohd dann gesunge,
»Stipp ding sibben Hööner op«!

Jitz bes do dohingegange,
Wo do nit em Kessel schliefs,
Wo de Schutzlück dich nit fange
Un wo do vör immer blievs.
Kanns wahl jitz och Wedder maache,
Beß jo bovven en de Liehr,
Loß der Himmel bläulich laache,
Zo der Rusenmondags-Feer!

Auch Kölns miteinander konkurrierende Hänneschen-Theater wußten sich nach Bocks Tod schnell dessen Popularität zunutze zu machen: »Unter Direction von Wwe. P. J. Klotz, bekannt durch seine Leistungen im Gertrudenhofe, Pius-Bau sowie in den ersten u. größt. Sälen Kölns. Jetzt in der Patrizier-Halle, Lintgasse Nr. 8, am Altenmarkt. Sonntag, den 29. Dezember: Um 5¼ sowie 7½ Uhr: Um dem Andrange vorzubeugen. Auf vielseit. Verlangen Maler Bock's Leben, Thaten und Ende. Neueste kölner Localposse mit Gesang in 3 Acten. NB. Personen und Decorationen sind naturgetreu dargestellt, so die Person des Maler Bock, seiner Freundin Böckderöck und ande-

rer berühmter Persönlichkeiten. Die neuen Decorationen: Schloß Brauweiler, Irren-Anstalt Düren, sind aus dem Atelier eines hiesigen Malers. Die Direction«, so heißt es in einer Zeitungsanzeige vom 28. Dezember 1878, gut drei Wochen nach Bocks Tod.
Am gleichen Tag annoncierte auch das Hänneschen-Theater von H. J. Königsfeld in der Wahlengasse 3/5, am Heumarkt: »Neu! – Zum dritten Male – Neu! Auf vielseitiges Verlangen ›Drei Tage aus dem Leben des Malers Bock‹, mit Gesang, Neubau, Tippo, Dampfkessel, Promenade, Brauweiler und Irren Anstalt in Düren und Testament.«
Dem Maler Bock blieb es erspart, das Jahr 1881 mit der beginnenden Stadterweiterung und deren mannigfaltigen Folgen zu erleben. In den Bogen der mittelalterlichen Stadtmauer, unter den schützenden Bäumen und Sträuchern der Promenaden und der Wälle hatte Bock so manche Nacht verbracht. Die zahlreichen Diskussionen in der Kölner Bevölkerung über Für und Wider eines Abbruches dieser Mauer, die zunächst für etwa 12 Millionen Goldmark vom preußischen Staat erworben werden mußte, spiegeln sich in vielen Beiträgen aus jenen Tagen wider. In einem Lied aus dem Jahre 1882 wird geschildert, wie sich die einen über die Stadterweiterung freuen, die anderen leidenschaftlich gegen den Abbruch der Stadtmauer protestieren. Viele Erinnerungen werden wachgerufen, so auch an den Maler Bock, dem eine eigene Strophe gewidmet ist:

> Un söch der Maler Bock vum Himmel nidder,
> We he floreet jitz de Zerstörungsloß,
> Hä wünsch geweß sich nit noh Kölle widder,
> Wovun su fröh un jungk hä scheide moß.
> Hä söhk vergäbens noh der Prumenade,
> Wo hä gefunge hät 'su mänche Struuß;
> Wo mänchen Ovend hä et Bett sich mahte,
> Öm Morgens fröh zo träcke widder us.

Bocks Tod fand natürlich auch Widerhall im Karneval des Jahres 1879. Nachdem im Januar schon Peter Prior sein Lied veröffentlicht hatte, erscheint Bock am 2. Februar in dem Lied »De Zünfte em Zog« in der letzten Strophe:

> Zoletz trick dann de Künstlerschar,
> Doher met Glanz un Praach,
> Dä Gröhßte fählt, hä maht sich rar,
> Eß Jenseits unger Daach!
> Dat wor im selden heh vergunnt,
> Un doch met Stolz Bock sage kunnt:
> »Meine Kunst – mein Genie,
> Das vergißt die Nachwelt nie!«

Nach dem Vorbild der Berliner »Siegesallee« planten Kölner Grielächer, allen voran H. Reuter, im Jahre 1906 eine »Siegesallee im Kölner Stadtwald«, deren Mittelpunkt der Maler Bock war, dem »das dankbare Köln« ein Denkmal gesetzt hatte

Die Nachwelt hat ihn tatsächlich nicht vergessen. Die Stadt Köln hat ihm, der nie einen Pfennig Steuer entrichtet hat, der in keinem ihrer Adreßbücher verzeichnet ist, weil er nie und nirgendwo amtlich gemeldet war, eine späte Ehrung zuteil werden lassen: Das Maler-Bock-Gäßchen, zwischen Katharinengraben und dem Weichser Hof gelegen, erinnert an den Mann, der – würde er heute noch leben – als zeitloser Hippie, als Entertainer oder Showman in gleicher Weise die Aufmerksamkeit der Medien auf sich ziehen würde, wie er im vorigen Jahrhundert in Köln für ständigen Gesprächsstoff gesorgt hat.

Kölns Blumensprache

Bereits 1857 war in Köln zu Karneval ein Blatt erschienen, in dem die »neueste Blumensprache« vorgestellt wurde. Bald hieß es: »We de Möler Bock zo Köllen durch de Bloom sprich« (Die damalige Schreibweise ist unverändert beibehalten).

Adonis-Röschen	Do bis minge Nutzenhungk, minge leeve Flöpp; Ich muß dich han, un kräg ich täglich Klöpp.
Aloe-Blüthe	Ich weiß wahl, dat do meer good bes, evver dönn.
Apfel-Blüthe	Läufst doo meer fott, ich springen deer noh; Doo küß meer nit am Schmitz-Backes vorbei!
Aster	Oh minge söößen Augentruuß, Komm, setz dich jet op ming Schuuß!
Aurikel	Ding Augen sin we Spegelglas; do kicken ich mich noch knatsch geck an.
Bandgras	Wegen minger Treu un Beständigkeit lohß deer kein gries Hohren wahßen.
Basilikum	Doo bes nit 'su do, doo bes e Lupohrchen.
Blutstropfen	Jungfer, de Milch es soor. Wohröm? dohröm.
Brennende Liebe	Hättste mich e Fitzche gähn, Dann wör Ping un Knies meer fähn.
Brennessel	Maach meer kein Kunkelefusen! Ich weiß doch, wo däh Haas höp!
Butterblume	Ich wollt, ich wör en Botterblom Un wööß em gröne Graas, Un do fröhß mich als Kööcher ob, Un bützten mich ganz naaß.
Camille	Wat stink dä Boor noh Röben!
Cypresse	Lohß dich begraven, ärmen Höhsch, do häs jo keine Matteis en!
Distel	Wat! bes doo eifersüchtig? Zeig, dat es jo klüchtig! Wells doo schlechte Wetze rießen, Sall dich 'nen ahlen Essel bießen.
Dornblüthe	Küs doo meer esu, kummen ich deer esu.
Eichenblatt	Ich un doo un mer zwei, doo weiß wahl, wat ich sage well.
Epheu	Mer kann dat Klehvplohster nit ohn wehde.
Espe	Do häs 'r einen zo winnig ov einen zo vill.
Fingerhut	Et Drücken gleuv, ich wör imm goot, Morge Mötz, we steit deer der Hoot.

Fuchsschwänzchen	Do häs mich bedrogen, das fliedig, En Moor es noch lang keine Riedig.
Gänseblümchen	Aerm Häuv, ich muß dich bedooren!
Geisblatt	Oh, doo Aapeklöhschen!
Georgine	Bes doo kott ob mich? Dat hält der Neeres nit uus!
Ginster	Unger mingem Finster Weeß Ginster. Wer op de Schnut geiht, Weiß, wo de Leider steiht!
Glockenblume	Ganck doo salls mich nit för 'en Geck halden.
Goldlack	Hätt' ich dich We wollt ich dich Bützen un dich strichen.
Hahnenkamm	Goht, Här, ehr wehd meer zo galant! Mie Mooder hät dovun Verstand, De säht, et söhß en Fleg an der Wand.
Haideblume	Geck, lohß Geck elans!
Je Länger, je lieber	Döckes es nit ihvig! Dröm halt ens jet un waht ens jet, un bütz mich noch jet.
Kaiserkrone	Kränk un kein Engk, wat liß doo en den Pluuten! Mer muß der Kopp nit glich esu hange lohße.
Klee	Nit nohgelohßen! Alle Keerens gewonnen!
Kornblume	Zappermöhtchen! muß doo dann üverall met der Nase vöran sin?
Krückchen, rörmich nit an	Schatz, dun nit esu puis'elig, Dat weed meer gar zo gris'lig!
Lavendel	Dat Krückchen Patientia weeß nit en mingem Gaaden, Komm, nemm mich doch, doo leeve Kähl, ich kann nit länger waaden.
Lilie	Nicks geiht üvver de Reinlichkeit.
Mannstreu	Immer jet Neues erfreut et Hetz.
Myrthe	Ich sall met – gonn? Doo kanns meer gebotz wehden.

Narcisse	Morjie wat' ne Windbükkel! Maht nit, dat ehr üvvermetts brecht!
Nelk	Meinste, doo künns mich fangen? Dann röchs doo we en Flett.
Ranunkel	Doo wells perfohrsch dinge Wellen hann – am Katzenellenbögelchen.
Rosenstengel	We mer Einem deiht, we et Einem geiht.
Rosenknospe	Gedold, Gedold, do häs dem Kind sing Bein noch nit gesin.
Reseda	Do mööß Knäuv ob den Augen han, wann doo nit mercken däts, wat ich well.
Rittersporn	Ricken, ricken, es mie Levven, Doför künnt ich alles gevven.
Sonnenblume	Do kicks mich immer an, we der Ohs ob en neu Döhr.
Stiefmütterchen	Dun meer nicks, ich dun deer och nicks.
Strohblume	Doo zuckersößer Hetzensdeev, Ich ben der goot, ich han dich leev; Un däht ich dat wahl ens nit mieh, Dann wör ich jo 'ne Kähl vun Strüh.
Tausendschön	Wann ich dich sin, leev Schätzchen Dann schleit mer glich et Hätzchen, Als we e Lämmerstätzchen.
Tulpe	Jömmich noch Mariezebell, wat bes doo nett un staats.
Vergißmeinnicht	Et es kein Döppchen esu klein, et paß en Deckelchen drop. Ich halde mich rekummendert.
Veilchen	Nettchen, doo duus un adig Kind, Doo bes, we winnig Mädcher sind.
Winde	Gang, schamm dich, wat bes doo för e Mötzöllig wohden!
Zwiebelblüthe	Su 'nen ahle Kabaß, we doo bes, Dä gehööt en de Girijunskeß.

Bolze Lott

Scholastika Bolz
geboren am 8. Dezember 1825 in Köln, Kostgasse Nr. 6
verheiratet ab 29. Juli 1846 mit Johann Friedrich Steinhausen, Rheinarbeiter
gestorben am 3. September 1902 in Köln, Große Spitzengasse Nr. 23
Kääzemöhn, Schmugglerin, Reisende

Schon in der Kinderzeit, die sie in der Kostgasse verbrachte, lernte »et Lott«, ihr Mundwerk einzusetzen. Erblich vorbelastet durch Vater Matthes, der als Rheinarbeiter sein Geld nur gelegentlich nach Hause brachte. Als Scholastika Bolz am 29. Juli 1846 mit Johann Friedrich Steinhausen den Bund der Ehe schloß, sollten die Flitterwochen schon bald ihr Ende finden: die unerbittliche Strenge des Gesetzes machte auch vor jungem Eheglück nicht halt. Vielmehr mußte Johann Friedrich, der zur übelsten Sorte der Rhingroller gehörte und dem ein sagenhafter Ruf als Schläger vorausging, hinter schwedischen Gardinen über seine Sünden nachdenken.
Die anschließende Einweisung nach Brauweiler überlebte er nicht lange, so daß Scholastika schon früh zur Witfrau wurde und alleine für ihren Unterhalt aufzukommen hatte. Das tat sie auf mannigfaltige Art und Weise. Zunächst als »Kääzemöhn«. Doch als die Opferwilligen dahinterkamen, daß »et Lott« zwar für die Kerzen kassierte, jedoch ständig vergaß, diese in der Kirche auch aufzustellen, blieb nach und nach die Kundschaft aus. Hinzu kam, daß »et Lott« mehr und mehr begann, ihren Ärger über ausbleibende Geschäfte in sehr unflätigen Redewendungen vor den Kirchen zum Ausdruck zu bringen, was die Gläubigen abstieß und den Geistlichen absolut nicht gefiel. Als sie im Winter, auf den kalten Steinen hockend, von einem Priester gefragt wurde: »Hatt Ehr ald jet kräge?«, gab sie bissig zur Antwort: »Eja, en kahl Fott!«
Ein neues Betätigungsfeld fand sie in der Hafengegend. Als am 19. Mai 1856 der Provinzial-Steuerdirektor Dach ein Regulativ zur Erhebung und Beaufsichtigung der Mahl- und Schlachtsteuer für Köln und Deutz erließ, war »et Lott« bereits der Schrecken aller Zollbeamten. Die Erhebungsstelle wurde durch die Verordnung vom Rheintor an das Filzengrabentor verlegt. Gleichzeitig wurde das Rheintor »zur Einbringung steuerpflichtiger Waren« verboten. Fahrzeuge, welche mahl- und schlachtsteuerpflichtige Gegenstände führten, durften auf der Strecke des linken Rheinufers oberhalb der Schiffsbrücke am Friedrich-Wilhelm-Tor nur von dieser Brücke bis zum Hafeneingang an der Rheinau anlegen. Schiffe, die in den Hafen an der Rheinau einfahren wollten, mußten zu versteuernde Güter vor der Einfahrt bei der Erhebungsstelle am Filzengrabentor anmelden und versteuern. Mit diesen

Als Lastträger, Sackträger und Kohlenträger waren die Rhingroller (oben) im reichsstädtischen Köln ordnungsgemäß eingestellte Arbeiter, die das Löschen der Schiffsgüter am Rhein zu besorgen hatten. Die Rhingkadetten (unten) hingegen waren Gelegenheitsarbeiter, die – zumeist ungelernt oder arbeitslos – als streitsüchtig und einem Trunk nicht abgeneigt mehr gescheut oder gar gefürchtet als gesucht waren.

Verordnungen versuchte die Regierung, die Erhebung der umstrittenen Steuern in den Griff zu bekommen.

Handgreifliche Auseinandersetzungen, in früheren Jahren auch Schüsse mit Todesfolge, hatte es an den bisherigen Zollstellen, die leichter zu passieren waren, des öfteren gegeben. Scholastika – die trotz der Eheschließung weiterhin nur »et Bolze Lott« genannt wurde – hatte auch jetzt wieder geeignete Methoden, um durch Schmuggel ihren Lebensunterhalt sicherzustellen. Dabei profitierte sie von der damaligen Mode: die Krinoline, aus Paris gekommen, war ein durch Stahlreifen glockenförmig aufgeblähter Unterrock, der den Zweck hatte, das darüber liegende Kleid ohne Falte straff zu halten. Der untere Reifen hatte einen Umfang von dreieinhalb bis vier Metern und die folgenden waren jeweils etwas kleiner. Außer am Taillenschluß berührte die Krinoline den Körper der Trägerin kaum, was natürlich den Vorteil hatte, daß der Reifrock im Inneren viel Platz bot. Nicht selten nahmen Frauen ihre Kinder beim Versteckspiel unter die Krinoline.

Bolze Lott hatte jedoch anderes im Sinn: sie benutzte die Krinoline, um zu schmuggeln. Ein kleiner Sack Mehl oder ein paar Kilo Fleisch paßten schon darunter. Zwar hatten die Frauen es schon bei der »normalen« Krinoline schwer, einen einigermaßen vernünftigen Gang einzuschlagen, doch Scholastika kümmerten ihr Aussehen oder ihre Gangart ohnehin nicht. Wenn sie fast watschelnd über die Brücke oder von einem Schiff kam und den Weg in die Stadt einschlug, riskierte es ab und zu einer der Zollbeamten, sie zwecks einer Leibesvisitation anzufassen.

Doch Johann Friedrich Steinhausen selig hatte der großgewachsenen, hageren und mittlerweile auch fast zahnlosen Ehefrau, schon als er um sie freite, einige Kniffe verraten. Nicht selten bezahlte ein Zöllner seinen Versuch, dem Gesetz Genüge zu tun, mit einer ordentlichen Tracht Prügel. Oder es passierte ihm, daß »et Lott« Zeter und Mordio schrie und vor den herbeieilenden Bürgern den Zöllner beschuldigte, dieser habe sie unsittlich berührt. Schlau wie sie war, erweckte sie mitunter durch ihre Gangart den Anschein, als befänden sich Gegenstände unter ihrer Krinoline. Bei diesen Gelegenheiten, wenn Visitationen erfolglos bleiben mußten, stieß sie ihre Beschuldigungen aus. Die armen Zöllner waren hernach fast zu bange, ihrer Pflicht nachzukommen.

Als der Krinoline etwas später eine noch größere Geschmacklosigkeit in Gestalt des »Cul de Paris« folgte, bot »et Bolze Lott« ein Bild für die Götter. Allen Anfeindungen zum Trotz setzte sich der »Küh« – wie die Kölner sie nannten – bei der Damenwelt durch. Je mehr gegen den Küh gewettert wurde, desto mehr wuchs er nach hinten hinaus, so daß ein Kind bequem auf dem wie ein Klotz ausschauenden Hinterteil sitzen konnte. Scholastika Bolz, ansonsten nicht gerade neuen Modeschöpfungen zugetan, hatte auch diesmal wieder den richtigen Riecher: sie kombinierte Krinoline und Cul de Paris, versteckte unter dem Rock die Mehlsäckchen und unter der Küh noch einige andere Lebensmittel, um so die Waren vor den Augen des gestrengen Zolls zu schützen. Die armen Zöllner waren nicht zu beneiden. Einer Frau unter den Rock zu greifen und sie am Allerwertesten anzufassen, war auch zu jener Zeit schon sittenwidrig. Und wagte es jemand, Bolze Lott zu nahe zu kommen, dann ergriffen die Umstehenden schnell Partei für die resolute Frau, in deren Umfeld und Schatten sich so mancher am Schmuggel beteiligte.

Ab 1874 änderte sich einiges: die Mahl- und Schlachtsteuer, die der Stadt Köln noch im Jahre 1873 einen Batzen Geld eingebracht hatte – 146 500 Taler –, wurde abgeschafft. Da sich der Schmuggel nun nicht mehr lohnte und auch das Alter seinen Tribut forderte, ging »et Bolze Lott« auf Wanderschaft; vor Kirchen, an den Häusern, auf Jahrmärkten und in Wallfahrtsorten handelte sie mit Kerzen und allerlei kleinem Schnickschnack. Aber auch hier konnte sie es nicht lassen, die Menschen, die zwar gucken kamen, aber selten etwas kauften, zu beschimpfen. In Sechtem trieb sie es einmal gar zu toll: anläßlich einer Kirmes versuchte sie, dem Pastor einiges aus ihrem Bauchladen anzudrehen. Als dieser abwinkte, belegte ihn »et Lott« mit einigen Schimpfwörtern, die mit dem Ruf »Paafgoot – Raafgoot, Düvel, halt der Sack op!« endeten. Josef Klefisch hat »et Bolze Lott« in einem 1952 verfaßten Lied selbst sprechen lassen:

> Et Bolze Lott wäden ich genannt
> Un et heisch, ich wör en Fääsch!
> Beim Schmuggele hätt noch keine Scharschant
> Mich am Schlawitt geknäsch.

> Beluhrt die Krinolin am Po
> Un hingen eröm die Küh:
> Die sin nor zum Versteche do,
> Vun Speck und Woosch und Flüh.

> Su han ich als Beruf gewählt
> Die Lebensmittel-Branch.
> Der Hunger hät mich nie gequält,
> Han och Schabau gepansch!

Und hinter jedem Vers folgt im Refrain die Aufforderung:

> Bolze Lott, Bolze Lott,
> Bliev wie immer luus un flott.
> Steck die Küh gerammelt voll,
> Zahl nor keine Penning Zoll!

In den letzten Jahren ihres Lebens wohnte die inzwischen hochbetagte Scholastika Steinhausen – et Bolze Lott – in der Großen Spitzengasse Nr. 23. Zwar verlief ihr Leben hier in ruhigen Bahnen, doch bei der Nachbarschaft war sie wegen ihres losen Mundwerkes immer noch gefürchtet. Nur einmal fand auch »et Lott« ihren Meister. Als nämlich der Zebingemann mit seinem Karren durch die Große Spitzengasse zog und sie es sich nicht verkneifen konnte, dessen Künste in Zweifel zu ziehen, entgegnete der alte Mann auf ihre »spitze« Frage: »Lott, ich krigge alles gefleck – nur Ding Schnüß, do kann ich och nix maache!«

Am 3. September 1902 starb sie in ihrer Wohnung. »Ob sie bis hart an die Pforte des Todes ihr wüstes Schimpfen fortgesetzt hat oder ob sie, als Freund Hein sie beim Schopfe nahm, zu guter Letzt doch noch Reu und Leid erweckte, ist nicht bekannt; denn man hat sie an dem genannten Tage entseelt im Bett gefunden«, berichtete Josef Bayer.

Männchen em Mond

Franz Hubert Chryselius
geboren am 27. Mai 1834 in Köln, Wollküche 35
gestorben am 5. April 1882 in Köln, Bürgerhospital
Schreiner

Ein Rattenschwanz von annähernd 200 Jungen folgte einem kleingewachsenen, schmächtigen Mann, der recht sonderbar gekleidet durch die Straße zog, mit sich selbst sprach und über alles schimpfte, was ihm in den Weg kam: »et Männchen em Mond« sorgte für Abwechslung im sonst etwas eintönigen Leben der Kölner Jugend. Niemand wußte zu sagen, wie Franz Hubert Chryselius an seinen Spottnamen gekommen war. Eine Erklärung könnte sein, daß er wegen seiner der Zeit hinterher hinkenden Ansichten »om Mond« lebte und – da er höchst merkwürdig gekleidet war – »vum Mond« kam. Oder sprach er bei Vollmond – wie viele andere auch – besonders dem Alkohol zu?

In der Regel trug »et Männchen em Mond« all das an Bekleidung, was ihm geschenkt worden war, ohne sie zuvor passend zu machen. Der wegen seiner Körperlänge und seines Gewichtes stadtbekannte Zigarrenhändler Nakatenus (Ecke Hohe Straße/Minoritenstraße) machte sich einen besonderen Spaß daraus, dem schmächtigen Franz Hubert seine abgelegten Kleider zu schenken. War das ein Bild, wenn »et Männchen em Mond« damit durch Kölns Straßen zog. Noch zu seinen Lebzeiten zählte ihn ein unbekannter Dichter im Jahre 1878 zu »Kölns große(n) Geister(n)«:

Wat eß dat för 'ne köttelligen Ditz,
Su klein hä eß, 'su frech eß och dä Brave,
Met Stolz dräht hä 'ne preußische Schnorritz
Un schänge kann hä, we om ahle Grave.
Gewöhnlich hät hä sich jet angetroont,
Un hinger im sin dann zweihundert Junge,
'Ne Schutzmann schreit sich drüch un heiser bahl de Lunge:
»Halt mer doch faß dat Männchen en dem Mond.«

Auch Josef Wach hat das Männchen em Mond anschaulich und lebendig beschrieben:

Ne klizze Kääl,
Om Aug jet schääl.
De Kopp jet schepp,
Ne gode Flöpp,
Großvattersch Rock,
Ne rühe Stock:
Su kütt dat Männchen em Mond.

Hält Räde vill
Beim Kinderspill.
Schängk och en Faht
No kölscher Aat,
Loot wie e Kalv
Beim letzten Halv:
Dat deit dat Männchen em Mond.

Met vill Geschrei
Un vill Buhei
De Kinderklick
Mem Männche trick. –
Der Draum eß uhs,
Hä litt jitz drus:
Schlof goot, do Männchen em Mond!

Mit knapp 48 Jahren starb Franz Hubert Chryselius an Lungenschwindsucht. Auch im Bürgerhospital konnte ihm niemand mehr helfen. Am 5. April 1882 erlöste ihn der Tod von allen Leiden.

Fleuten-Arnöldche

Arnold Wenger
geboren am 12. Februar 1836 in Köln, St.-Apern-Str. 34
gestorben am 25. Oktober 1902 in Köln, Lindenburg
Straßenmusikant

Als Musiker hätte Arnold Wenger sicherlich Karriere machen können, denn er entlockte seiner Querflöte nicht nur Volkslieder, sondern auch bekannte Opernarien, wobei es ihm »Der Freischütz« besonders angetan hatte.
Die musikalischen Talente hatte das Arnöldchen ohne Zweifel von seinem Vater geerbt, einschließlich des perfekten Notenlesens. Denn der Musikus Theodor Wenger versäumte es nie, seine Gäste in seiner Weinstube in der St.-Apern-Straße 34 mit musikalischen Klängen zu unterhalten. Arnöldchens Lehrjahre im elterlichen Haus trugen aber auch dazu bei, daß er – zwischen Kannen und Flaschen großgeworden – ständig von großem Durst geplagt war. Die Geschmackskontakte mit dem im Keller lagernden Wein ergaben sich zwangsläufig. Wenn »et Arnöldche« eine Kanne nachfüllen mußte, geschah dies mittels eines Schlauches, der, ins Faß eingeführt, angesaugt wurde. Daß dabei der ein oder andere Tropfen im Mund landete, war nicht fehlender Technik, sondern physikalischen Gesetzen zuzuschreiben. Und wer würde es schon fertigbringen, einen guten Tropfen auszuspucken?
Der Keim zur späteren Leidenschaft wurde also im Elternhaus gelegt. Und nachdem Arnöldchens Jugendjahre dahin waren, trieb dieser Keim gewaltig aus. Der Beifall, der Arnold Wenger in der elterlichen Wirtschaft entgegenschlug, wenn er – gutgelaunt – einige Melodien zum besten gab, brachte ihn auf die Idee, mit seinem Flötenspiel seinen Unterhalt zu bestreiten. Dabei zog er die Tätigkeit in einem Orchester oder in einer Kapelle erst gar nicht in Erwägung, sondern entschied sich, die Laufbahn eines Straßenmusikanten einzuschlagen. »Wat dä Palm op dä Orgel kann, maache ich mit dr Fleut«, mag er gedacht haben. Und so begann der behäbige, untersetzte Bursche mit dem runden, rosigen Gesicht, der Stülpnase, den vergnügt und lustig zwinkernden Schlitzaugen seine Karriere auf Kölns Straßen.
Nicht nur bei den Kindern, die ihm zu Beginn seiner Tätigkeit in Scharen nachliefen, wie einst die Kinder in Hameln dem Rattenfänger, war er beliebt, sondern auch die Erwachsenen mochten ihn:

> Et Fleuten dat eß ganz geweß
> En Musik wunderschön:
> Et maachen doch däm Ohr vill Späß
> Die huh un deefe Tön!

Eine Kölner Brennerei machte sich in den zwanziger Jahren dieses Jahrhunderts die Popularität der Kölner Originale zunutze, um Konsumenten für ihr Schnapsprodukt »Original Alter Kölner« zu werben

Fleuten-Arnöldche, wie er bald genannt wurde, war vom Charakter her harmlos und geduldig und – von kleinen Ausnahmen abgesehen – mit sich und der Welt immer zufrieden. »Wenn Maler Bock die Mitwelt durch seine Dreistigkeit bezauberte, so gelang das dem pausbäckigen Arnold durch seine fast stupide Einfalt. Er war eine kölnische Volksfigur mit starken Anklängen an den mittelalterlichen Narren; kein Künstler, kein geistvoller Witzling, sondern eben nur ein Kölner Original, dessen naive, beschränkte Lebensart das

»Maatwiever« um 1905 auf dem Alter Markt

Gaudium aller hervorrief«, heißt es in einer zeitgenössischen Schilderung. Josef Wach hat sein Auftreten in den nachstehenden Versen beschrieben:

>Der Rattefänger he vun Kölle
>Dä Fleuten-Arnold dä eß do.
>De Puute juhze, schreie, brölle.
>Un alles kütt vun Fähn un Noh.
>
>Hä blies de Fleut, geit singer Wege,
>Dat junge Volk fruh hingerdren,
>Wedt et zo doll, deit hä se fege,
>Schleit och met singer Fleut ald dren.
>
>Se drihe rund in an de Schleppe
>Hä schängk un stüß jet met der Zung.
>Dann leck un spetz hä fresch sing Leppe
>Un blies »Der kleine Posteljung«.

Eine sehr enge Freundschaft verband das Arnöldchen mit den Marktfrauen. Die Möhne auf dem Alter Markt mit ihren dreieckigen, dicken Kopftüchern gehörten zu den Standfesten, die im Sommer und Winter, von morgens bis abends, ihren Platz nicht verließen. Von ihren Angehörigen wurden sie mit frischer Ware, aber auch mit Speisen und Getränken versorgt. Sie saßen hinter ihrem »Kram« auf einem Stuhl und darunter stand bei kaltem Wetter ein Stück Ofenpfeife mit glühenden Holzkohlen, Hutschpott genannt.
Heinrich Sartorius hat eine der Marktfrauen treffend beschrieben: »Mit ihrem Kram scheint sie ganz verwachsen und sie steht nur dann auf, wenn das Geschäft es dringend verlangt. Ihre Haut gleicht eher einer Elefantenhaut als derjenigen einer Frau, und ihre Haare, die sie gelegentlich mit einem derben Hornkamm hinter ihrem Kram frisiert, machen fast den Eindruck dünner Bindfäden. Ähnliche Borsten hat sie auch an Kinn und Nase. Von einer solchen Frau, die fingerdicke Runzeln auf der Stirn hatte, erzählte man, sie könne ein Dutzend Fliegen, die zufällig in den Runzeln saßen, tot drücken, wenn sie die Stirn hoch ziehe.« In einem Gedicht, das in den 1860er Jahren in Gesellschaften öfters vorgetragen wurde, heißt es von den Marktweibern:

> Des Morgens em Gedränge
> Ganz fröh om Aldermaat,
> Hööschs Do off Wiever schänge
> Noh Kappesbooren-Aat.
> Se zuppe sich de Hoore,
> Zerbläue sich de Schwaat,
> Zerkratze trotz der Johre
> Sich äkelig de Plaat.
>
> Se schänge: »Bünnes, Küülkopp,
> Schavuen-Angeseech.
> Do dreckig Wasser, Krieschkopp,
> Do Pluutekeß, Drügleech,
> Do Schmeck vum Dudewage,
> Stinkhuppet, Do Rabau,
> Do Läschhoonsnas, Do Plagge,
> Do Böckderöck-Wauwau!«

Unter dieser rauhen Schale verbarg sich aber in den meisten Fällen ein gutes Herz. Und da das Arnöldchen es verstand, die Möhne richtig zu nehmen, konnte er sich auf sie verlassen. Wenn zur Feier eines Namenstages ein Umzug veranstaltet wurde, dann schwang sich Arnöldche auf den Leiterwagen, blies im Kreis der Marktfrauen seine Flöte und sang eines seiner kurzen Liedchen:

> »Ming Julche blevv meer nit getreu,
> Un doför kritt et och sing Häu!«

Die Rundfahrt endete natürlich in einem Lokal. Da war das Arnöldche erst recht in seinem Element. Und nicht selten kam es vor, daß die Marktfrauen mit »ihrem« Arnöldchen in eine Gaststätte kamen, in der der Maler Bock »seiner Verehrtesten« gerade seine Aufwartung machte. Dann wurde es allerdings Zeit, daß einer die Tapete wechselte. Denn das Arnöldchen mochte den Maler Bock nicht und diesem wiederum war das Arnöldchen »zuwider«.
Arnöldchen fand regelmäßig auch alleine den Weg in die Wirtschaften, um die dort tagenden Gesellschaften in lustige Stimmung zu versetzen. Lassen wir uns durch eine Schilderung von Heinrich Sartorius in die 60er Jahre des vorigen Jahrhunderts zurückversetzen: »Nach dem langen Marsche, den wir zurückgelegt haben, kehren wir bei Balchem (Severinstraße 15) ein, um uns an einem leckeren Glas Wieß zu erfrischen. Wir bestellen auch ›e Röggelche met Kies‹, das wir uns ›met vill Mostert‹ gut schmecken lassen. Über ein solches kölsches Frühstück geht nichts, und es hatte auch den Vorteil, an keine Zeit gebunden zu sein, denn zu jeder Tages- und Nachtzeit war es zu haben und deshalb allseitig beliebt.
In der Wirtsstube herrscht reges Leben und fast sämtliche Tische sind besetzt. Es sind nur Kölner in der Wirtsstube, Fremde sieht man nicht und man hört auch keinen fremden Dialekt; die Leute sprechen alle kölsch. Kommt ein neuer Gast, dann zieht der Wirt an der Schelle und der Zappjung setzt dem Gast, ohne lange zu fragen, ein Glas Kölsch vor. Die einzelnen Gruppen sind in lebhafter Unterhaltung begriffen, und es geht ziemlich laut dabei zu. Es wird gelacht und gescherzt und manchmal dröhnen wahre Lachsalven durch die Stube. Doch plötzlich bemerkt man ein Getuschel an den Tischen, die Gäste stoßen sich an und aller Augen sind auf die Türe gerichtet, wo eben ein neuer Gast mit einer langen Flöte unter dem Arm hereingetreten war. Gleich am ersten Tisch wurde ›Fleuten-Arnöldchen‹ – das war der neue Gast – festgehalten und herzlich begrüßt. Er bekam ein Glas Bier, das er in einem Zuge leerte, und dann blies er ein Stück auf seiner Flöte, während der Zappjung sein Glas wieder füllte. Zum zweiten Stück hatte Arnöldchen seinen rechten Schuh ausgezogen; er stellte sich mit dem Rücken gegen die Theke und strich mit der nackten Ferse den Baß zu seinem Vortrag. Alles lachte und amüsierte sich und Arnöldchen trank ein Glas übers andere.«
Den »Brummbaß« spielte das Arnöldchen bei anderer Gelegenheit in der »Schreckenskammer« in der Johannisstraße. Hier stellte er sich allerdings in die Tür und strich mit seiner nackten Fußsohle an einem der Pfosten rauf und runter, um so seine Flötenbegleitung zu erzeugen. Bei diesem Konzert spielten ihm einige Gäste einen üblen Streich: sie entwendeten Arnöldchens Schuh und mißbrauchten ihn in gemeiner Art. Als das Fleuten-Arnöldchen nach Beendigung seiner Darbietung – ohne zu schauen – wie gewohnt in den Schuh schlüpfte, bemerkte er die Bescherung. Blitzschnell zog er den Schuh wieder aus, schleuderte ihn durch die gut besuchte Gaststätte, so daß viele Gäste einiges abbekamen und sich unter derben Flüchen ihre »Sommersprossen« entfernen mußten.

Blick in das Kölner Bierhaus »Em Krützche« am Frankenturm um die Jahrhundertwende. Seit 1649 läßt sich dieses Haus urkundlich nachweisen. Auch das Fleuten-Arnöldchen fand sich hier gerne ein. Die Gäste wußten seine Darbietungen auf der Querflöte zu schätzen: sie gaben dem Arnöldchen reichlich »flüssigen« Lohn

»Uns Gemösfrau« hat Joseph Passavanti verewigt. Während der Bauer die Körbe ablädt, darf sich der »Kaarehungk« nach vorerst getaner Arbeit erfrischen

Bei seinen »Straßenkonzerten« wurde in späteren Jahren so mancher Scherz mit ihm getrieben. Gutmütige Hausfrauen gaben ihm zwar reichlich zu essen, doch Arnöldchen betrachtete dies lediglich als willkommene Unterlage für spätere Zechgelage. Und von denen gab es eine ganze Menge: vielfach als Preis für gewonnene Wetten, die alles andere als originell waren. So versprachen ihm einige »Scherzbolde« soviel Alkohol, wie er trinken könne, wenn er einen großen Topf Sauce von eingemachten Heringen austrinke. Zwar quollen ihm die Tränen aus den Augen, doch mit Todesverachtung würgte er die Salzbrühe hinunter, um anschließend den Wettpreis zu vertrinken. Oft mußte er nach einem Zechgelage von der Straße aufgelesen werden. Die zuschauenden Bürger ergriffen, wenn die Polizei das Arnöldchen auf den Handwagen laden wollte, um ihn zum »Tippo« zu bringen, Partei für den »Musikus«: »Süch ens dat arme Arnöldche, wie se met däm widder ömgonn!« Im Oktober 1873 stand »et Arnöldche« – 37jährig – vor Gericht. Die »Kölnische Zeitung« berichtete: »Der unter dem Namen Arnöldchen bekannte Straßenflötist stand heute als Beschuldigter vor dem Zuchtpolizeigericht, weil er auf einer seiner Kunstreisen eine große Schneiderschere zu verkaufen gesucht, über deren rechtlichen Erwerb er sich nicht ausweisen konnte. Seine Verteidigung beschränkte sich auf die Worte: ›Ich hatte einen zuviel gehoben‹. Wegen Mangel an Beweis wurde er freigesprochen.«

Mit der Zeit versackte Arnöldchen immer mehr. Zeitzeugen wußten in Gesprächen mit Hubert Recker zu berichten, daß Arnöldchen mit zunehmendem Alter einen widerlichen, ekelhaften Anblick geboten habe, der ihn zum Stein des Anstoßes machte. In unsauberer Kleidung, eine speckige Kappe auf dem Kopf, das Gesicht braunrot und durch kleine Eiterpusteln entstellt, trieb er sich herum. Auch die Geduld der Behörden neigte sich dem Ende zu; nachdem einzelne Strafen nicht gefruchtet hatten, wurde Arnöldchen in die Arbeitsanstalt Brauweiler eingewiesen. Am 6. Februar 1875 schlossen sich hier die Tore hinter ihm. Damit begann eine leidensvolle Zeit für den Flötenvirtuosen: zum ersten Mal nach vielen Jahren mußte er körperliche Arbeit verrichten und – was noch schlimmer war – es gab weder Bier noch Schnaps für ihn.

Hier konnte er auch die Bekanntschaft mit dem Maler Bock auffrischen, doch ihr Zusammentreffen war – wie auf S. 116 nachzulesen – nicht von langer Dauer. Wie schon so oft im Leben, hatte Arnöldchen wieder einmal Glück: eine Erbschaft – eine in Wien verstorbene Verwandte seiner Mutter hatte ihm umgerechnet rund 6000 Mark vermacht – versetzte ihn in die Lage, mit der Stadt Köln einen Vertrag zu schließen. Am 8. September 1875 verpflichtete sich die Stadt Köln, ihn gegen Zahlung von 6000 Mark in einem ihrer Häuser zeitlebens zu verpflegen. Nachdem die erforderlichen Genehmigungen erteilt waren, konnte Arnöldchen am 6. November 1875 die Arbeitsanstalt verlassen und als Invalidenpensionär in das Bürgerhospital einziehen. Doch schon nach einem Jahr war diese Herrlichkeit zu Ende: zum einen platzte das Bürgerhospital hinsichtlich der aufgenommenen Invaliden aus allen Nähten. Von den insgesamt 711 Betten waren weit mehr als 300 durch Invaliden belegt. Damit war die vorgesehene Höchstzahl von 260 Invaliden weit überschritten. Zum anderen konnte Arnöldchen – der auch ein Taschengeld erhielt – nicht der Versuchung widerstehen, sein Geld in Schnaps umzusetzen. Das führte schließlich dazu, daß er für eine offene Anstalt untragbar wurde. Die Verlegung zur Lindenburg am 12. November 1876 war die zwangsläufige Folge seiner alkoholischen Ausschreitungen.

Innerhalb der Krankenanstalt Lindenburg befand sich – an die Joseph-Stelzmann-Straße grenzend – das Pensionärshaus. Hier erhielt das Arnöldchen als Pensionär I. Klasse ein Einzelzimmer. Schon nach relativ kurzer Zeit gelang es den Ärzten, dem Arnöldchen durch eine gezielte Therapie wieder eine gewisse Lebensfreude zu geben. Die Ordnung im gesamten Anstaltsgelände, die Sauberkeit, das gute und reichliche Essen – all das trug mit dazu bei, daß Arnöldchen die Rückkehr in ein normales Leben – wenn auch hinter Mauern – möglich wurde. Da er körperlich gesund und kräftig war, wurde er auch für

»Marktfrau auf dem Altermarkt« ist diese Postkarte aus einer Serie »Kölner Eigenarten« betitelt

Gartenarbeiten eingesetzt. Er schlug all denen, die ihn nach seiner Überweisung in die Lindenburg bereits abgeschrieben hatten, ein Schnippchen. Gelegentlich überkam ihn allerdings das Heimweh: »Jitz ben ich ald zick 76 heh un kumme nit mih noh Kölle. Wie ich heherr kom, do säht su ne ahle Grieläcker vun Wärter för mich: wenn Se sich he got opföhre, künne Se lang he blieve. Jitz weiß ich bahl, wie dä dat gemeint hät.«
Die totale Abkehr vom Alkohol gelang dank der Uneinsichtigkeit einiger »Freunde« auch in der Lindenburg nicht. Sie kannten inzwischen seinen Aufenthaltsort und wußten auch, wie sie sich mit ihm von der Straße aus in Verbindung setzen konnten. Natürlich brachten sie ihrem alten Freund auch eine Pulle Schnaps mit, dem das Arnöldchen nicht widerstehen konnte. Doch mit der Zeit wurden auch diese Besuche seltener; das Arnöldchen geriet in Köln fast in Vergessenheit.
In der Lindenburg durfte der von vielen Kölnern Totgeglaubte zu seiner großen Freude an Sonntagen auf seiner geliebten Querflöte spielen, was ihm den Beifall der Kranken einbrachte, die seinem Spiel gerne zuhörten. Auch bei kleinen Festlichkeiten war sein Flötenspiel gefragt. Dann stand er stolz neben den anderen Musikern, die so klug waren, sich nach ihm und seinen Vorgaben zu richten. Zwar konnte er die Noten lesen und sogar vom Blatt spielen, doch interpretierte er mitunter Noten und Takte auf eine Art, die einem heutigen Arrangeur alle Ehre gemacht hätte, die aber die Musiker zu Ende des vorigen Jahrhunderts einigermaßen verwirrte. Die letzten Jahre seines Lebens verbrachte Arnöldchen in Ruhe und Zufriedenheit: »Ich ben he Pensionär«, pflegte er stolz dem ein oder anderen Kranken, der neu eingeliefert worden war, zu sagen. Und das blieb er bis zum 25. Oktober 1902, als er an einem Kehlkopfleiden starb.

Von der legendären »Zweipann« ist nur noch diese Adreßkarte vorhanden. Heute wälzt sich der innerstädtische Verkehr über die Nord-Süd-Fahrt, wo Hunderte von Jahren Bier gezapft wurde

Schäbens-Tünn

Anton Hubert Scheben
geboren am 1. März 1837 in Köln, Kämmergasse 28
gestorben am 6. Juli 1903 in Köln, Rubensstrasse 21
Bierbrauer, Gastwirt, Retter von Knechtsteden

In den Gartenanlagen des Kloster Knechtsteden steht eine 1,70 m hohe Figur: eine Darstellung des hl. Antonius von Padua, an der Wanderer meist achtlos vorbeigehen. Und auch die Mönche des Klosters waren schlecht beraten, als sie es zuließen, daß diese »wertlose« Figur bei Restaurationsarbeiten aus der Klosterkirche verbannt und in einem entlegenen Winkel des Gartens aufgestellt wurde. Denn um diese steinerne Figur des hl. Antonius rankt sich eine Geschichte, die zu kennen sich lohnt, weil der Fortbestand des Klosters Knechtsteden eng mit ihr verknüpft ist. Die Statue des hl. Antonius von Padua wurde von den Kölner Künstlern Franz und Wilhelm Albermann (Vater und Sohn) geschaffen. »Die Künstler haben es verstanden, ein ganz eigenartiges, wahrhaft edles Werk zu schaffen. Die 1,70 m hohe St. Anonius-Figur wurde aus bestem feinkörnigem Kalkstein nach vorher entworfenem Modell gemeißelt. Die St. Antonius-Figur, welche den Heiligen darstellt in jenem Augenblick, wo das süße Jesuskindlein ihm erschien und ihn einer vertraulichen Unterhaltung würdigte, bildet an ihrem Standorte eine besondere Zierde unserer Kirche.« So nachzulesen im »Echo von Knechtsteden« aus dem Jahre 1904. Zu diesem Zeitpunkt stand die Figur noch auf einem Postament, aus »bestem Heilbronner Sandstein mit Sockelfuß und Säulchen aus poliertem belgischen Granit« gefertigt.

Wie diese Statue nach Knechtsteden kam, entnehmen wir einer Veröffentlichung in den »Mitteilungen für den Verein für das Missionshaus Knechtsteden« aus dem Jahre 1903, in der es heißt: »Am 6. Juli 1903 verstarb unser Vorstandsmitglied, Herr Rentner Anton Scheben. Gleich wie sein Großonkel, der Kanonikus Winand Kayser, sich einst um Kirche und Abtei hochverdient gemacht hat, so hat der Verstorbene sich insbesondere um das Gotteshaus die größten Verdienste erworben. Zu seinem Andenken fand am 18. Juli 1903 in der Abteikirche zu Knechtsteden ein feierliches Requiem statt, welches der Hochw. Herr Domprobst Prälat Dr. Berlage, Ehrenmitglied des Zentralvorstandes, zelebrierte. Nach demselben tagte die 100. Vorstandssitzung, in welcher anstelle des Verstorbenen Herr Kaufmann J. Schmitz-Valckenberg in den Zentralvorstand gewählt wurde. Zu Ehren des verstorbenen Ant. Scheben wurde beschlossen, in Knechtsteden eine Antonius-Statue zu errichten.«

Die Würfelpforte, ein Tor der zweiten Kölner Stadterweiterung, erbaut im Jahre 1106. Hier betrieb Wilhelm Scheben, der Onkel des »Schäbens-Tünn«, eine Bierbrauerei

Damit sind wir bei Anton Scheben, in Köln als »Schäbens-Tünn« in das Geschichtsbuch der Originale eingegangen. Er, der auf der Breite Straße eine stadtbekannte Gaststätte führte, war nicht nur ein erfolgreicher Geschäftsmann, sondern auch der »Retter von Knechtsteden«. Der Sohn des Bierbrauers Johann Heinrich Scheben und Neffe des Landtagsabgeordneten Wilhelm Scheben und sein Gasthaus »Zur Zweipann« schrieben in Köln Geschichte. Bis in das 13. Jahrhundert ist die Geschichte dieses Hauses zurückzuverfolgen, das nach seiner Zerstörung im Zweiten Weltkrieg nicht wieder aufgebaut wurde. Heute staut sich der innerstädtische Verkehr in Nord-Süd-Richtung und umgekehrt, wo sich von 1392 bis ins 16. Jahrhundert eine Badestube befand. Um 1780 entstand dort eine Brauerei. Sie erhielt den Namen »Zur Zweipann«, weil sie – damals eine Seltenheit – zwei Braupfannen aufwies und dadurch einen entsprechend großen Bierausstoß hatte. Im Jahre 1842 übernahm Johann Heinrich Scheben dieses Brauhaus. Ihm folgte Christian Wolff als Pächter, und 1868 übernahm der 31jährige Anton Scheben das traditionsreiche Brauhaus. Unter ihm erlebte das Haus »Zur Zweipann« seine Blütezeit, denn »Schäbens-Tünn« wurde – neben dem traditionell guten

Bier – zum Markenzeichen. So mancher Streich wurde hier ausgeheckt, so manche Idee in fröhlicher Runde geboren. Und nicht selten war der gutmütige Tünn Gegenstand und Mittelpunkt irgendeiner Neckerei.
So wurde einmal sein musikalischer Kanarienvogel gegen einen Spatz ausgetauscht, die heißgeliebte silberne Schnupftabakdose für einige Tage »in Verwahr« genommen oder mit einem Tintenstift das Wort »Tünn« auf die Tischplatten geschrieben. Sobald Bier oder Wasser damit in Berührung kamen, verlief die Farbe natürlich auf den blankgescheuerten Tischplatten in langen violetten Streifen.

> Bei unsem Toni setzen hück
> En ganze Hähd fidele Lück –
> Se wellen üvverläge,
> Wat Köllen zo erwahde hätt
> An den drei dollen Däge

heißt es in einem Lied. Er wurde auch öffentlich gelobt:

> Nä, unse Tünn dä gode
> Sorg, dat mer han Genoß.
> Denn Fleisch, Gemös un Brohde
> Gitt hä em Üvverfluß!

Kleinlich war der Tünn nie. Für wenig Geld gab es gute Qualität – und Quantität. Da Anton Scheben selbst mit anpackte, ließen sich die Personalkosten auf ein Minimum reduzieren. Eines Sonntagsmorgens stand Anton Scheben in der Küche, um einige Brötchen zu belegen, als ein Bekannter hereintrat, dem er in der vorangegangenen Nacht den Einlaß verwehrt hatte, weil es Zeit war, »en et Bett zo gon«. Dieser wollte auf seine Art Rache nehmen: er überreichte dem Tünn ein Veilchensträußchen, entschuldigte sich für den Krach, den er angefangen hatte, und setzte sich so an einen Tisch, daß er freien Ausblick durch das Fenster auf die Breite Straße hatte. Tünn brachte dem Gast das bestellte Bier. Dieser nahm einen tiefen Schluck und rief plötzlich, indem er auf die Straße zeigte: »Do geiht och dä Pitter!« Dabei machte er eine so heftige Bewegung, daß das Bier im Glas überschwappte und sich über Antons reines Faltenhemd und seine weiße Weste ergoß.
Als Tünn sich umgekleidet hatte, wollte der Gast auf ähnliche Art das Spielchen wiederholen. Doch da hatte er nicht mit dem Tünn gerechnet: der war auf der Hut, fing das Glas auf und goß dem Übeltäter das kalte Bier über den Kopf. Hinter der Gastwirtschaft befand sich – in der damaligen Zeit üblich, heute leider nur noch selten – ein kleiner »Biergarten«, im Sommer beliebter Platz für die Gäste. Von dort aus wurde auch die Gasversorgung bedient. Wurde in den Gashahn geblasen, gingen im ganzen Haus die Flammen aus, was den Gästen draußen zwar gefiel, dem Tünn und seinen Besuchern, die drinnen saßen, aber ganz und gar nicht behagte.

Mitten in diesem Garten standen einige hohe Bäume, die eines Tages als Kletterstangen für die Zappjungen ausersehen wurden. So setzten einige Grielächer einen Preis für denjenigen aus, der als erster eine Baumkrone erreiche. Nach dem Startkommando überschlugen sich die Jungen, um »ihren« Baumwipfel zu erklettern. Als die ersten ihr Ziel fast erreicht hatten, begannen sämtliche Gäste auf die Tische zu klopfen und nach Bier zu rufen. Als endlich Tünn herankam, sah er zu seinem Entsetzen, daß alle seine Zappjungen in den Bäumen hingen. Er holte sie sehr schnell wieder auf die Erde zurück. Ein Gast erinnerte sich:

> Wann esu müngchesmoß – beim Tünn em Bräues mer soß,
> Och, wat gov dat am Stammdech off Krätz?!
> Nä, wat woht do gekallt – un wat woht do verzallt,
> Bei dä Wetze, do laachten et Hätz.
> Su mänch löstige Tön – heckte uus mer do schön;
> Ävver Koddigkeit dä Tünn niemols kannt.
> Jederein ävver hatt – för de Ärme der Stadt
> Allzick jo en offene Hand!

Es gab einige Stammtische in Tünns Lokal. Bekannt war sein »Juristen-Stammtisch«, dem u. a. der Justizrat Karl Trimborn und die Rechtsanwälte Jac. Berndorff und Al. Niessen, mit denen der Tünn das Gymnasium bis zur Quinta besucht hatte, angehörten.

> Off dann wood och gekaat – un e Spillche gemaht,
> »Sibbeschröm« wood gespillt un »getupp«!
> Kloppten einer ens zwei – un dä andere drei,
> Och, dann wackelte der Desch off em Rupp!

Dies war in den neunziger Jahren, als das kölsche Bier sich langsam wieder durchsetzte, nachdem es eine Zeit so ausgesehen hatte, als würde es verdrängt. Im »Klagelied des Kölnischen Bieres« von Heinrich Klein aus dem Jahre 1876 erfahren wir darüber einiges:

> Ich ben futtü, un dat es schad.
> Dohin es all mieh Glöck,
> De Weet han selvs mich schlääch gemaat,
> Denk nor an söns zoröck!
> An Zweipann, Henn un Oertche,
> An Kranz un och em Baat.
> Wat sooß Üch do e Zöötche,
> Morjü, dat hat en Aat.
> Un en dem Grönewald
> Do drunk mich Jung un Alt.

»Et geiht nix üvver e got Glas Wieß un e Röggelche met Kies!« Als »Gruß aus Köln« wurde die Gaststätte »Zur Zweipann« um die Jahrhundertwende weit über Köln hinaus bekannt. Der Hinweis »gegründet 1134« ist allerdings in die Kategorie »mer kann et jo ens versööke!« einzuordnen.

Wenn die Biergespanne im Straßenbild auftauchten, blieben die Menschen stehen, um die feurigen Hengste und die gewichtigen Bierkutscher zu bestaunen

>   Em Schwan, em Bollig ganz apaat,
>   Wat kräg mer do vör Wieß.
>   Un Stecken-Alt, en wahre Staat
>   Kräg mer em Stand un – Schnei.

Und dann folgt eine »Kölsche Wirtschaftsgeographie«, in der Heinrich Klein alle Wirtschaften beschreibt, die Rang und Namen hatten: De Krun, Em hölze Stäg, Op Rom, Em Rubens, Em Bäumche, Em Has, Em Tempelhof, En de Maieluß, E de leddere Bruß, Em schmutzige Kiddel, Em Jonas, Em Zukkerpuckel, Em Heetzchen, Em lange Gang, Em Scheffge, Em Zintpitter, Em Engel, Em rude Löw, Em Balchem, En dr Täsch, Et Holz, De Heymonskinder, Dat Höttchen, Em junge Raav, En de Röb, Schloß Bensberg, Der große Baum, Et Bäumche, Die Kommänd, Em Schwatzwald, Em Salzrümpche, Em halven Mond, Em Ohß. Und Heinrich Klein beklagt:

>   De Zick, die es futtü,
>   Dat dun se jetz nit mieh.
>   Un wann se't däte, zackerblö,
>   Dat's secher un gewess:
>   Dann wöhte se su deck als wie –
>   Dä »decke Tommes« eß!

Münchener und Dortmunder Bier hatte in Köln das Wieß und das Stecken-Alt verdrängt. Doch als immer mehr Haus-Brauereien schließen mußten, hatte der Stadtrat ein Einsehen. Er schaffte Steuererleichterungen für das in Köln gebraute Bier, und schon bald gab es wieder das Wieß. Eine Werbung für das Kölner Bier aus dem Jahre 1883:

> Se künne mer de Naachen däue
> Met all dem fremde Biergemölsch:
> Dat beste Bier wat se noch bräue,
> Dat eß un bliev mieh Wieß, mie Kölsch!
> Denn häß üvver Dag do gehörig geschaff,
> Wat gitt et dann besseres op Ähde,
> Als: schött e paar Stängelcher Wieß ens erav,
> Do kanns Do dann alt noch bei wähde!

So beliebt Schäbens-Tünn als Gastwirt war, so angesehen war er im Freundeskreis. Bereits kurz nach der Übernahme der Gaststätte erweckte Anton Scheben Aufsehen, als er im Jahre 1869 den Anstoß zur Rettung der Kirche des Prämonstratenserklosters in Knechtsteden gab. Werfen wir einen Blick zurück, um zu verstehen, daß das Engagement dieses Mannes nicht vom Geschäftssinn geleitet war, sondern vielmehr einer tiefen Frömmigkeit entsprang.
Als Achtjähriger lernte Anton Scheben den damaligen Kaplan an der Minoriten-Kirche, den späteren Gesellen-Vater Adolf Kolping, kennen. In unmittelbarer Nachbarschaft dieses berühmt gewordenen Priesters betrieb Tünns Vater das Brauhaus. An Minoriten war Anton Scheben lange Jahre oft Helfer in der Not. Fehlte ein Meßdiener, versah er den Dienst am Altar; galt es, ein Opfer zu bringen, war Tünn stets dazu bereit.
Im Juni 1869 vernahm Anton Scheben die schreckliche Kunde, daß ein verheerender Brand die Abtei Knechtsteden verwüstet habe, jene Abtei, die sein Onkel Winand Kayser im Jahre 1810 zusammen mit Freunden von der Domänenverwaltung erworben hatte. In mühevoller Kleinarbeit hatte Winand Kayser, der letzte Kanonikus von Knechtsteden, die Abtei wieder aufgebaut. Nach seinem Tode im Jahre 1842 wechselte die Abtei mehrfach den Besitzer, ehe sie im Jahre 1867 von der Kölner Armenverwaltung für 200 000 Taler gekauft wurde. Nach einem Plan aus dem Jahre 1869 wollte die Kölner Armenverwaltung Knechtsteden zu einem »Asyl für Irre« umbauen. Dazu kam es aber nicht, weil die Flammen wenig später die Abtei vernichteten. Bis heute ist ungeklärt, wie es zu diesem Brand kam. Böse Zungen behaupteten damals, die Bauern der umliegenden Ortschaften hätten das Feuer gelegt, um den Einzug der Kranken zu verhindern und eine Verlängerung der Pachten zu erreichen. Denn die Kölner Armenverwaltung hatte sämtliche Verträge gekündigt, da die Anstalt selbst Landwirtschaft betreiben wollte.

Als die Kunde von dem Brand nach Köln kam, eilte Anton Scheben nach Knechtsteden, um zu retten, was noch zu retten war. Dabei wurde er von den erbosten Bauern tätlich angegriffen. Ein unbekannter Maler hat diese Begebenheit in einem inzwischen verschollenen Ölgemälde festgehalten, das zeitweise in der »Zweipann« hing. Nachdem der Brand gelöscht war, stand die Abteikirche zwei Jahre ohne Schutz und ohne Dach. Um sie vor dem totalen Verfall zu retten, wandte sich Anton Scheben – unterstützt von seinen Kölner Freunden – noch während des Krieges 1870 an Wilhelm I. und bat diesen um einen Zuschuß, damit wenigstens das Dach der Kirche wiederhergestellt werden konnte. Am 11. Februar 1871 bewilligte der Kaiser aus dem Hauptquartier zu Versailles einen Betrag von 5000 Talern. Entsprechende Gesuche an die Stadt Köln waren weniger erfolgreich. Einem Ratsprotokoll ist zu entnehmen, daß Rat und Verwaltung der Stadt wegen fehlender Legitimation der Antragsteller eine Spende ablehnten und auch einen Zuschuß verweigerten. Dieser Beschluß trug mit dazu bei, daß Anton Scheben wenig später einen »Bau- und Reparatur-Verein für das Kloster Knechtsteden« ins Leben rief. Öffentliche Unterstützung und Förderung erhielt Anton Scheben vom früheren Landrat Freiherr von Heinsberg, der in Neuss für den Erhalt des Klosters eintrat.

Anton Scheben (rechts) wird von den Bauern daran gehindert, seine Feuerpatsche beim Brand des Klosters Knechtsteden einzusetzen. Das Original dieses Bildes hing beim »Schäbens-Tünn« in der Gaststube. Wo mag es geblieben sein?

Im Jahre 1895 vereinigten sich der Kölner und der Neusser Bau- und Reparatur-Verein zum »Verein für das Missionshaus Knechtsteden«. Neben vielen bekannten Persönlichkeiten aus allen Bereichen des öffentlichen Lebens gehörte auch Anton Scheben dem Vorstand dieses Vereins an. Nach Anton Schebens Tod – er starb am 6. Juli 1903 nach kurzer Krankheit – würdigte der Vorstand des Vereins seine Verdienste durch die bereits geschilderte Aufstellung der Antonius-Statue. Der »Kölner Stadt-Anzeiger« widmete dem Verstorbenen einen längeren Nachruf: »Mit dem Rentner Anton Scheben, der sich einer großen Volkstümlichkeit und verdienter Wertschätzung erfreute, ist einer jener Mitbürger gestern nachmittag unter großer Beteiligung zur letzten Ruhe bestattet worden, wie man sie selten findet. Er war ein biederer Kölner von echter Art, von edlem Charakter, voller Lebenslust und gutem, oft derbem Humor. Als früherer langjähriger Besitzer der Brauerei ›Zur Zweipann‹ in der Breite Straße hat er sich die Zuneigung aller erworben, die mit ihm in Berührung traten.«
Nach einer Schilderung der Aktivitäten des Verstorbenen heißt es im »Kölner Stadt-Anzeiger« weiter: »In dem Trauerzuge bemerkte man den Vorstand und zahlreiche Vertreter des Vereins für das Missionshaus Knechtsteden, den Vorstand und viele Mitglieder des Liederkranzes mit der umflorten Vereinsfahne, eine große Zahl angesehener Mitbürger, die Kölner Wirte-Innung und zahlreiche Vertreter der verschiedenen Berufsstände. Auf dem Friedhof zu Melaten wurde der mit kostbaren Kränzen bedeckte Sarg in die Gruft gesenkt, während der Kölner Liederkranz dem Heimgegangenen weihevoll den Abschiedsgruß sang.« Anton Scheben, der unverheiratet mit seiner ebenfalls ledig gebliebenen Schwester zusammenlebte, hinterließ bei seinem Tod ein nicht unbeträchtliches Vermögen.

Läsche Nas

Andreas Leonard Lersch
geboren am 8. Januar 1840 in Köln, Weyerstraße 77
verheiratet in erster Ehe mit Katharina geb. Kraten
und in zweiter Ehe mit Sybille geb. Lehmacher
gestorben am 3. Mai 1887 in Köln-Ehrenfeld, Nußbaumerstraße 82
Metzger, Schauspieler, Geheimer, Bezirksabdecker,
städtischer Hundefänger und Scharfrichter

»Un der Läsche Nas ehr Nas weed naß . . .« erinnert Karl Berbuer in seinem »Fastelovend em Himmel«–Lied an Leonard Lersch, dessen Nase auch dann noch im Regen stand, wenn ein Schirm alles andere behütet hatte. Mit anderen Worten: eine überdimensionale Nase war das auffälligste Merkmal jenes Mannes, der ein zwar kurzes, dafür aber um so bewegteres Leben führte. Nun sind Männer mit einem auffallenden Riechorgan bis in die heutige Zeit recht häufig anzutreffen. Trotzdem: Nase ist noch längst nicht Nase. An jeder Nase, so heißt es, sei auch ihre Herkunft abzulesen. Was letztlich ausschlaggebend dafür war, daß ein wahres Wettrennen um neue und aktuelle Nasen-Bezeichnungen irgendwann einmal begann. Hat der eine »en Gurk«, trägt der andere »en Zwibbel«. »Ene Stoppe«, »en Nöll«, »Granat«, »Katömmelche«, »Piefekopp«, »Lühkolve«, »Schlittschohn«, »Knöllche«, »Zinke«, »Kollemooß«, »Wasserspeier«, »Föörschwamm«, »Glöhleech«, »Rähnnas«, »Fixstähn«, »Geeßkann«, »Karfunkel« sind weitere Bezeichnungen. Die Nase sei die Hauptsache auf der Welt, meint einer sogar:

> Et schönste, wat der Givvel zeet vun Jedem, Frau off Mann,
> Dat och vör allem huhgefeet, mer räuhig sage kann –
> Dat eß die Nas, dä kleinen Dotz, grad medden em Geseech:
> Bahl eß se klein un bahl 'ne Klotz, gar schwer dann vun Geweech
> Jo die Nas, die eß doch de Haupsaach op de Welt:
> Größres gitt et gar nit mieh ungerm Himmelszelt.
> Jo, die Nas spillt üverall en Roll:
> Eß zo doll, eß zo doll, eß zo doll.

Verweisen wir auf »Professor« Peter Wahlen, der abendfüllende Vorträge über »Ömmelches – und Katömmelches –, kroschige und karoschige Nasen« und deren Träger zu halten pflegte. Oder denken wir an die »Schabausnas« des Tünnes, die es auch schon wieder in mehreren Varianten gibt:

Eß se rut nor, eß et de letzte Ordensklass.
Ävver bloo wie Vitriul, met get Waaze dröm gefaß,
Eß de zweite Klass – doch de hühtste eß en Knoll:
Eß zo doll, eß zo doll, eß zo doll . . .

Und noch eine »Nasen«-Weisheit:

Die Nase – anatomisch, ist sie nicht etwas komisch
Als Erker vorgebaut – aus Knorpel nur und Haut?
Die Firn ist meistens rassig, doch selten ist sie klassisch.
Mit römischem Profil – wie Cäsar und Vergil.
Doch die Nasen – alle sind vergänglich,
Ob sie dick, ob dünn, ob kurz, ob länglich.
Letzten End's verfallen sie dem Witz:
Man sieht dies an der Adlernase schon vom Alten Fritz!

Als Riecher tut sie nützen, doch stört sie sehr beim Bützen.
Küßt Du ein Mägdelein, gib acht auf's Nasenbein.
Die Hängenas der Gören, kann Dir die Eßlust stören.
Die Tünnesnas, ein kölsch Gemisch, die ist ein Fall für sich!
Auch botanisch spielt sie eine Rolle,
Wenn sie ausgewachsen ist zur Knolle.
Gurke, Rübe, Zwiebel, Sellerie
Gehören zu der selben Schöne-Nasen-Galerie!

Der sogenannte Zinken ist produktives Trinken.
Drum macht der Alkohol die Nase zum Idol.
Strahlt sie in rotem Scheine, dann kommt dies nur vom Weine.
Und wenn sich färbt die Nase blau, ist's meistens vom Schabau.
Trinkernase wird dem Mann zur Plage,
Zeigt er sich am hellen Tage.
Dann macht's unserer Jugend hellen Spaß
Zu rufen aus dem Hinterhalt: »Wat hät dä Kääl en Nas!«

Und jeder Träger einer auffallend großen Nase sieht sich Zeit seines Lebens dem – allerdings harmlosen – Spott seiner Mitmenschen ausgesetzt:

Ov üvverall, et eß egal, die Nas eß met derbei.
Ahn jedem Platz, wo't sinn nor mag, eß sei met en de Reih.
Ne junge Mann e Mädche bütz un denk, hä eß allein,
Do hät die Nas nit opgepaß, se stüssen ahn enein.
Un em Weetshuus, eh mer noch selvs ens hät geschleck,
Eß de Nas schon gekroffen en et Glas met vill Gescheck.
Un met Schuum öm de Muul kütt se endlich druus ganz voll –
Eß zo doll, eß zo doll, eß zo doll . . .

In Köln gab es – bis in die heutige Zeit – nie Mangel an berühmten Nasenträgern. Erinnern wir uns an den Erbauer des ersten Museums, Joseph Felten. Seinem Namen fügte man einfach sein auffallendes Merkmal hinzu: sprach man im Köln des vorigen Jahrhunderts von der »Feltens-Nas«, wußte jeder, wer damit gemeint war. Felten folgten die Schäfers-Nas, die Schäfers-Knoll, die Löhrs-Nas u.v.m. Mit der Zeit werden solche Namenszusätze zum Namensbestandteil. Daß man sich dies auch amtlich bestätigen lassen kann, hat ein Mann gezeigt, der zwar keine »Nas«, wohl aber ein Näschen für Gags hat: Kölns »Altmeister der Bütt«, Karl Schmitz-Grön.
Als er vor mehr als 50 Jahren zum ersten Mal die närrischen Bretter betrat, hatte er nicht nur gegen Lampenfieber, sondern auch gegen den Namen seines sehr aktiv im Karneval tätigen Vaters anzukämpfen. Die Lösung des Namen-Problems erfolgte unerwartet schnell durch den »Volksmund«. Denn Vater Schmitz wurde – seiner gelblichen Hautfarbe wegen – bald nur noch der »Schmitze-Gäl« genannt. Dem Sohn gab man – seines jungen Alters wegen – den Namen »Schmitze-Grön«. Und so blieb es bis heute. Aus Karl Schmitz wurde, amtlicherseits genehmigt, Karl Schmitz-Grön. Nun ist es ja gerade bei der Vielzahl von Trägern des Namens »Schmitz« in Köln recht schwierig zu wissen, welcher Schmitz gerade gemeint ist. Überliefert ist, daß Marcus DuMont seinen Freunden eine Wette anbot, derzufolge jeder, dem er auf der Hohe Straße eine Frage stelle, ihm eine gleichlautende Antwort geben werde. Die Wette galt. Und DuMont gewann. Denn auf die Frage: »Saht, hat Ehr schon gehoot, dä Schmitz eß gestorve!?« erfolgte postwendend die Gegenfrage: »Welche Schmitz?«
Neben den rund 3000 »Schmitze«, die heute im Kölner Telefonbuch verzeichnet sind, bereiten aber auch die 3700 »Müllers« Probleme bei der Frage »Who is who?«
Wäre es nach seinem Vater Johann Wilhelm Lersch gegangen, hätte Leonard nach einer mit Erfolg abgeschlossenen Metzgerlehre sicherlich dieses Handwerk weiter ausgeübt. Doch Leonard hatte anderes im Sinn. Er hatte sein Herz fürs Theater entdeckt; die edle, dramatische Kunst hatte ihn so gefesselt, daß er es vorzog, sich den fahrenden Theatern, die an vielen Stellen in der Stadt gastierten, anzuschließen, um hier Karriere als Schauspieler zu machen.
Als am 2. Juli 1859 das Theater in der Komödienstraße abbrannte, kamen auch die fahrenden Theatertruppen wieder, die – solange das Haus in der Komödienstraße unter der Direktion von Friedrich Spielberger (1840–1846) in hoher Blüte stand – keine Chance in Köln hatten, weil ihre Vorstellungen doch zumeist von minderer Qualität waren. Leonard sah seine Chance gekommen! Seine Karriere ließ sich auch sehr hoffnungsvoll an: die Theater-Direktion hatte schnell begriffen, daß mit diesem jungen Mann und seinem außergewöhnlich großen »Gesichtserker« Leben in die mitunter doch eintönige Theaterlandschaft zu bringen war. Und wo Leben ist, da bleibt auch das Geld nicht aus. Doch Leonards Theater-Karriere sollte beendet sein, ehe sein

Stern zu leuchten begann. Dies hatte seinen Grund: Hatte doch ein Theaterkritiker die Frechheit besessen, im »Kölner Tageblatt« einen zwar kurzen, aber bedeutungsvollen Satz in seiner Rezension zu veröffentlichen, nämlich ». . . daß der ragenden Nase des Herrn Lersch eine gewisse Rassigkeit nicht abgesprochen werden kann . . .«

Das war denn nun doch zu viel. Die Einberufung zum Militär machte ohnehin alle Überlegungen des Schauspieltalentes über die Fortsetzung seiner Theaterkarriere überflüssig. Jahre später machte Leonard den Deutsch-Französischen Krieg mit, um dann, aus dem ruhmreichen Feldzug 1870/71 zurückkommend, in Köln eine neue Karriere zu beginnen. Seine Bewerbung bei der Polizei wurde angesichts seiner militärischen Vorbildung und Erfahrung schnell angenommen. Der Einsatz als »Geheimer« sollte sich jedoch schon bald als Schlag ins Wasser erweisen.

Zwar mangelte es Leonard Lersch nicht an Fleiß und Eifer und auch sein kriminalistischer »Riecher« war hochentwickelt. Doch auch Kölns Ganoven blieb es nicht verborgen, woran »die Nas« – selbst in den tollsten Verkleidungen – zu identifizieren war.

So konnte der »Geheime« nicht sehr lange geheim bleiben, zumal Leonard das seine dazu beitrug, überall bekannt zu werden. Wegen »akuten Gefahren« hatte er sich zwei riesige Hunde zugelegt, die ihn bei seinen »geheimen«

Missionen begleiteten. Doch damit nicht genug: als er seinen Dienst nach einiger Zeit quittieren mußte, reichte der wacklige Tisch in der armseligen Wachstube kaum aus, seine abgelieferten »Dienststücke« aufzunehmen: zwei sechsläufige Revolver, Dolchmesser, Schlagring, Bleistock und Gummischlauch förderte er unter erstaunten Blicken der Umstehenden zutage.
War ihm bei der Polizei sein radikales Vorgehen zum Verhängnis geworden, so verhalf ihm sein »Ruf« an anderer Stelle zum Glück: auf dem Bahnhof Deutzerfeld fand er eine Anstellung als Wächter. Diese Tätigkeit scheint ihm jedoch nicht sehr behagt zu haben, denn bereits 1875 taucht er in den Lohnlisten der Stadt Köln auf: als Bezirksabdecker. Auf dem Gebiet der Abdeckerei lag in Köln vieles im Argen. Tierkadaver wurden – in Ermangelung eines geeigneten Gebäudes – zumeist auf den Rheinwiesen vergraben. Doch wenn dann das Hochwasser kam, legte das weggeschwemmte Erdreich die Knochen und Gebeine der Tiere wieder frei.
Leonard, kräftig gewachsen und stark wie ein Bär, nahm seine neue Aufgabe sehr ernst. Dank seiner Körperkräfte war er in der Lage, tiefere Löcher als seine Vorgänger zu graben. Doch auch das gab keine Garantie und Sicherheit: irgendwann stank es doch wieder penetrant, wenn Tierkadaver – wie auch immer – mit Licht und Luft in Berührung kamen. Deshalb erteilte ihm die Stadt den Auftrag, Ausschau nach einem passenden Gebäude zu halten, um dort die städtische Abdeckerei unterzubringen. Doch Leonard Lerschs Suchen blieb ohne Erfolg. So mußte er nach jahrelangem Bemühen in einem Schreiben bekennen: »Eurem hochw. Oberbürgermeisteramte bringe ich ganz gehorsamst hiermit zur Kenntnis, daß ich hieran noch stets mir die größte Mühe gegeben habe, ein passendes Local in der Nähe der Stadt, wo die ganze Abdeckerei untergebracht werden können, zu ermitteln, jedoch war selbiges bis jetzt erfolglos, deshalb ist die Zurückreichung des betr. Schriftstückes in die Länge gekommen.«
Das war Leonard Lerschs Antwort auf die schriftliche Aufforderung durch die Stadt, doch endlich den längst überfälligen Bericht über den Stand seiner Bemühungen einzureichen. Weitaus erfolgreicher war Leonard Lersch jedoch in einer anderen Tätigkeit, die er anfangs nebenher, später aber hauptsächlich ausübte und deretwegen er zum stadtbekannten Original wurde: Als städtischer Hundefänger war er gefürchtet und gehaßt bei den einen, gern gesehen und willkommen bei den anderen und beliebt, wenngleich verspottet, bei der Jugend und den Kindern.
Die Einstellung zum Hund ist seit jeher ein Reizthema. Kaum taucht zu irgendeinem Zeitpunkt in den Leserbriefspalten der Kölner Zeitungen eine Beschwerde über Hunde und deren Halter auf, dann können sich die Redaktionen vor Diskussionsbeiträgen kaum noch retten. Dabei haben Befürworter und Gegner der Hundehaltung in der Stadt gewichtige Argumente. Und nicht selten erreichen die Diskussionen ein Ausmaß, das das gewiß nicht uninteressante politische Geschehen zumindest für Tage in den Schatten stellt.
Probleme ganz anderer Art kamen im Köln der siebziger Jahre des vorigen

Jahrhunderts auf: die Frage der »Hundetoilette« war angesichts der in die Hunderte gehenden, teilweise streunenden, zerzausten, ausgemergelten und Krankheiten verbreitenden Tiere kein Thema. Vielmehr wollte die Stadt der Hundeplage Herr werden; in erster Linie aus hygienischen Erwägungen und zur Verminderung der Tollwutgefahr. Zur Eindämmung der Hundehaltung wurde bereits um 1830 der Versuch unternommen, eine Hundesteuer einzuführen. Doch das scheiterte an sozialen Erwägungen, denn die städtische Armenverwaltung – der die Steuer zugute kommen sollte – lehnte sie wegen der damit verbundenen vielen Schwierigkeiten ab.
Als die Stadtverwaltung 1846 einen neuen Vorstoß wagte, verweigerte die Stadtverordneten-Versammlung die Einführung nach langen und heftigen Debatten als »eine ganz gehässige Steuer, die die Kontrolle der Häuslichkeit erfordert und das Heiligtum der Familie verletzt«. »Die Hundesteuer«, so weiter in der Begründung, »ist auch keine Luxussteuer: im Gegenteil entzieht sie den Armen den Freund und Beschützer!«
In der Stadtverordneten-Versammlung vom 20. Juli 1863 fand sich dann doch eine Mehrheit für die – seit 1829 durch Kabinettsorder den Gemeinden überlassene – Gemeindehundesteuereinführung in Form einer Polizei-Verordnung, derzufolge der Polizeipräsident in Verbindung mit dem Oberbürgermeister die Steuer einführen bzw. erlassen konnte. Jeder Hund – so sah es die Verordnung vor – mußte mit 6 Mark »versteuert« werden. Von dieser Regelung ausgenommen waren lediglich die Hunde der Metzger, Schäfer, Nagelschmiede und der gewerbsmäßig tätigen Schiebkärrner, soweit sie für gewerbliche Zwecke genutzt wurden. Kaum hatte sich eine Mehrheit gefunden und die Verordnung in Kraft gesetzt, kam es zum Aufstand der Hundebesitzer.
So meldeten sich zunächst Bürger vom Eigelstein, die in einer gemeinsamen Eingabe an die »hochwohllöbliche Stadtverordneten-Versammlung« darauf hinwiesen, daß man in ihrer Gegend den Hund schließlich nicht zum Vergnügen halte, sondern – in Ermangelung einer ausreichenden Straßenbeleuchtung und einer nicht vorhandenen Sicherheit vor »nächtlich herumstreunendem Gesindel« – zur Sicherheit für Eigentum, Leib und Leben. »Entweder«, so die erste in Köln bekannte Bürgerinitiative, »man schafft Sicherheit um die Eigelsteintorburg, oder aber erläßt den Bürgern dort die Hundesteuer«, lautete die schließlich auch angenommene Forderung.
Doch damit war wieder neuer Zündstoff geschaffen. Die Wallmänner, im Dienste des preußischen Staates stehende Wachleute, die mit ihren Hunden innerhalb der im Eigentum des preußischen Staates stehenden Stadtmauer für Sicherheit und Ordnung sorgten, ereiferten sich, daß sie »zur Erfüllung ihrer dienstlichen Pflichten« auf den Hund angewiesen seien. Auch dies wurde nach einigem Hin und Her akzeptiert und Steuerbefreiung gewährt. Das jedoch brachte wieder einige Zahlungspflichtige auf die Palme, die opponierten, daß ». . . die Wallmänner doch nichts anderes mit ihren Hunden im Sinn haben, als die zum Bleichen in den Wallgräben ausgelegte Wäsche

ihrer Frauen zu bewachen ...« Die Kölner Nicht-Hundebesitzer hatten ihren Spaß – erst recht, als im Rosenmontagszug ein »Hundesteuer-Bureau« mitgeführt wurde.

Die Hunde jedoch ließen sich durch das Palaver nicht stören. Sie streiften weiterhin durch Kölns Straßen und erfreuten sich eines zwar kargen, aber dennoch relativ sicheren Lebens. Das sollte sich allerdings einige Jahre später ändern, als Leonard Lersch feststellte, daß er mit der Bezirks-Abdeckerei längst nicht ausgelastet war. Doch anstatt seine vom vielen Graben schwielig gewordenen Hände in den Schoß zu legen, fand er eine »Marktlücke«. Seinem Gesuch, die »Hundefängerei« im Stadtgebiet ausüben zu dürfen, um den »Verordnungen der Hochwohllöblichen Polizeidirektion und dem Oberbürgermeisteramte« auch das notwendige Gehör – und vor allem den gebührenden Respekt – zu verschaffen, wurde entsprochen. Und so finden wir Leonard Lersch eines Tages im Jahre 1878, ausgestattet mit einem an einer langen Stange befestigten Netz, angetreten, sein neues Amt auszuüben.

Um es vorweg zu sagen: mit großem Erfolg, denn ausweislich der stadtkölnischen Bücher stieg das Hundesteueraufkommen innerhalb kurzer Zeit um mehr als das Doppelte. Konnte der städtische Kämmerer bis zum Jahre 1877 noch gleichbleibend zwischen 10 000 und 12 000 Mark pro Jahr verbuchen, so stieg die vereinnahmte Summe im Jahre 1879 auf stolze 24 237 Mark. Und auch Leonard besserte sein karges städtisches Gehalt beträchtlich auf.

Leonards Fangtechnik unterschied sich in mancherlei Dingen von den bis dato ausgeübten Praktiken. Er schlich sich von hinten an die Hunde heran, lief – wenn sie aufmerksam geworden waren und davonrannten – hinterher. Für die armen Kreaturen gab es in der Regel kein Entrinnen. Ein Käfig war ihre vorerst letzte Station irdischen Daseins.

Hatte Leonard sein Tagewerk vollendet, so zog er mit seiner Karre zur Aachener Straße, wo er die Hunde in einem Schuppen unterbrachte. Doch seine »Nebenbeschäftigung« – er produzierte aus dem eingeschmolzenen Fett der Hunde ein Heilmittel gegen Schwindsucht – mußte er schon bald zur Nußbaumerstraße nach Ehrenfeld verlagern, weil die Besucher des Melaten-Friedhofes und erst recht die Trauernden in den aus der Stadt kommenden Leichenzügen sich über den bestialischen Gestank, der beim Verbrennen der Hunde entstand, fürchterlich aufregten. Im Hause Nußbaumerstraße 82 hatte Leonard mehr Glück. Sein »Diätisches Mineralwarengeschäft und Kurheilanstalt« wurde zur oft aufgesuchten »Apotheke« für alle, die an Schwindsucht litten.

Der Erfolg, das sei vorweggenommen, gab Leonard recht, zumindest, was die finanziellen Dinge angeht: immerhin konnte er es sich erlauben, im Jahre 1882 mit Sybille Lehmacher eine zweite Ehe einzugehen, nachdem ihm seine Frau Katharina, die ihm drei Kinder geschenkt hatte, davongelaufen war. Bewertet man den Heilerfolg seines »Wundermittels«, muß sich der gute Leonard jedoch an sich selbst messen lassen: Als er 1887 – als 47jähriger – diese Welt verlassen mußte, war dies die Folge einer langwierigen Abmagerungs-

Sobald sich die Läsche Nas im Straßenbild blicken ließ, gab es einen großen Menschenauflauf. Die Fangmethoden des städtischen Hundefängers waren sehr umstritten

krankheit, also der Schwindsucht. Doch blenden wir noch einmal zurück und halten fest, daß sich städtische Interessen mit den privaten Interessen des Leonard Lersch harmonisch zum Wohle beider Seiten ergänzten. Die gesteigerten Aktivitäten des städtischen Hundefängers, nicht zuletzt aber auch die bei der Verrichtung der Arbeit angewendeten Methoden sprachen sich natürlich schnell herum. Und so blieb es nicht aus, daß es regelrechte Aufläufe gab, wenn »de Nas« mit seiner Hundekarre erschien. Hatte er sich zunächst einen Gehilfen an Land gezogen, erschien er später mit zwei Schutzleuten, deren Anwesenheit sicherstellte, daß er seinen Pflichten auch nachkommen konnte. Was die Pänz jedoch nicht daran hinderte, ihm weiterhin die Ausübung seines Amtes zu erschweren: sie verscheuchten die herumstreunenden Hunde. Unter denen befanden sich so gewitzte Tiere, die mit der Zeit am Geräusch des heranrollenden Wagens erkannten, daß es wieder einmal Zeit war, das Weite zu suchen.
Mehr und mehr geriet Leonard Lersch wegen seiner Fangmethoden mit Kölner Bürgern aneinander. Denn nicht selten »verfing« sich in seinem Netz ein Hund, dessen Herrchen ihm gerade einen kurzen Auslauf gegönnt hatte. Ob gut gepflegt, ob groß ob klein – Leonards Netz senkte sich über alles, was sich bewegte und vier Beine hatte. Hatte der Hundebesitzer Glück, konnte er seinen Hund gegen Zahlung eines Trinkgeldes oder gegen Entrichtung der Steuer bei der Nas auslösen. Mitunter mußte aber auch »sanfter« Druck aus-

geübt werden, um den Hund aus dem Wagen des »Unholdes« zu befreien. Und so mancher Protestbrief fand den Weg ins Kölner Rathaus.
Großen Ärger hatte Leonard Lersch aber auch mit den Bauern, die vom Land jeden Morgen in die Stadt kamen, um hier ihre Erzeugnisse feilzubieten. Seitdem das Fleuten-Arnöldchen in der Lindenburg weilte und vergangenen Zeiten nachtrauerte, seitdem der Maler Bock gestorben war, mußten insbesondere die Bäuerinnen auf dem Alter Markt einige liebgewordene Sitten und Gebräuche aufgeben. Leonard Lersch trat allerdings auf eine unrühmliche Art und Weise die Nachfolge der schon fast legendären Figuren an. Viele Bauern, die von weither in die Stadt kamen, ließen ihre Wagen von einem Karrenhund ziehen – wer konnte sich schon ein Pferd leisten? Waren sie – oft nach mehrstündigem Marsch – endlich in Köln eingetroffen, gönnten sie dem Hund natürlich seinen Auslauf. Das Tier würde schon zur rechten Zeit wiederkommen. Wie es einem solchen »Kaarehungk« zumute war, hat ein unbekannt gebliebener Dichter in einem »Klageleed vun nem Kaarenhungk« geschildert, das hier auszugsweise wiedergegeben wird:

> Ich ben 'nen ärmen Kaarenhungk,
> Nie kütt get Fleisch en minge Mungk,
> En Kält un Rähn un Hetze
> Muß trekken dat de Schwaat mer krach,
> Sin dat kein fuule Wetze?

> Des Morgens früh em halver Veer
> Dann kütt dä Boor, datt Dusseldier.
> Met Brudzupp en dem Döppe,
> »No freß jetz flöck, do fuhlen Möpp.
> Muß hück noch mächtig höppe!«

> Oh Jömmich! klopp mer dann mieh Hätz,
> Hängk hä de Kaar mer ahn de Stätz.
> Dren sin aach große Kanne
> Voll selvs gemahter Booremilch,
> No geiht et flöck vun danne!

> Ich setze mich och en Karrier
> Un op de Kaar springk minge Här.
> No muß ich och noch trecke
> Dat vollgefresse Boore-Brud!
> Eß dat dann nit zom Frecke?

Endlich am Ziel in Köln angelangt, raubte die Läsche Nas manchem »Kaarehungk« seine wohlverdienten Freistunden oder zog ihn ganz aus dem Verkehr. Kein Wunder, daß die Bauern oftmals zur Selbsthilfe griffen und die

»Nas« bedrohten, verprügelten oder davonjagten. Das Volk jubelte, denn die Bauern waren gern gesehen. Sorgten sie doch dafür, daß die Kölner frische Ware günstig einkaufen konnten. Aus einem zeitgenössischen Lied sei hier eine Strophe zitiert:

> Un wat brängk dä Boor nit alles en de Stadt:
> Hasen, Höhner, Duuve, Kning un Koonzalat.
> Schötzeneere, Pitterzillje, Zellerei.
> Blomeküül, Andive, Öllig, decke Milch, Mackei.
> Fleutekies un Fuustekies.
> Un wie hä dat all anpries?
> »Saht ens Häär«, so rööf de Frau, »no gelt ens jet!«
> Vleex e Rüüschen ov en Flett?
> Alles wat Ehr wellt han mer doch metgebraht!«
> Alaaf un Huh dä Aldermaat!

Leonard Lerschs Aktivitäten sollten auf ganz andere Art und Weise, zumindest vorübergehend, eingedämmt werden. Es ist kaum zu glauben, aber tatsächlich waren es ausgerechnet Tierschützer aus Braunschweig, die in einem Gesuch an die Kölner Stadtverordneten-Versammlung darum baten, die Aktivitäten des städtischen Hundefängers doch erheblich zu beschneiden. Zwar anerkannten sie die Notwendigkeit eines Hundefängers, doch störten sie die von Leonard Lersch ausgeübten Fangpraktiken, die sie aus humanitären Gründen für nicht angemessen betrachteten. Insbesondere wurde kritisiert, daß Leonard Lersch die eingefangenen Hunde in seinem Käfigwagen über mehrere Stunden gefangen hielt und das, obwohl alle Rassen vertreten waren: die Dogge neben dem Spitz, der Wolfshund neben dem Dackel, die Promenadenmischung neben dem Rassehund. Daß es dabei nicht gerade friedlich zuging, ist klar. Die kleinen Hunde hatten am meisten zu leiden.
Die Stadtverwaltung zeigte sich einsichtig: Leonard Lersch erhielt den Auftrag, einen Wagen zu konstruieren, der es erlaubte, die eingefangenen Hunde nach Rassen getrennt einzusperren. Mit Schreiben vom 13. 12. 1879, gerichtet an den »Hochwohllöblichen Bürgermeister Herrn Thewald, Hochwohlgeboren«, teilt Leonard Lersch den Erfolg seiner Bemühungen mit: »Beifolgend übersende ich Euer Hochwohlgeboren die Zeichnung der jetzt fertiggestellten Käfige zum Unterbringen der eingefangenen Hunde. Es sind vier Käfige für große und acht Käfige für kleine Hunde aufgestellt.« Die im gleichen Schreiben geltend gemachten Kosten in Höhe von 297,85 Mark wurden nach einigem Hin und Her erstattet. Dies fiel umso leichter, als die Braunschweiger Tierfreunde der Stadt eine zweckgebundene Stiftung von 360 Mark übergaben, allerdings mit einer weiteren Auflage verbunden: nicht nur der Wagen des Hundefängers mußte abgeteilte Käfige haben, sondern auch das Hundequartier in Ehrenfeld. Denn, so wurde argumentiert, was nutze es

schon, wenn die Hunde tagsüber zwar getrennt, aber am Abend doch wieder zusammen seien.

Die Läsche Nas war bald eine so stadtbekannte Persönlichkeit, daß sich auch der Karneval seiner bemächtigte:

>>Wat eß för ne Opzog do, wat sall dat bedügge«?
Frog su mänche Fremde jo, kom de Nas zo schrigge.
»Kennt Ehr nit dä Mann me'm Netz, unsen Hundefänger?
Passt ens op, jetz geiht die Hetz, op dä Rattefänger!«
Dä Hunk wor doch zo schlau,
Hä läuf su flöck grad wie 'nen Has
Un hingerher die Läsche-Nas.
Un alles laach, wat steiht dobei.
Sugar de Polizei!

Köstlich auch ein Lied, das Heinrich Keller im Jahre 1900 schrieb. Zwar war die »Nas« schon mehr als ein Jahrzehnt aus Kölns Straßen verschwunden, doch wo von Hunden die Rede war, tauchte sein Name immer wieder auf. »Hungskaresseer« nannte Heinrich Keller sein Lied, in dem ein Pudelhund von seiner »Liebschaft« zu einem Spitz berichtet: Oft wartet er stundenlang, weil der Spitz ja nicht immer kommen kann. Der Natur gemäß wird dann jede Tür »begrüßt«, überall geschnüffelt, an jeder Kiste und an jedem Korb gerochen und »eine Spur« gelegt. Kommt endlich der Spitz, überschlagen sich beide fast vor Freude. Doch das Liebesspiel kann nicht ungestört vonstatten gehen, denn auch beim »bützen« ist die Nas, obwohl unsichtbar, immer in des Pudels Gedanken:

Dä Spitz un ich gemöthlich gon spazeere,
Su baal mer uns Gesennung uusgetuusch; –
Om Wage weed dann bei däm Karesseere
Och ald ens noh der Läsche-Nas geluusch. –
Mer kennen all dä Poosch met singem Fleegegaan,
Dä keinen Hungk op Ähde ligge kann.

Beim Spaziergang wird alles »revediert«: Eimer, Aschenkisten; hier wird ein Knochen gefunden, dort wird etwas abgeleckt. Schließlich kommen die Verliebten auf den Alter Markt. Hier wird an jedem Korb der Maatwiever »e Kompliment gemaht.« »Et eß och ganz egal, wat für e Gemös eß dren: Mer halden uns Gewenden en!« Daß es dabei Ärger gibt, liegt auf der Hand. Gegenstände kommen angeflogen, die beiden verdrücken sich. Doch dann kommt es wieder knüppeldick:

Mer hatten glöcklich uns eruus gefresse
Un fottgekielt en su en Nevvestrohß;
Do kom op eimol, grad als wie besesse
En ganze Hääd vun ander Hungk gerooß.
Dat gov e Randevuh, wat sich zusammefung:
Vun alle Rasse bahl e Dotzend Hungk.
Jetz kom öm de Eck
Me 'm Scharchant de Nas gejöck,
Schnaftig schlog dä met dem Netz
En de Band, grad wie der Bletz.
Marjadeis, met einem Schwapp
Hätt dä minge Spitz geschnapp;
Alles reß jitz uus,
Un ich dötzte modersillig ganz bedröv noh Huus.

Leonard Lersch ist – neben dem Maler Bock – der Mann, dessen (Un-) Taten in vielen Liedern besungen wurden. So auch im folgenden:

Wo et miehts drop weed geschannt,
He em hellige Kölle.
Es et jedem och bekannt,
Well ich et doch verzälle.
Liet de Nas sich en dr Stadt
Morgens fröh nor blecke,
Zwei Schaschante stonn parat,
Domet de Lück sich schecke:
Met Netz un Wage, es dat e Ding.
Geiht loß et Jage, nä, dat es e Ding.
Jede Hungk dä ohne Maulkorv do läuf,
Wed von dem Läsch met 'nem Netz flöck gesträuf.

Off geiht dann die Jagerei,
Fott durch alle Stroße.
Keine Hungk kann jetz noch frei,
Spille oder rose,
Nit mieh schnöffle he un do
Oder am Knoche nage.
Denn do hinger duck sich jo
Höösch die Nas an 'nem Wage:
Die Pänz jo die laache, es dat e Ding,
Öm dä Nas Ärger zo mache, nä es dat e Ding.
Wann hä dann wirf dat Netz so met Schwung,
Flüg dat vorbei – un fott sin de Hungk.

Trotzdem solle mer dä Mann,
Halde huh en Ehre,
Denn wat fünge mer wall ahn,
He met all dä Deehre.
Keiner he sich op de Stroß
Secher mieh dät föhle,
Wören Hüngk – ov klein ov groß,
Üvverall am wöhle:
Dröm uuzt nit länger, dat es nit fing,
Üvver uns 're Hungksfänger, nä, dat es nit fing.
Geiht met dem Netz an 't Jagen hä jitz,
Verschwunde es schnell jede Dackel un Spitz!

Leonard Lersch übernahm 1885 auch noch das Amt eines Scharfrichters, übte es jedoch nie aus. Kurz vor seinem Tode protestierte er noch in Kölner Zeitungen gegen die ihn totsagenden Gerüchte, an deren Zustandekommen er aber selbst schuld war. Denn er hatte sich schon einen Sarg anfertigen lassen; ebenso traf er noch zu Lebzeiten genaue Anweisungen, welche Kleidung seine Leiche im Sarg tragen solle und in welcher Weise er begraben werden wolle. Am 3. Mai 1887 verschied er in seiner Wohnung in der Nußbaumerstraße 82.
Fünf Kinder – drei aus erster, zwei aus zweiter Ehe – betrauerten den Vater, der zwar ein komischer Kauz, aber dennoch ein fürsorglicher Familienvater war. Unter seiner rauhen Schale verbarg sich ein gutes Gemüt. Zitieren wir aus seinem Totenzettel: ».. . In ihm verliert die Stadt einen tüchtigen Beamten, welcher stets bemüht war, mit dem größten Eifer energisch seinen Dienst zu versorgen, auch stets mit Rath und That bereit, wodurch er sich die Achtung und Liebe bei seinen Vorgesetzten und Freunden erworben hatte. Sein Andenken wird bei Allen, die ihn näher kannten, unvergeßlich bleiben.«

Miebes, Helden- und Eisen-Tenor

Bartholomäus Basseng
geboren am 5. Mai 1842 in Köln, Löhrgasse 45
gestorben am 14. September 1906 in Köln, Augusta-Hospital
Dachdecker

Eine mächtige Tenorstimme war das Markenzeichen des im elterlichen Dachdeckergeschäftes tätigen Bartholomäus. »Freunde« machten ihm weis, er habe die kraftvollste Tenorstimme der ganzen Welt. Das wiederholten sie so oft und so lange, bis Bartholomäus – Miebes gerufen – selbst daran glaubte. Und so sang er auf Wunsch die tollsten Arien mit der ganzen Macht und Ausdruckskraft, die er den Heldentenören auf der Opernbühne abgeguckt hatte. Und alle, die ihm zuhörten, merkten, daß seine Stimme zwar wohlklingend, die herausgebrachten Töne jedoch bar jeglicher musikalischer Reinheit waren. Zwar belegte Miebes einige Gesangsstunden bei einem Heldentenor der Kölner Oper, doch sein Gesangslehrer hatte bald erkannt, wie es um seinen Schüler stand.
Vergeblich versuchte er immer wieder, das musikalische Gehör des Miebes zu schulen, damit es diesem gelänge, seine Mißtöne selbst zu erkennen. Aber alle Mühen waren vergebens, so daß sich Lehrer und Schüler bald voneinander verabschiedeten. So blieben dem »Tenor mit der mächtigsten Stimme der Welt« die Opernbühnen zwar verschlossen, nicht aber die Kölner Wirtshäuser, in denen er seine »Gastspiele« gab: Im Bart, Zur Kloog, Prinz Eugen, Im Schwarzwald – das waren vorwiegend die Häuser, die sich rühmen durften, den Heldentenor ihren Gästen präsentieren zu können. Sofern diese es nicht vorzogen, das Weite zu suchen.
Und Miebes zog allerorten seine Show ab: er legte sich mit dem Bauch platt auf den Tisch und sang das hohe »D«; er steckte den Kopf in den erkalteten Ofen und sang hinein, während er die Gäste auf die Straße schickte, um den aus dem Kamin kommenden Tönen zu lauschen. Mit einem hohen »C« löschte er einmal sämtliche Gasflammen aus, was allerdings nur diejenigen beeindruckte, denen entgangen war, daß die Zappjungen am Gashahn nachgeholfen und diesen abgedreht hatten. Miebes war von dieser Tat selbst so ergriffen, daß er es ablehnte, gegen einen Spiegel zu singen, weil »dä dann baaschte deit«.
Mit welcher Sorglosigkeit selbst Journalisten oder Redakteure ihre Späße mit den geistig etwas zurückgebliebenen Mitmenschen trieben, davon zeugt ein »Kunstbericht«, der in der Rubrik »Theater und Musik« in den »Kölner Nachrichten« am 18. November 1887 erschien:

Ein neuer Stern

»Bassins« erfreuen sich gewöhnlich einer gewissen Tiefe, daß aber – doch wir wollen nicht vorgreifen. – Die Wiege vieler großer Künstler, männlichen und weiblichen Geschlechts, stand in unserem heiligen Köln. Wir erinnern an Charlotte Wolter, Ernestine Wegner, Maria Seebach, Hendrichs, Offenbach etc. Auch Emil Götzes Talent fand hier zuerst Anerkennung, von der Kölner Bühne aus verbreitete sich sein Ruhm in alle Welt. Kein Wunder, daß daher der Kölner alle Hebel ansetzt, schlummernde Talente zu wecken. So kam es, daß Mittwochabend in der Kölner Bierbrauerei ›Zum Bart‹ auf dem Brand sich eine ganz ansehnliche Zahl Kunstfreunde eingefunden hatte, um den Tenoristen Bartholomäus Basseng in seinem Wirken als »Manriko« kennenzulernen. Maler, Sänger, Beamte, hervorragende Kaufleute, kurzum das denkbar mannigfaltigste Publikum füllte das Lokal, welches, durch seine Länge einer Kegelbahn ähnelnd, einfach, aber würdig geschmückt war.
Zahlreiche sinnige Embleme gaben der Verehrung für den Künstler treffenden Ausdruck. Am Ende der Bahn befand sich die Bühne, welche in anschaulicher Weise ein unheimliches Kerkergewölbe darstellte. Das Wagnersche Prinzip des »unsichtbaren« Orchesters war mehr als streng durchgeführt – die Bläser befanden sich sogar hinter der Szene. Punkt 10 Uhr kündeten Fanfaren den ungeduldig Harrenden das Nahen des Künstlers. Man erhebt sich und begrüßt ihn durch ein dreifaches Hoch, worauf ihm eine Deputation mit ermutigenden Worten Helm und Schwert überreicht – Geschenke von seinen Verehrern. Sprachlos, aber würdevoll nimmt der Held beides in Empfang und nun »legt er uns einen Manriko hin«, wie wir ihn unseres Wissens bis dato noch nicht gehört haben. Die Stretta hatte Herr Basseng recht geschmackvoll »umgearbeitet«. Es fiel zwar auf, daß Manriko gewöhnlich drei bis vier Töne höher einsetzte als vorgeschrieben – doch das ist gewiß Künstlerlaune, »seine Höhe gestattet ihm das«, sie ist wahrhaft formidabel, verblüffend. Endloser Jubel und weihevolle Heiterkeit folgt dieser Tat! Schade, daß der Künstler die dramatische Gestaltungskraft nicht vollständig zum Ausdruck bringen konnte, da der schmale Raum und die niedrige Decke das Herausziehen des Schwertes nicht gestatteten. Zum Schluß belohnte Herrn Basseng eine von einem geschulten Chor vorgetragene Hymne, worin der Hoffnung Ausdruck gegeben wurde, daß er uns noch oft erfreuen möge. Ja, ja, es gibt noch Talente. Zwar meinte ein bekannter Mime, es sei kein Wunder, daß Basseng hoch sänge, er sei ja Dachdecker. Größeren Erfolg als mit diesem Kalauer hatte der Mime auf den Brettern sicher noch nicht aufzuweisen.

»Minge Stross ess vun Ihser«, behauptete Tenor Miebes, wenn er auf seine »außergewöhnliche Stimmkraft« angesprochen wurde. »Och, wat e Kinderstemmche! Soll ich ens erunder kumme?!«, rief er dem Heldentenor Bruno Heydrich von der Galerie des Theaters aus zu. In Anlehnung an die Großtat der Kölner Frauen, die dem von ihnen so verehrten Emil Götze eine silberne Lohengrin-Rüstung fertigen ließen und ihm diese verehrten, handelte auch Basseng: er beschaffte sich eine ähnliche Rüstung und ließ sich darin – stehend und hoch zu Roß – fotografieren. Seine »Freunde« aber, die ihn so weit gebracht hatten, daß sich sein Geist immer mehr verwirrte, zogen sich – bis auf wenige Ausnahmen – nach und nach von ihm zurück. Nach dem Tod seiner Frau wohnte Basseng noch eine Weile in der Hochstaden-Straße 20. Von hier aus wurde er am 14. September 1906 in das Augusta-Hospital eingeliefert, wo er jedoch nicht lange an den Folgen eines Schlaganfalles zu leiden hatte; kurz nach seiner Einlieferung starb er.

Im Gasthaus »Zum Bart«, Auf dem Brand, gab Miebes sein vielbeachtetes Konzert

Esels-Jakob

Jakob Göbbels
geboren am 20. März 1843 in Köln
gestorben am 9. März 1907 in Köln
Gastwirt

In den dreißiger Jahren des vorigen Jahrhunderts bezog der Küfer Franz Matthias Göbbels das Haus Nr. 112 in der Breite Straße, gleich neben dem legendären Bier-Esel – Haus Nr. 110 – gelegen. Im Jahre 1832 eröffnete der Sohn des zwei Häuser weiter wohnenden Gottfried Göbbels – der »in Spezerey und Fischen getan« hatte – eine Weinstube. Der »alte Göbbels« – so nannte ihn Hermann Becker, der des öfteren im Auftrage seines Vaters einen Schoppen Wein bei diesem holte – trug immer die überlieferte Küfertracht: graue Ärmelweste aus englischem Leder, eine Hose aus gleichem Material und eine schwarze Schirmkappe aus Tuch auf dem Kopf, die er immer höflich lüftete, sobald ein Gast die Stube betrat.
Im Jahre 1885 übergab Franz Matthias Göbbels den »Wein-Esel« an seinen Sohn Jakob, zu einer Zeit, als die Weinstube in hohem Ansehen stand. Die Gäste wußten, daß es hier nicht nur einen ausgezeichneten Tropfen gab, sondern auch einen herzensguten Wirt, der für einen Flachs immer zu haben war. Jakob Göbbels, der »Neue«, war ein Altbekannter: er war seinem Vater schon seit Jahren zur Hand gegangen. Bereits in seinen jungen Jahren hatte ihn alles, was sich in der Weinstube tat, sehr interessiert. Gerne belauschte er die Gespräche, die in der gemütlichen Stube geführt wurden. Die Gäste merkten das natürlich; sie nutzten die »Krankheit« des Jaköbchen aus, um diesem die blödsinnigsten Dinge unterzujubeln. So hatte einmal der Ingenieur Duden, der »die geruchlose Reinigungsmaschine erfunden«, absichtlich über die Höhe der Gaststube gesprochen und zum Schein die Höhe auf »30 bis 40 Fuß« berechnet. Stammtischfreunde, die das Jaköbchen hin und wieder nach der Höhe der Stube fragten, erlebten immer das gleiche Schauspiel: der junge Mann stellte sich in die Mitte der Stube, schaute mit gewichtiger Miene zur Decke und teilte dann das Ergebnis seiner »Überprüfung« mit: »No, esu en de dressig oder veezig Fooß wähden dat wall sinn; jenau kann ich et Üch ävver och nit sage!« Ein andermal redeten einige Gäste ihm ein, der gegenüber wohnende Delikatessenhändler Pommer würde für ein Pfund Eidechsenschwänze zwei Taler bezahlen, weil Eidechsenschwänze als Delikatesse bei »hühteren Herrschaften« sehr gefragt seien. Jakob zeigte sich sehr interessiert, und so erzählten sie ihm, daß es relativ einfach sei, eine Eidechsen-Schwanzzucht zu beginnen: »Do bruchs nur 'ner Eidechs dä Stätz avvzebreche, dann wahße zwei noh!«

Auf diese Weise, so meinten sie, könne er alle zwei Monate Eidechsenschwänze ernten. Zwar war Jakob zunächst etwas mißtrauisch, doch als der ins Vertrauen gezogene Delikatessenhändler die Ausführungen bestätigte, wollte der junge Mann im Garten eine Eidechsenzucht beginnen. Dies scheiterte jedoch an dem energischen Widerspruch der Mutter, die »dat Gediersch« nicht in ihrem Garten haben wollte.

Der als Handelsredakteur bei der »Kölnischen Zeitung« tätige Friedrich Schumacher brachte Jaköbchen – gegen Spendung eines Schoppens – bei, wie Esel gefangen werden. Eines Tages fragte er den jungen Mann heimlich: »Saag, weiß do, wie mer ne Essel fängk?« »Enä!«, meinte Jakob etwas verwundert. »Jiste ne Schobbe, dann sagen ich et Dir. Do kannste jede Wettschaff met gewenne. Dat weiß keinen Deuvel.« »Wie mäht mer dat dann?«, wollte Jakob wissen, als er den Schobben gebracht hatte. »Jevv Ding Hand her, Jüngelche, dat do dat ävver keinem verrohde deis!«, sagte Schumacher. Jakob reichte ihm die Hand. Schumacher ergriff sie und meinte: »Do han ich er eine!« Zunächst war Jakob sehr böse, doch am Abend sah die Welt wieder etwas fröhlicher für ihn aus. Und so beschloß er, aus seinem Wissen Nutzen zu ziehen. Leidtragender sollte der Bäckermeister Blumacher sein. Der gab auf Befragen an, er wolle es auch lernen, wenn Jakob es schon könne. Jakob reichte ihm die Hand und sagte: »Do häste eine!«

Nach dem Tod des Vaters veränderte sich der Wein-Esel: Jakob modernisierte das Haus und baute eine Veranda an. In dem nun etwas vornehmer gewordenen Esel verkehrten im hinteren Zimmer die »Hühteren«, wie einige Rechtsanwälte und Justizbeamte. Im vorderen Raum war Platz für kleinere Kaufleute, Rentner und Pensionäre. Jakob wurde mit der Zeit immer wunderlicher. Er verbot den Gästen das Kartenspiel und schimpfte maßlos über »dä Düvelskrom«. An Zigarettenrauchen war gar nicht erst zu denken. Wer es dennoch tat, mußte das Haus auf der Stelle verlassen. Als eines Tages mehrere Spaßvögel – durch den Genuß einiger Schoppen Wein gut gestärkt – ein Kartenspiel hervorholten und auch noch zu rauchen begannen, holte Jakob zunächst einmal tief Luft, dann verschwand er. Den Spaßvögeln wurde es langsam mulmig, doch dann erschien der Wirt wieder: in der Hand trug er eine eiserene Pfanne, auf der eine Stange Schwefel brannte. Auf diese Art schwefelte Jakob seine Gäste im wahrsten Sinne des Wortes aus seinem Haus. An einem Sonntag hatten sich zwei junge Leute je ein Schweine-Kotelette mit Kartoffeln bestellt. Jakob brachte die Sachen an den Tisch; dabei fielen ihm zum Unglück die Bestecke und ein Brötchen auf den Boden. Wutentbrannt schmiß er auch alles, was er noch in der Hand trug, auf den Fußboden und meinte: »Wann dat Eine do litt, kann och dat Andere do lijje!«

Da der Wirt immer mehr Schrullen an den Tag legte, blieben die Gäste nach und nach aus. Hin und wieder ließ sich noch jemand blicken, weil die Preise im Wein-Esel immer noch ausgesprochen günstig waren und des Wirtes Töchterlein recht propper aussah. Doch wenn Jakob schlecht gelaunt war, erhöhte er die Preise stehenden Fußes und in »Ansehung« des Gastes. Nachdem auch noch die Tochter das Haus verlassen hatte, kehrte kaum noch ein Gast dort ein. Nach Jakobs Tod am 9. März 1907 gelang es seinem Nachfolger nicht, die alte Kundschaft wieder anzulocken. Der Wein-Esel mußte schließen. Josef Bayer erinnerte sich in seinem Gedicht »Eselsmilch«:

>Em Esel op der Breitstroß wod
>Ne gode Wing verzapp;
>Genau doch, wie dä Wing wor got,
>Su wor dä Weet geflapp.
>
>Ens kom ne fingen Här en't Hus
>Un satz sich an der Desch
>Un sook sich op der Wingkaat us
>De allerbeste Fläsch.
>
>Un ›Eselsmilch‹ – su heesch die Zoot –
>Hät flöck dä Weet gebraht;
>Doch kaum hat dran dä Här gekoh't,
>En fiese Nas hä maht.
>
>»Wa'ß dat? Dä Wing noh'm Stoppe schmeck.
>Hee drinkt ens selver dran!«
>Dä Weet drob höösch am Glas ens leck
>Un rüch am Stoppe dann:
>
>»Da'ß wohr, dä Wing es nit dran schold.
>Dä Stoppe nor eß schläch;
>Ich bräng' 'ne neue – hat Gedold! –
>Dann kritt Ehr och öhr Räch!«

Lehrer Welsch

Heinrich Welsch
geboren am 29. Mai 1848 in Arzdorf (Bonner Landkreis)
gestorben 1935 in Köln-Kalk
Rektor, Gründer der ersten Hilfsschule in Kalk

Erst viele Jahre nach seinem Tod wurde Heinrich Welsch über Kalk hinaus ein bekannter Mann. »Schuld« daran sind zwei Männer, die nie zu seinen Schülern gehörten, die ihn aber persönlich gekannt haben und – als sie sich seiner erinnerten – ihn in einem Lied erwähnten: Will Herkenrath und Hermann Kläser – beide haben heute die Siebzig überschritten – sorgten auf nicht alltägliche Art dafür, daß sich viele an einen Mann erinnerten, der schon längst vergessen schien.
Am 12. Februar 1938 feierte die Karnevals-Gesellschaft »Mer blieve zesamme« im großen Saal der Wolkenburg. Die Stimmung auf dieser Sitzung war ausgezeichnet; sie steigerte sich noch, als das Gesangs-Trio »Drei Laachduve« ein Lied vorstellte, das sofort Begeisterung hervorrief und schon bald mitgesungen wurde. Will Herkenrath, der Texter, Hermann Kläser, der Komponist, und Heinz Jung standen im wahrsten Sinne des Wortes im Rampenlicht. Der Beifall wollte nicht enden; nach einiger Zeit betrat Kölns »Erster Staatsanwalt« Dr. jur. Julius Kemper die Bühne und hielt eine Replik. Ein zu dieser Zeit seltener, wenngleich nach besonders gelungenen Auftritten üblicher Vorgang, der Jahre später von Bedeutung sein sollte. Womit und wie hatten die »Drei Laachduve« ihr Publikum begeistert? Schlicht und einfach mit einer in einem Lied verarbeiteten kölsch-mathematischen Lösung: »Dreimol Null es Null es Null!«:

> En d'r Kaygass Nummero Null
> Steiht en steinahl Schull,
> Jo do han mer drei uns Kinderzick verbraht.
> Unse Lehrer, dä heeß Welsch,
> Un sing Sproch wor unverfälsch,
> Jedes Woot dat wor ech Kölsch, wann hä get saht.
> Doch et wor im ganz egal
> Ob meer get leerten oder nit un hä säht:
> »Et kütt doch alles wie et kütt!
> Wenn Ehr späder get nit weßt, wenn Üch einer get frög
> Jo, dann saht ihm einfach die Wööt:
> 'Nä, nä, dat wesse meer nit mieh,
> Ganz bestemmb nit mieh, denn mir drei han nit studeet.

Denn meer wore beim Lehrer Welsch en d'r Klass
Un do han meer dat doch nit geleeht.
Dreimol Null es Null, es Null,
Denn meer woren en d'r Kaygass en d'r Schull!
Dreimol Null es Null, es Null,
Denn meer woren en d'r Kaygass en d'r Schull!«

Wann meer drei ens en d'r Kreeg
Marschiere – Jung, dann gitt et Ströpp,
Wer uns en de Quer kütt schlonn meer zo Karbid!
Denn zo Fooß un och zo Päd
Sin meer drei get wäht
Un em Fleege han meer immer »sehr got« kräht.
Doch wäde m'r ens gefange
Un meer fröch uns krüzz un quer:
»Na, wie steht es denn bei Eu'rem Militär?«
Dann hevve m'r de Scholdre bes üvver d'r Kopp en de Hüh
Un uns Antwoot die bliev die:
»Nä, nä, dat wesse meer nit mieh,
Ganz bestemmb nit mieh, denn mir drei han nit studeet.
Denn meer wore beim Lehrer Welsch en d'r Klass
Un do han meer dat doch nit geleeht.
Dreimol Null es Null, es Null,
Denn meer woren en d'r Kaygass en d'r Schull!
Dreimol Null es Null, es Null,
Denn meer woren en d'r Kaygass en d'r Schull«

Dr. Kempers Replik galt aber nicht nur den »Drei Laachduve«, sondern auch dem Mann, an den in diesem Lied erinnert worden war: dem Lehrer Welsch. Dr. Kemper, der ihn gut gekannt hatte, erinnerte daran, daß es Heinrich Welsch war, auf dessen Initiative die erste Hilfsschule gegründet wurde.
Heinrich Welsch und seine vier Geschwister wurden in Arzdorf geboren. Das von den Großeltern erbaute Haus steht heute noch in der Villiper Straße (früher Unterdorf). Mit sieben Jahren besuchte der kleine Heinrich die Arzdorfer Schule, der damals ein »nicht seminaristisch ausgebildeter Lehrer« vorstand. Das schreibt Heinrich Welsch in sein Tagebuch. Und noch mehr: »Später kamen dann geprüfte Lehrer, die langweilten sich und uns!« Als 13jähriger wechselte Heinrich zur Rektorenschule nach Meckenheim. Es folgten der Besuch der Lehranstalt in Koblenz und die Lehrerprüfung 1868 in Brühl. Nach einer Anstellung als Volksschullehrer wurde er bereits kurze Zeit später von Leopold Reichsfreiherrr von Fürstenstein als Privatlehrer für dessen Sprößlinge ins Westfalenland verpflichtet. Die Volksschulen in Worringen und in Köln-Sülz waren weitere Stationen im beruflichen Werdegang, dessen Abschluß eine Rektorenstelle an der neugegründeten Hilfsschule in Kalk war.

Hermann Kläser, Heinz Jung und Will Herkenrath als »3 Laachduve«.
Sie »versetzten« den Lehrer Welsch in die Kaygasse

Welschs Ernennung zum Schulleiter kam nicht von ungefähr. Er hatte erkannt, daß – wie es später in Richtlinien formuliert wurde – die wegen »mangelnder Begabung, geistiger und körperlicher Minderwertigkeit in den Schulen zurückgebliebenen Kinder« in eigenen Klassen oder Schulen, in denen »ihnen zum Erwerb des Wissens verholfen wird, zu dessen Aufnahme sie fähig sind«, besser aufgehoben seien als in den herkömmlichen Armenschulen. Heinrich Welsch und gleichgesinnte Kollegen begründeten die Einrichtung solcher Schulen: »In den normalen Klassen sind die Kinder nicht nur ein Ballast für den Lehrer, sondern werden oft genug auch ein Gegenstand des Gespötts ihrer Mitschüler; in der von uns vorgeschlagenen Schule – die Bezeichnung Hilfsschule hat neuerdings alle anderen verdrängt – können sie, unter steter Berücksichtigung ihrer Eigenart, erziehlich und unterrichtlich in der günstigsten Weise beeinflußt werden.« Als Kalk 1910 eingemeindet wurde, konnten auch die räumlichen Probleme, unter denen die Hilfsschule zunächst gelitten hatte, zufriedenstellend gelöst werden. Die Hilfsschule war auch bahnbrechend für weitere Verbesserungen im Schulwesen: 1889 wurden Heilkurse für stotternde Kinder und wenige Jahre später Kurse im Lippenlesen für schwerhörige Kinder eingerichtet, wobei es zur Zusammenarbeit zwischen Pädagogen und Ärzten kam. Bereits 1901 hatte Köln die ersten Schulärzte, zunächst nebenberuflich und aufgrund besonderer Dienstanweisung tätig. Trotzdem ein ungeheurer Fortschritt, denn noch bis zum Schuljahr 1888 mußte für den Besuch der Volksschule Schulgeld entrichtet werden.

»Do wors wahl beim Lehrer Welsch en d'r Klass« – dieser Ausspruch wurde bald zum geflügelten Wort, nachdem die Hilfsschule in der Hollweghstraße ihren Schulbetrieb aufgenommen hatte. Er fand immer dann Anwendung, wenn es darum ging, einen Gesprächspartner wegen eines »Denkfehlers« zu hänseln oder zu veräppeln. Der Mann aber, dessen Name hier zitiert wurde, verschaffte sich in Kalk ob seines Engagements hohes Ansehen. Es gab keinen Kalker Bürger, der den Hilfsschulrektor nicht erfurchtsvoll gegrüßt hätte, wenn dieser – mit weißem Bart und wallendem Umhang – durch die Straßen schritt. Zwar hatte sich dieser Mann in erster Linie »seiner« Schule verschrieben, doch auch auf vielen anderen Gebieten engagierte er sich. Schüler, die die Schule verlassen konnten, erhielten Hilfe bei der Berufswahl, die sozial Schwachen in Kalk und Umgebung konnten auf Unterstützung hoffen, sobald der Rektor davon erfuhr. Als Heinrich Welsch im hohen Alter von 87 Jahren starb und in Merheim beigesetzt wurde, folgten viele »Ehemalige«, aber auch zahlreiche Bürger, die ihn nur vom Hörensagen kannten, seinem Sarg.

Drei Jahre später, 1938, wurde Heinrich Welsch »wiedergeboren«, wenn auch nur in einem Lied. Doch sein »geistiger Vater«, Will Herkenrath, versetzte den beliebten Lehrer in die Kaygasse. Aus Unwissenheit? Will Herkenrath verneint dies: »Ich wußte, daß im linksrheinischen Köln in der Kaygasse eine Hilfsschule bestand und daß auch hier das geflügelte Wort ›Do wors wahl en der Kaygass en d'r Schull‹ oft zu hören war. Als mir der Gedanke

kam, darauf ein Lied zu schreiben, habe ich den Lehrer Welsch aus rein dichterischer Freiheit in die Kaygasse versetzt, um an einen Reim zu kommen:
›Unse Lehrer, dä heeß Welsch,
Un sing Sproch wor unverfälsch,
Jedes Woot dat wor ech Kölsch, wann hä get saht.‹«
Aus dem geflügelten Wort war ein Lied geworden, welches einen Siegeszug ohnegleichen antreten sollte. Allerdings mit einiger Verzögerung, denn zunächst ließ der Krieg keinen Raum für Erinnerungen dieser Art. Nach seiner Entlassung aus dem Lazarett und bei seiner Rückkehr nach Köln am 13. Oktober 1948 hörte der schwerverwundete Will Herkenrath ein altbekanntes und ihm vertrautes Lied: »Dreimol Null es Null bliev Null« scholl es aus vielen Ecken in der Domstadt. Herkenraths anfängliche Freude machte einer gewissen Enttäuschung Platz, als er feststellen mußte, daß auf Notenblättern und Schallplatten der Urhebervermerk »Bearbeitet nach einer alten Volksweise von H. J. Süper« angebracht war.
Herkenrath wurde Zeuge, wie die »Vier Botze«, Kölns bekannteste und berühmteste Gesangsgruppe, das Lied von der Kaygass immer und immer wieder sangen und singen mußten. Eine Strophe des Liedes, die zweite, war vollkommen neu. Anstelle des »Soldatentextes« – so etwas war kurz nach dem Krieg nicht mehr gefragt – war eine dem Charakter des Liedes gut angepaßte Milieuschilderung getreten. Und so sangen die »Vier Botze«, aber auch die »Vier Rabaue« – Straßensänger in Köln – das gegenüber der Urform etwas veränderte Lied:

> En d'r Kaygass Nummer Null
> Steiht en steinahl Schull
> Un do han mer dren studeet.
> Unse Lehrer, dä heeß Welsch,
> Sproch en unverfälschtes Kölsch,
> Un do han mer bei geleet.
> Un mer han off hin un her üvverlaht
> Un han för dä Lehrer gesaht:
> »Nä, nä, dat wesse mer nit mieh,
> Ganz bestemmb nit mieh, denn dat han mer nit studeet.
> Denn mer woren beim Lehrer Welsch en der Klass
> Un do han mer sujet nit geleet.
> Dreimol Null eß Null, bliev Null,
> Denn mer woren en der Kaygaß en d'r Schull,
> Dreimol Null eß Null, bliev Null,
> Denn mer woren en der Kaygaß en d'r Schull!«

> Eß en Schiev kapott,
> Eß ene Müllemmer fott,
> Hätt d'r Hungk am Stätz en Dos;

Kom dä Schutzmann ahngerannt,
Hätt uns vier dann uusgeschannt,
Säht: »Wat maht Ihr vier dann blos?«
Un mer han widder hin un her üvverlaht
Un han för dä Schutzmann gesaht:
»Nä, nä, dat wesse mer nit mieh,
Ganz bestemmb nit mieh, denn dat han mer nit studeet.
Denn mer woren beim Lehrer Welsch en der Klass
Un do han mer sujet nit geleet.
Dreimol Null eß Null, bliev Null,
Denn mer woren en der Kaygaß en d'r Schull,
Dreimol Null eß Null, bliev Null,
Denn mer woren en der Kaygaß en d'r Schull!«

Neulich kräg uns en d'r Gaß
Die Frau Kääzmann beim Frahß,
Saht: »Wo lauft Ihr vier bloß hin?
Uns Marieche sitz zohuus,
Weiß nit en un weiß nit uus,
Einer muß d'r Vatter sin!«
Un do han mer widder hin un her üvverlaht
Un han för die Kääzmanns gesaht:
»Nä, nä, dat wesse mer nit mieh,
Ganz bestemmb nit mieh, denn dat han mer nit studeet.
Denn mer woren beim Lehrer Welsch en der Klass
Un do han mer sujet nit geleet.
Dreimol Null eß Null, bliev Null,
Denn mer woren en der Kaygaß en d'r Schull,
Dreimol Null eß Null, bliev Null,
Denn mer woren en der Kaygaß en d'r Schull!«

Auch Hermann Kläser, der Komponist des Liedes, kam einige Zeit später aus der Kriegsgefangenschaft zurück, nicht jedoch Heinz Jung. Seine Freunde erfuhren, daß er am 8. November 1944 gefallen war.

Dores met däm naasse Plagge

Theodor Töller
geboren am 9. Juni 1854 in Köln
gestorben am 23. Oktober 1926 in Köln-Sülz
Gastwirt

»Die Rose blüht, der Dorn der sticht,
Wer gleich bezahlt, vergißt es nicht!«,
lautet ein Spruch, der in der Gaststätte »Zum Vater Töller« auf der Weyerstraße hinter der Theke hing. Vor diesem Schild übte ein Mann seine Wirtstätigkeit aus, der im Verlaufe der vielen Jahre, die er hier verbrachte, zu seinen Gästen ein solch herzliches Verhältnis hatte wie ein Vater zu seinen Kindern, was seiner Gaststätte auch den Namen eingebracht hatte.
Theodor Töller, der Dores, klein von Gestalt, mit einer spiegelglatten Glatze und einer Ehefrau, die ihn um Haupteslänge überragte, ausgestattet, verkörperte vieles in seiner Person: Er begrüßte jeden Gast, kaum daß dieser seinen Schankraum betreten hatte persönlich, half ihm aus der Garderobe, holte Nachschub aus dem Keller und schlug das Fäßchen an, sagte jedem Gast, dem er ein frischgezapftes Bier reichte, ein freundliches »Prosit« oder »Wohl bekomms«, servierte den »Halven Hahn«, zündete die Gaslampen an und schloß unter Kletterübungen die Fensterläden, nahm das Geld in Empfang und gab das Wechselgeld mit nassen Händen wieder heraus. Seine sprichwörtliche Sauberkeit brachte ihm bald den Spitznamen »de reinliche Dores« oder auch »Dores met däm naasse Plagge« ein.
Viele Kölner, die ihn gekannt haben, erzählten bis in die sechziger Jahre dieses Jahrhunderts lustige Geschichten, die sich in seinem Hause zugetragen haben. Eine der schönsten ist jene, die von seinem langjährigen Kampf gegen die »Zibibbcher« handelt. Heute ist das Wort »Zibibbcher« kaum noch bekannt.
Zibibbcher: mit diesem Wort wurden die Zigaretten, als sie aufkamen, bezeichnet; bis zum Beginn der 20er Jahre behielten die Glimmstengel diesen Namen. Dores verabscheute sie, und zwar aus mehreren Gründen. Denn einmal waren es zumeist die jungen Leute, »esu en Lällbäcke«, die sie rauchten; von den Älteren waren es nach seiner Meinung nur diejenigen, die ein leichtsinniges und unmoralisches Leben führten und weder von der einen noch der anderen »Sorte« sah Dores gerne Gäste in seinem Lokal. Hinzu kam, daß von den Zigaretten so leicht die Asche abfiel und dann auf dem Tisch oder Boden »esu en Sauerei« entstand. Was dazu führte, daß er dauernd »mem naasse Plagge« herumlaufen mußte, um die Spuren zu beseitigen.

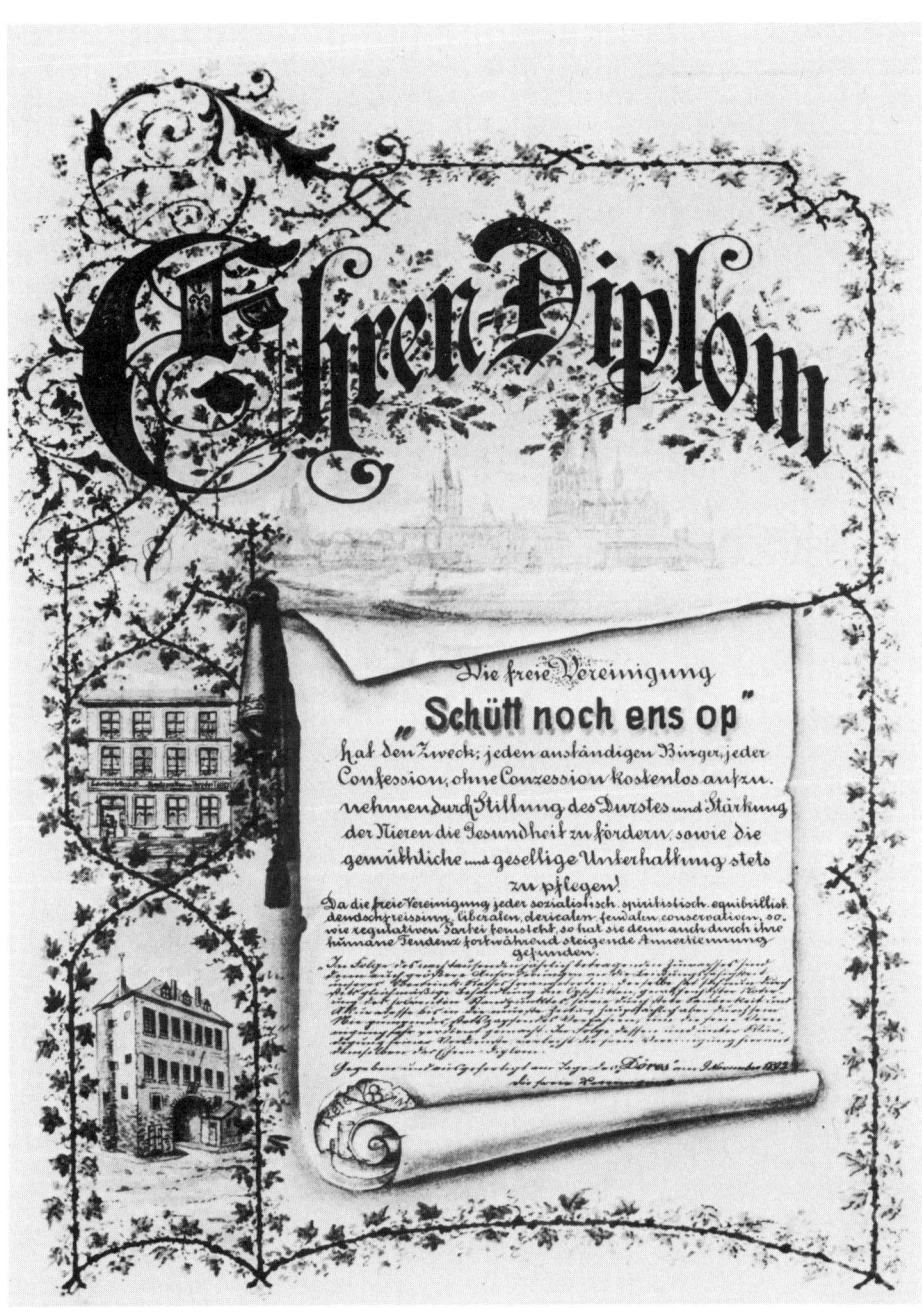

Stammtisch-Uzerei aus dem Jahre 1892. Das Weyertor und das heute noch erhaltene Gasthaus schmücken das phantasievoll gestaltete Ehrendiplom.

Allen Töllerschen Widerständen zum Trotz kam das Zigarettenrauchen immer mehr in Mode. Selbst viele seiner Stammgäste, die Dores immer für »däftig un zeriös« gehalten hatte, gingen allmählich dazu über, neben oder anstatt der gewohnten Zigarre oder Pfeife schon einmal ein »Zibibbche« zu rauchen. Sie ließen sich auch nicht durch den grimmigen Gesichtsausdruck des Dores abschrecken, geschweige denn nervös machen, wenn dieser ihnen mit dem »naase Plagge« vor der Nase herumfuchtelte. »Zo kaufe kritt Ehr bei mir nie esu ene Stinkkrom«, ließ er sie – sich nach und nach in das Unvermeidliche schickend – wissen. Doch er hatte die Rechnung ohne seine Gäste gemacht, die sich bei ihm sehr wohl fühlten und deshalb meinten, einen Anspruch darauf zu haben, daß auch »ihr« Wirt die geliebten Zigaretten in seinem Tabaksortiment führe.

So überlegten einige Grielächer, wie sie es anstellen könnten, dem Dores auf nachhaltige Art zu demonstrieren, was sie von seiner Ablehnung hielten. Das Ergebnis war eine echt kölsche Grielächerei: An einem frühen Nachmittag, als Dores wie gewöhnlich um diese Zeit nichts zu tun hatte und sich allein im Lokal befand, betraten zu seiner Überraschung sieben Gäste das Lokal. Sie setzten sich an ihren Stammtisch, jeder von ihnen wünschte ein Bier und »ne halve Hahn«. Dores zapfte das Bier und ging dann – wie es die Gäste geplant hatten – in die Küche, um die Röggelchen mit Butter zu bestreichen und mit Käse zu belegen. Doch kaum hatte Dores die Wirtsstube verlassen, wurden die sieben Männer äußerst lebendig. Eine große Rolle mit zahlreichen Zigaretten-Plakaten wurde aufgerollt, und jeder von ihnen heftete einige Plakate mit mitgebrachten Reißzwecken an die Wände zu beiden Seiten der Gaststube. Dies alles ging so schnell und lautlos vonstatten, als hätten sie es vorher Dutzende Male geübt. Zuletzt war kaum noch ein unplakatiertes Fleckchen Wand zu erkennen.

Die Sieben setzten sich – mit sich und ihrem Werk mehr als zufrieden – wieder hin, prosteten sich zu, tranken die Gläser aus, worauf einer auf den Tisch klopfte und laut in Richtung Küche rief: »Dores, meer krigge noch en Rund! Un dann kannste och glich zwei Dösger Zibibbcher metbränge!« Doch Dores, der das »auf den Tisch klopfen« wie die Pest haßte, rief wutentbrannt zurück: »Do Geck, do weiß doch, dat et bei mir kein Zibibbcher gitt!« »Wat, dat es ävver komisch«, schallte es nun vom Tisch, »Wann Do kein Zigarette verkäufs, woröm mähß Do dann esu vill Reklame doför?« »Wat maachen ich?«, kam Dores mit einem großen Tablett in den Händen aus der Küche zurück. Im gleichen Augenblick sah er die mit Zigarettenplakaten tapezierten Wände, blieb verblüfft stehen und riß entsetzt den Mund so weit auf, daß Zeugen des Vorfalles später erzählten, in seinen Mund hätte »e ganz Dotzend halve Hähn« gepaßt. Welches Donnerwetter sich über die Grielächer ergoß, können wir uns heute nur denken. Doch das Eis war jetzt gebrochen. Zwar lief Dores noch einige Tage mit einem ärgerlichen Gesichtsausdruck umher, doch schon wenig später konnten seine Gäste auch bei ihm die Zibibbcher kaufen.

Nicht nur Sauberkeit, sondern auch Ordnung war für Dores eine Selbstverständlichkeit. Mit der Zeit entwickelte er eine solche Pedanterie, daß selbst langjährige Gäste mitunter verwundert den Kopf schüttelten, und mehr noch Laufkundschaft, die sich – in Unkenntnis der Töllerschen Eigenheiten – teilweise einige böse Worte anhören mußte: »Ihr kutt wahl vun de Boore?«, pflegte Dores fragend und anklagend zugleich zu bemerken, wenn ein Gast die von ihm bestimmte Ordnung in irgendeiner Weise durcheinander brachte. Doch wie hätte ein Außenstehender auf Anhieb das Dores-System erkennen können?
Eine besondere Eigenart war vielen Kölner Gastwirten, insbesondere aber dem Dores, in Fleisch und Blut eingegangen: das Stühle-Einrichten in Reih und Glied, wie die Paradeaufstellung einer Kompanie »Bauwoll« – wie der Spitzname der von den Rheinländern bevorzugten Kaiserin-Augusta-Garde lautete. Der Redakteur Lambert Macherey hat 1921 aus dem »Schatz Kölner Erinnerungen« in dem Bändchen »Kölner Kneipen im Wandel der Zeit« (1846–1921) geschrieben: »Wehe dem Gast, der es wagte, Unordnung in der ›Stühle gerichtete Reihe‹ zu bringen! Wie ein Habicht schoß dann der Wirt in die Mitte der Stube und richtete die Stühle mit hörbarem Ruck wieder ein. Wer erinnert sich nicht dieser köstlichen alltäglichen Zwischenfälle in der bekannten Wirtschaft ›Zum Vater Töller‹ auf der Weyerstraße; ferner bei der gestrengen, ehrfurchtgebietenden Gestalt des Brauers Schaffrath in der Mathiasstraße und vieler sonstiger Mitglieder der alten hochangesehenen Peter-von-Mailand-Brauer-Korporation, Köln, die, im Jahre 1396 gegründet, in diesem Frühjahr ihr 525jähriges Bestehen feiern konnte unter dem Ehrenvorsitz des hochbetagten langjährigen Präsidenten Ambrosius Conzen, dem früheren Inhaber des ›Hahnenbräu‹.
Bei diesem Zurechtstellen der Stühle gingen Blicke der Empörung und Entrüstung zu dem ›Frevler‹ hinüber, der so wenig Sinn für ›Symmetrie‹ bekundet hatte. Mit demselben Maß von Ordnungssinn wurden auch die Bieruntersätze und Streichholzständer auf den Tischen behandelt, und ein ›richtiggehender‹ Brauerei-Inhaber blieb den ganzen Tag unterwegs in seiner Stube, nur um diesen seinen Willen durchzusetzen. Aus Schabernack wurden ihm dabei von Stammgästen und Freunden allerlei Streiche gespielt.« Bei Vater Töller hatte sich der Ordnungssinn aber noch weiter entfaltet; selbst die Zeitungen waren von der Dores-Systematik betroffen: Auf dem ersten Tisch – von der Theke aus gesehen – lag fein gefaltet die neueste Ausgabe der »Kölnischen Zeitung«, auf dem zweiten die vorangegangene Nummer usw. Dann folgten die »Volkszeitung«, das »Tageblatt«, der »Stadt-Anzeiger« und schließlich der »Local-Anzeiger«, alle streng getrennt und in vorgeschriebener Reihenfolge. Erschien also ein neues Blatt, so rutschten die übrigen Blätter alle »eins runter«.
Eine Todsünde war es in Dores Augen, bei geleertem Glas auf den Tisch zu klopfen. »Sall ich Üch ene Hammer brenge?«, rief er dann laut; so mancher Gast vergaß darob, seine Bestellung aufzugeben. Wehe, wenn ein Gast ein

Glas umstieß. Dann konnte der im allgemeinen recht gemütliche Dores doch sehr giftig und bissig werden und eine Grobheit an den Tag legen, die ihm so keiner zugetraut hätte. Bernhard Krings hat eine solche Begebenheit 1910 in einem Gedicht festgehalten:

> Dat Orginale mer han noch zo Kölle,
> Mänch gode Wetz och gelivvert noch weed –
> Dovun well hück ich e Krätzche verzälle,
> Wat letz ens en ner Weetschaff passeet.
>
> Weetschaff un Weet bruch ich gar nit zo nenne,
> Doch tredd ich an gän der Wohrheit Bewies;
> Mäncher vun Üch och dat Huus got weet kenne,
> Weil do verzapp weed en öhntlich Glas Wieß.
>
> Un ganz besondersch bekannt bei sing Gäste
> Eß do dä Weet durch sing Akkarateß;
> Schnorgrad met Schwägelcher, Ensätz op et beste
> Jedwede Deschplaat gestivvelt staats eß.
>
> Un wann ne Gaß ens sien Beerglas deit stelle
> Nit op dat Tellerche von Potzeling –
> Dat kann dä Weet immer äkelig kölle,
> Flöck dröm besorg hä dat selver dann fing.
>
> Doch wann ne Grieläcker maache well Wetze,
> Zweimol dat Glas nevven et Tellerche stellt,
> Nit mieh et drette Mol richtig dann setze
> Deit et dä Weet – nä, dan hät et geschellt.
>
> Engks vürrger Woch et nem Här dät passeere –
> Wie't ald su geiht, hä kunnt selvs nit derför –
> Dat, als de Zeidung hä wor am studeere,
> Öm sing Glas Beer feel, su grad per Malör.
>
> Do – us der Thek unsre Weet kütt gemesse,
> Hivv op de Schervle vum Glas un säht drüch:
> »Gester hät och he su Ferke gesesse!« –
> Un dann mem Plagge dä Desch av hä wisch.

Auch Laurenz Kiesgen hat diese Begebenheit in seinem sehr langen Gedicht »Ovends« – der wohl schönsten und zutreffendsten Beschreibung des Kölner Kneipenlebens – beschrieben:

Passeet et Deer, dat Do e Glas ömstüß,
Beß fruh, wann ohne Schänge lans Do küß.
Ens, sohch ich, worf nen Här sie Glas kapott,
Marjajadergaß! wie wood dä Weet do kott!
Selvs kom hä met dem Plagge, worf nen Bleck
Däm ärmen Här, dat dä wood dudverschreck,
Bes vun dä andre Gäste einer laach
Un säht: »Dat han ich meer tireck gedaach!
Do kann dä Här nit för! Dat deit die Plaatz;
Och gester feel do öm e Glas ganz staats.«
Dä Weet mem Plagge woosch un dät bemerke:
»Dommen Explizeer! Dat wor doch och e Ferke!«
Su sühs Do, dat mer och beim kölschen Beer
Noh Anstand un Fineß verfäht met Deer.

Bei Dores tagten im Verlaufe der Jahrzehnte viele Gesellschaften. So mancher Streich wurde hier an den blankgescheuerten Tischen ausgeheckt. Wie oft stand der Wirt im Mittelpunkt irgendeiner Uzerei. Nicht selten hatte er selbst die Finger mit im Spiel. War er es nicht gewesen, der das schöne Spiel für die Pantoffelhelden erfand? Im tiefsten Winter, wenn der Frost nur so krachte, wurde in den ausgehölten »Dürpel« unter der Haustür ein Eimer Wasser ausgegossen. In dieser Vertiefung blieb das Wasser stehen, fror recht bald. Und wenn der Herr des Hauses dann durch die Tür wollte, mußte er zunächst einmal die große Eisschicht beseitigen. Das war die Art des Dores, den Frauen ihre »Kläävbotze« etwas früher als gewohnt wieder ins Haus zu schaffen. Denn das Bangen vor einer Eisschicht hielt den ein oder anderen doch davon ab, sehr tief und sehr lange ins Glas zu schauen.
Das Bier beim Dores war von besonderer Qualität. Wehe dem Brauer, der versuchte, dem Dores minderwertiges Bier unterzuschieben. Auf die Qualität des beim Dores verzappten Bieres war absoluter Verlaß:

Et gitt beim Dores e Drünkche,
Dat schmeck got un eß stadtbekannt;
Et lösch dr Doosch un lab et Müngkche
Un weed he äch Kölsch Wieß genannt.
Wer dat ›Kölsch‹ zoesch deit ens drinke,
Dä säht: »Donnerknespel, dat schmeck!«
Sing Auge vör Freud dun dann blinke,
Däm Dores röf zo hä wie geck:

»Komm, komm, Dores, no komm,
Bräng mer noch flöck e Glas Kölsch.
Klor es die Bierche vun Hoppe un Malz,
Läuf schön erunder dr Hals.

> Söffig Dat Bierche, dä göttliche Drank,
> Mag ich en nit – dann ben ich krank!«
>
> En Kölsche Klick Ovends deit setze,
> Am Stammdesch su schön unger sich;
> Verzallt wäde Krätzcher un Wetze,
> Geloge weed, dat mer et rüch.
> Die Ahle han Freud wie de Junge,
> Gelaach weed sich dann bal en Aß;
> Et weed, eh sei heim gon, gesunge,
> Dat jeder dr Buch sich hält faß.

Ganz alte Stammgäste wußten sich zu erinnern, daß sie einmal den noch jungen Dores in heller Aufregung gesehen hatten: und zwar war das im Jahre 1892, als das Eckhaus Weyerstraße 98 abgebrochen wurde. Bei dieser Gelegenheit »organisierte« Theodor Töller das aus der Franzosenzeit stammende Straßenschild »Rue de l'Etang« und hängte es in seiner Gaststube auf. Versuche der Stadtverwaltung, den Wirt zur freiwilligen Herausgabe zu bewegen, scheiterten zunächst am hartnäckigen Widerstand des Dores, der erst nach langem Hin und Her zum Nachgeben gebracht werden konnte. Daß er stur sein konnte, erfuhren im Laufe der Zeit viele Gäste, besonders aber ein ewig durstiger Student der Chemie, von Dores nicht Chemiker, sondern stets Komiker genannt. Für ihn blieb der Bierhahn des öfteren im Hause Töller geschlossen.

Der originelle Wirt drehte am 30. April 1912 zum letzten Mal eigenhändig den Bierhahn auf. Mit 58 Jahren, so meinte er, sei es an der Zeit, sich zur Ruhe zu setzen. Seinen Abschiedsabend nahm ein ungenannter Zeitungsleser zum Anlaß, dem »Local-Anzeiger« einen Bericht zuzusenden. Unter der Überschrift »Ein Stückchen Alt-Köln« war zu lesen:

»Noch einmal hatte der scheidende Wirt zum Abschied seine Getreuen am vergangenen Samstag um sich geschart. Es war ein Bild heiteren, echt kölnischen Lebens, das sich da in der rauchgeschwärzten Bierstube beim ›Dores‹ entwickelte. Wie in einer großen Familie fühlten sich die Gäste, die sich infolge des jahrelangen Verkehrs wenigstens vom Ansehen kannten, und fröhliche Stimmung beherrschte alle. Unser Wirt ließ sich aber auch nicht lumpen. Mit einem wahren Feuereifer, den man früher öfters gerne an ihm gesehen hätte, wenn man mit durstiger Kehle bereits über eine Viertelstunde des Bieres geharrt hatte, und nicht wagen durfte, durch Aufklopfen die Aufmerksamkeit auf sich zu lenken, trug heute unser Dores im Verein mit seiner Gattin das köstliche ›Kölsch Wieß‹ auf. Eigenartig! mit freigebiger Hand ward heute den Gästen an Speisen geboten, was man sonst vergeblich auf der Töllerschen ›Speisekarte‹ gesucht hätte. Und noch ein ungewohnter Anblick: zahlreicher denn je waren die Vertreterinnen der holden Weiblichkeit er-

schienen. In weiser Vorsicht hatten dies die schlauen Ehemänner veranlaßt, denn heute bricht der Stammtisch nicht zur gewohnten frühen Stunde auf, und einer Gardinenpredigt soll man sich nicht ohne Not aussetzen.
Die Mitternacht zog näher schon, da ertönte das Zeichen mit der Glocke (bestehend in der berühmten ›Schepp‹, die zur Erwärmung des Bieres diente) und der ›Här Assessor W.‹ feierte in herzlichen, von echtem kölnischen Humor durchtränkten Worten die Familie Töller und ließ vor dem Zuhörer noch einmal die Gestalt des Wirtes in seiner übertriebenen Ordnungsliebe und ›köstlichen Grobheiten‹ erstehen. Begeistert stimmte die ganze Versammlung in das Hoch auf unseren Dores und seine Familie ein. Zu einem humorvollen Gedicht in kölnischer Mundart feierte Hr. Rentner W. aus Godesberg, ein alter Stammgast des Lokals, den ›Musterweet, dä singen eigene Köbes eß‹. Und nun geschah das Unerhörte. Unser Dores redete; und wenn es auch nur ein paar Worte des Dankes waren, sie kamen ihm von Herzen. Noch lange blieben die Gäste in heiterer Stimmung zusammen, bis schließlich der Dores mit kategorischem Imperativ die Sitzung aufhob und die Bierquelle verstopfte. Nur ungern sehen die alten Gäste ihren Dores als Wirt scheiden.

Auch Theodor Töllers Restauration in der Weyerstraße diente als Postkartenmotiv. An den blankgescheuerten Tischen und auf der Kegelbahn wurden viele Streiche ausgeheckt.

Eß doch der Dores affgekratz
Als Weet, noh eigner Wahl,
Su weht en Denkmol im gesatz
Als Kölner Original.

Den alten Töllerschen Gästen ist der Trost geblieben, daß die alte Bierstube, in der sie ihn so lange Jahre haben schaffen sehen, noch erhalten bleibt. Noch oft wird hier des Dores und seines Schalks, der ihm faustdick hinter den Ohren saß, in freudiger Erinnerung gedacht werden.«

Der unbekannte Chronist sollte recht behalten: Dores durfte sich als Ruheständler noch 14 Jahre eines ausgefüllten Lebens in Köln-Sülz, wo er am 23. Oktober 1926 starb, erfreuen. Die Erinnerung an ihn aber lebt fort: in den Geschichten und Anekdoten, die hier und da, wenn auch spärlich, noch erzählt werden, aber vor allem im »Haus Töller«. An alter Stelle steht das Haus mit seinem Namen heute noch allen Gästen offen. Und waren es zu Dores Zeiten dessen »Marotten«, so sind es heute – neben dem gepflegten Bier – vor allem die unvergleichlich guten Hämmchen, die Gäste aus Fern und Nah anlocken.

Schutzmann Streukooche

Johann Jakob Hehn
geboren am 10. Oktober 1863 in Köln
verheiratet mit Christine geb. Beihsel, geb. am 9. 8. 1862 in Köln
gestorben am 24. Dezember 1920 in Unkel
städtischer Nachtwächter, königl. preuß. Polizeibeamter

Mit der Eingemeindung von 1888 wurde für Bayenthal das Polizeirevier 15 eingerichtet, das sich zunächst auf der Brühler Straße ungefähr gegenüber der Abzweigung der Mannsfelder Straße befand und das 1904 unter seinem Kommissar Hammerschmidt zur Alteburger Straße 272a verlegt wurde. Hierher kam nach seiner Übernahme in den preußischen Polizeidienst am 1. Mai 1894 der Ex-Nachtwächter »Streukooche«, in dessen Ausweispapieren der Name Johann Jakob Hehn verzeichnet war.
Klein, dick, mit einem »Edamer-Kies-Kopp«, auf dem er mühevoll einen viel zu kleinen Helm – Kuletschhot genannt – balancierte, mit »Brutschnäuzer« und Knebelbart und treu blickenden »Hungsaugen«, spazierte er gemächlich

durch sein Revier, das einen großen Fehler aufwies: es gab zu viele Wirtschaften, bei deren Anblick es Schutzmann »Streukooche« schwerfiel, weiterzugehen. Oft genug, wenn er einkehrte und seine »paar Droppe« geschluckt hatte, wurde er gesprächig. Und immer wieder mußte er bei solchen Gelegenheiten erzählen, wieso er den Namen »Streukooche« trage. Das tat er gerne. Zwar wichen die Schilderungen schon einmal in Details voneinander ab, im Kern stimmten sie allerdings immer mit früheren Erzählungen überein.
Wer in Köln von Streukuchen spricht, meint damit einen großen, flachen Kuchen, dessen obere Schicht aus feinen, süßen Streuseln besteht, die aus Zukker, Zimt und Butter hergestellt werden. Ein solcher Kuchen wurde Johann Jakob Hehn zum Schicksal:
Als Nachtwächter, dem auch viele Hausschlüssel anvertraut waren, hatte Hehn, wie in jeder Nacht, die Bäckergesellen und -lehrlinge seines Reviers im Severinsviertel geweckt. Als er einige Stunden später in einer Backstube auf der Ostseite der Severinsstraße zwischen Kirche und Hirschgäßchen aufkreuzte, schrie der Altgeselle: »Wo beß do dann erenn gekumme?« »Do Jeck, durch der Huusgang!«, erwiderte Hehn verblüfft und ob des ungewohnt harten Tonfalles erschrocken. »Meinste, ich köm üvver de Läuvetrapp?« Nun hatte der Bäcker aber im Hausflur einen frischgebackenen Streuselkuchen zum Ausdünsten hingestellt, den Hehn – mit »e paar Dröppcher vollgetank« – in der Dunkelheit für eine Fußmatte gehalten hatte. »Et wor gar nit esu vill verdorve«, erzählte Hehn immer wieder, »ävver hä hät mer dä ganze Streukooche engepack, un dä han ming Kinder gefresse!«
Da sich diese Geschichte in Windeseile rundsprach, hatte der zu dieser Zeit noch in den Diensten der Stadt stehende Nachtwächter schnell seinen Spitznamen weg: »Naakswächter Streukooche« nannte ihn jeder, ohne je Gefahr zu laufen, deshalb Ärger mit Johann Jakob Hehn zu bekommen. Als Nachtwächter war Johann Jakob Hehn sehr schnell zur bekannten Figur in seinem Revier, dem Severinsviertel, geworden.
Als am 23. 8. 1889 – damals wohnte Hehn in der Quentelstraße Nr. 11 – sein erster Sohn Jakob geboren wurde, übte er noch den Beruf eines Handlungsgehilfen aus. Jakobs späterer Sohn Albert, am 13. 10. 1919 geboren, nunmehr im Ruhestand lebender Schulrektor, erstellte den Stammbaum der Familie. So wissen wir, daß Johann Jakob Hehn Vater von drei Jungen und zwei Mädchen war: nach Jakob folgten Lieschen, Hanni (Johannes), Röschen (Rosa) und Karl. Während seines Militärdienstes führte seine Ehefrau Christine ein kleines »Butter-Eier-Käse«-Geschäft in Bayenthal. Dieses Geschäft sollte bald in vieler Munde sein: An einem Wochenende hatte Christine beim Verlassen ihres Geschäftes übersehen, daß sie ihre Katze eingeschlossen hatte. Das liebe Tierchen verspürte mit der Zeit Langeweile und landete schließlich in der Schaufenster-Auslage, wo Christine Hehn einen kunstvoll gestalteten Butterberg errichtet hatte. Neben ihm waren Eier aufgetürmt, die zusammen mit einem Eimer Rübenkraut die Käufer anlocken sollten. Doch statt der Käufer kamen nur einige Fliegen, über die sich wiederum die Katze so är-

Aus dem Familienalbum: der pensionierte »Schutzmann Streukooche« Johann Jakob Hehn mit seiner Frau Christine

gerte, daß sie beschloß, die lästigen Viecher aus dem Feld zu schlagen: Eine wilde Hetzjagd begann, die recht bald von zahlreichen Schaulustigen, die sich die Gesichter am Fenster plattdrückten, verfolgt wurde.
Zwar blieb die Katze letztlich Sieger, doch endete die Vertreibung der Fliegen damit, daß im Schaufenster ein Brei von Eiern, Butter und Rübenkraut war, der seine Spuren auch im Laden hinterließ, weil die Katze – im Bemühen, sich von ihrer schmierigen Last zu befreien – jedes Fleckchen nutzte, um sich zu wälzen und abzureiben. Als Christine Hehn, aufmerksam geworden durch den großen Menschenauflauf, endlich eintraf, war es zu spät, um noch etwas zu retten.
Nach der Aufräum-Aktion gab Christine kurzerhand ihren Laden auf. Und als ihr Mann Johann Jakob seinen Militärdienst beendet hatte, fand er keine Beschäftigung mehr in seinem Beruf als Handlungsgehilfe. So bewarb er sich 1890 bei der Stadt Köln als Nachtwächter. Er wurde eingestellt und im Severinsviertel eingesetzt. Mitsamt Familie zog er, um im Revier ständig präsent zu sein, zur Dreikönigenstraße Nr. 12. Trotz seiner erst 27 Jahre trug er schon ein ansehnliches »Kostgewölbe« vor sich her: Zeugnis seines guten Appetits und vor allem seines nie verlöschenden Durstes. Im ganzen Revier war bekannt, daß Hehn zwar die lange Säbelscheide unter dem Uniformrock trug, daß diese jedoch stets leer war. Den Säbel ließ Hehn zu Hause, weil »dat doch wieh deiht!« Stattdessen trug er einen sogenannten Lämmersack, wie ihn die Schäfer zu tragen pflegten, unter der Uniform. In diesen Sack stopfte er alles, was er »vor Ort« an »milden Gaben« erhielt und was er nicht vertilgen wollte oder konnte. Kein Bäcker oder Metzger, der nicht ein Teil in diesen Sack oder in die Rockschöße des städtischen Bediensteten gesteckt hätte, der Nachts »wachte« und tagsüber »kassierte«.
Da Johann Jakob Hehn zu den Glücklichen gehörte, die von den Preußen nach der Übernahme des Nachtwesens im Jahre 1894 in den Polizeidienst übernommen wurden, mußte er notgedrungen seine Nachtwächtertätigkeit im Vringsveedel aufgeben; er wurde als Schutzmann nach Bayenthal versetzt.
Um 23 Uhr begann Johann Jakob Hehn seinen Dienst, der am frühen Morgen um 6 Uhr endete. Kollegen berichteten, daß Hehns erste »Amtshandlung« täglich darin bestanden habe, einen riesigen »Turm« an Schwarzbrotschnitten, die mit Speckscheiben belegt waren, zu verzehren. Es dauerte nicht lange, bis er in der Hirschbrauerei, zu der er einen Schlüssel besaß, »frei saufen« hatte. Da Schutzmann Streukooche über die Stunde hinaus dachte, nahm er sich häufig Bierflaschen mit, die er im Efeugerank einer Mauer an der Tacitus- und Alteburger Straße versteckte. Doch bald fand er die Flaschen bei seinen »Kontrollgängen« leer vor: Bayenthals Fetzen kannten das Versteck und »bedienten« sich. »Wann ich Üch krigge, schlonn ich Üch kapott!«, drohte die preußische Amtsperson, ohne jedoch ernst genommen zu werden.
Denn wie sollte er die Jungen kriegen? Nachlaufen konnte er ihnen auf keinen Fall, das schaffte er nicht wegen seiner Körperfülle. Wenn es die Bengels

gar zu toll getrieben hatten, war Hehn auch schnell zu versöhnen: mit »dressig Droppe kann mer alles widder got maache«, ließ er sie wissen. Aus seiner Nachtwächtertätigkeit rührte Hehns Vorliebe für Backstuben, insbesondere im Winter. Dort konnte er sich auch äußerlich »jet opwärme« – für die »innere Wärme« nahm er zuvor seine »dressig Droppe«.

Einige Bayenthaler Studenten machten sich Hehns Vorlieben zunutze. Nachdem sie ihn zunächst mit »dressig oder och jet mieh Droppe« versorgt hatten, schleppten sie ihn in eine Backstube, die Schutzmann Streukooche »revideere« sollte. Da Hehn sich kaum noch auf den Beinen halten konnte, legten sie ihn gegen einen Mehlsack, mal von vorne, mal von hinten. Nach kurzer Zeit war Hehns blaue Uniform kaum noch zu erkennen. Da es Vorschrift war, daß sich alle im Nachtdienst befindlichen Schutzleute um zwei Uhr auf dem Revier melden mußten, folgte Hehn, obwohl »voll wie en Ühl«, dieser Anweisung: »Vörschreff es Vörschreff«, erklärte er den Studenten. Diese weißten auch noch sein Gesicht mit Mehl, so daß Hehn einem Schneemann ähnlicher sah als einem Polizisten, und schleiften ihn aufs Revier. Der Revierleiter, der seinen »Streukooche« kannte, ließ ihm zuerst einen Eimer kaltes Wasser über den Kopf schütten; danach sprach er »kölsch« mit ihm. Die Studenten hielten sich derweil die Bäuche vor Lachen.

Bis in den Ersten Weltkrieg hinein lebten die Bayenthaler wie in einer großen Familie: Jeder kannte jeden, vielfach duzten sich die Nachbarn, und auch der Schutzmann Streukooche war ein Glied dieser Gemeinschaft geworden. Mit Vorliebe bezog Hehn seinen Standplatz Ecke Tacitus- und Alteburger Straße, dem Verkehrsknotenpunkt im alten Bayenthal. Im Eckhaus des Schreinermeisters Dräger, das im Zweiten Weltkrieg zerstört wurde, befand sich die erste Bayenthaler Post. Daher auch der Name Poststraße für die spätere Tacitusstraße. Hier befand sich die Haltestelle der Pferdebahn und hier war eigentlich immer etwas los.

Eines Nachts, Hehn stand wieder an »seiner« Ecke, fegte ein junger Mann wie der Blitz an ihm vorbei. »Wo läufs do fussige Räuber medden en de Naach hin?«, brüllte ihm der Gesetzeshüter, Schlimmes vermutend, nach. Als Adolf Wichterich jedoch nach wenigen Minuten in Begleitung der Hebamme zurückkehrte, meinte Hehn: »Ah, esu es dat! Dann kann mer jo gratuleere!«

Aber auch Verrichtungen unangenehmer Art kommen auf einen Polizisten zu. Karl Baur, Sohn aus der ehemaligen Gastwirtschaft von Franz Baur, erzählte als damals 74jähriger in den sechziger Jahren eine makabre Geschichte, die er zu Streukoochens Zeiten erlebt hatte:

»Eines Abends«, so erinnerte sich Karl Baur, »kam ich vom Rheinufer und wollte durch die Flößerstraße nach Hause gehen. Die damals noch jungen Alleebäume der Uferstraße hatte man zum Schutz mit einem Rundgitter umgeben. Unvermutet stieß ich dort an einen Körper. Es war ein Toter, der an einem Gitter hing. An seiner Ecke stand Streukooche, dem ich von meinem grausigen Fund berichtete. Er fluchte furchtbar; denn er sah sich nun gezwungen, die Karre zu holen und den Toten zum Augusta-Hospital abzu-

transportieren. Die »Kar« war ein schmales zweirädriges Wägelchen mit einer über eine halbrund gebogene Stange gezogenen Segeltuchplane, die im Spritzenhaus in der Koblenzer Straße stand. ›Wann do noch ens su en versoffe Kraat fings, die sich opgehange hät, dann ließ do die gefälligs hange, ohne mer jet dovun zu sage‹, beschwerte sich am anderen Tag der Streukooche, und nur mit etlichen Körnchen war er zu beruhigen.«
Soweit die Erinnerungen von Karl Baur, der seiner Schilderung der Ereignisse im Gespräch mit der Heimatschriftstellerin »Griet« noch hinzufügte: »Überhaupt, wenn wir zwei all die Körnchen trinken müßten, die ich dem Streukooche engeschott han, dann hätte mer jet zo dun!« Wie es den Schutzleuten um die Jahrhundertwende erging, was sie erlebten und wem sie begegneten, hat Josef Boeren festgehalten. »Schutzmannsgedanke em Himmel« nennt er seine 1936 entstandene aufschlußreiche Rückschau:

> Wie ich noch stundt am Zinter Vring
> Als Schutzmannsposte Waach,
> An all dä Krom, dä hück modern,
> Hät do kei Minsch gedaach.
> Mer soch zwor ald ens do un he
> Ne Geck op däm Viluzepee;
> Kom dä de Stroß erav gefäg,
> Leev alles uus däm Wäg.
> Op Poste – verroste
> Darf dä Biamte nit.
> E Glöck, ne Schutzmannsmage
> Kunnt immer, kunnt immer,
> De Meddelcher verdrage,
> Die gäge Roß et git.
>
> Wenn domols och kei Auto fohr,
> Elektrisch keine Zog;
> De Pädsbahn maht et Levve soor
> Meer suwiesu genog.
> Se gingk nit vun de Schiene fott,
> Do holf kein Hüh, do holf kein Hott,
> Un wann kei Fuhrwerk wigger kunt,
> Se stunt do – wo se stunt.
> Op Poste – verroste
> usw.
>
> Op Kirmes oder Fasteleer
> Hat kein Minut ich Rauh;
> Der Deuker weiß, wer all dat Beer
> Gedrunke (un Schabau!).

Wor irgends Knieß ens oder Strick,
Dat wor meer mietstendeils zo wick,
Die kunnte sich jo och zerschlon,
Wo ich op Poste ston!
Op Poste – verroste
usw.

Wor Ovends Deensschluß, wor ich beet,
Doch mietstens trof et sich,
Dat irgendeiner bei nem Weet
Jet kaltgestellt för mich.
Hat ich gelösch dann mingen Doosch,
Dann lohten ich mich öm noh Woosch;
Su wood mer jeden Ovend klor,
Wie ärg belieb ich wor.
Op Poste – verroste
usw.

Ich loore jitz bal dressig Johr
Erunder op de Äd,
Un staune, wat dä Jungkulleg
Op mingem Poste mäht.
Ich sin die lange wieße Bahn,
Die Autos all, – dä Aeroplan;
Dat Minschevolk – jöck her un hin,
Meer weed jo doll vum sin.
Ich loore – bedoore
Vun hück de Schutzmannsschaff.
Dun die sich nit verrenke
Beim schwenke, beim schwenke?
Dät Ehr su en Amb meer schenke,
Ich köm nit mih erav!

Nach zwanzigjähriger Tätigkeit als preußischer Polizeibeamter ging Schutzmann Streukooche als 52jähriger im Jahre 1915 in Pension. Nach einigen rauschenden Abschiedsfeiern verließ er bald darauf Köln und zog nach Unkel. Für 45 000 Goldmark hatte er hier ein Haus erworben. Sicherlich ein Beweis dafür, daß auch ein Schutzmann es in der damaligen Zeit zu etwas bringen konnte. Vorausgesetzt, er verstand es, das, was er erhielt, auch zusammenzuhalten – und zu vermehren. In dieser Hinsicht war Johann Jakob Hehn ein Meister seines Faches. Jakob Rasquin mag an ihn gedacht haben, als er das Gedicht »De Ervschaff« schrieb:

Der Ovend dröv kroff en de Stuvv, –
Ne kölsche Schutzmann log em Sterve;
Der Son, och Schutzmann, kriesch un schnuf
Un daach ganz heimlich an et Erve.

»Och leeve Jung, nie wor ich rich,«
Säht no der Ahl met schwachem Hoste:
»Do en de Täsch es jet för Dich,
Dat halt en Ehr un loß nie roste.«

Dä Jung föhlt en die Täsch un hät
Nen blinge Grosche, ärg verschlesse,
Ohne Krun, ohne Zehn, un matt vun Fett . . .
Wie ei Mirakel ungerdesse

Klingk et vum Bett met matter Stemm,
– Dä Ahl hov langsam singe Finger, –:
»Et kann der kumme noch su schlemm,
Dat Ervdeil hilf Deer vör un hinger.«

Dä Son noch ärger bauz und schnuv,
No kom et wie em letzte Zidder:
»Vum Bäcker – Metzger – ov vum Weet,«
– Et ging der Dud ald durch de Stuvv –
»Kriß Do – dä Schäl do – immer – widder!«

Als Ruheständler konnte Schutzmann Streukooche in Unkel ein ruhiges und beschauliches Leben führen. Mancher Tropfen guten Rheinweines floß durch seine noch immer durstige Kehle. Am 24. Dezember 1920, Heiligabend, schloß er als 57jähriger seine Augen für immer. Die »ganz Ahle« im Severinsviertel und in Bayenthal, die ihn noch gekannt hatten, nahmen die Kunde von seinem Tod mit Trauer auf. Und jede Anekdote, mit der sie ihren Schutzmann Streukooche in die Gegenwart zurückholten, schloß mit der Feststellung: »Hä wor ne dudgode Käl!«
Bis in die Nachkriegsjahre blieb der Schutzmann Streukooche in »guter« Erinnerung. Kaspar Empt war als »Schutzmann Streukooche« Ende der dreißiger Jahre einer der bekanntesten Typenredner im Kölner Karneval. Nach dem Krieg – so weiß sich der Karikaturist ALEKS (Alfred Küsshauer) zu erinnern – wurden Polizisten, die es verstanden, schneller und besser als Normalbürger an Lebensmittel zu kommen, als »Schutzmann Streukooche« bezeichnet. Der letzte, den ALEKS noch namentlich kannte, verrichtete bis in die fünfziger Jahre seinen Dienst im Viertel um die Friesenstraße.

Carl Rüdell fing im Jahre 1925 dieses herrliche Straßenbild »Am Hof 30–36« ein. Orgeldreher und Karren sind aus dem heutigen Straßenbild verschwunden, die Pumpe steht noch an gleicher Stelle

Von A(rmenschullehrer) bis Z(ebingemann)

Kölner Originale gab es zu allen Zeiten. Schon Hermann von Weinsberg erzählt in seinen Kölner Denkwürdigkeiten vom »gecken Trina«. Sie war, wie er schreibt, »kurz und ungestalt von leib und angesigt, geherzst und redt vil, doch nit aller verstentlich, wart angefertigt (belästigt, verulkt) von den kindern und alten uff der gassen, dar sie mit spraich, bracht alle zeitung an, was in der stat geschein was; wen emans gestorben, troich sie reubetzel (Geld, welches bei der Beerdigung unter die Armen verteilt wurde). Disse geckin war seir genoichlich; drumb war von irem doide (1580) durch die ganse stat und baussen Coln vil sagens.«

Und Ernst Weyden schrieb 1862 in seinem Buch »Köln am Rhein vor fünfzig Jahren«: »Jedes Stadtviertel hat seine komische Persönlichkeit, irgend ein männliches oder weibliches Original, einen Spielball der harmlosen Spötterei der Knaben und selbst älterer Leute. Die ›Alles ist vergänglich!‹, der ›Bombom‹, das ›Hungsmadämche‹ waren an allen Enden der Stadt bei Jung und Alt ebenso bekannt, wie der ›Hat er jet zo binge‹ (der spätere ›Zebingemann‹) das ›Melcherche‹, das ›Schötzengelche‹ (eine kleine, verwachsene Person, die mit einer Violine den Jahrmärkten und Kirmessen nachging und auf der Straße und abends in den Wirtschaften aufspielte), der ›gecke Habilius‹, ›Herr Pax ä Papierche?‹ und wie die sonstigen komischen Straßentypen alle hießen.« Josef Bayer erwähnt noch »Et Zellerei-Stinche«, die den Marktweibern gegen geringen Lohn die Körbe wegtrug, »Der lange Tod«, Hauptmann und Führer einer Reihe von Rheinkadetten, Schürgern und Sackträgern, »Bomwe«, der stadtbekannte »krumme Vogelfänger und -händler«, der mit seiner gefiederten Menagerie und ewig-guter Laune ein alter Freund und Bekannter auf den Märkten war, »Der Nadelsmann«, der – mit mächtig breitem Gesicht und Geruchsorgan – ein lästiger Nadelhausierer war. In dem Lied »O, weint um sie« macht uns der Dichter Blümeling mit weiteren Typen, die vor 1869 gelebt haben, bekannt: »Dä Mällärm«, »Et Schmoorwievche«, »Der Pitter Tätsch« und »Der Intendant«. Auch der »Decke Spickenheuer« taucht als »Original im Kölner Polizeidienst« in der Literatur auf. Wo er ging und stand, riefen die Gassenjungen: »Spieckenheuer, Spieckenheuer – hast nen Arsch wie ein Ungeheuer!« Mit dem Maler Bock hat der Vertreter der preußischen Obrigkeit mehrmals Bekanntschaft gemacht.

Über alle hier aufgeführten Typen war über das, was überliefert ist, hinaus nichts Wesentliches in Erfahrung zu bringen. Etwas mehr, wenn auch nicht viel, kann über die folgenden Typen gesagt werden, die alle eines gemeinsam haben: ihre Lebensdaten sind nicht bekannt, können auch nicht festgestellt werden, da nur ihr Spitzname, selten ihr richtiger Name überliefert ist.

Paul Faust verfaßte 1895 das Gedicht »Der Zebingemann«, welches Heinrich von Stephan vertonte. Hier die Titelseite des kunstvoll gestalteten Notenblattes

Armenschullehrer Wilmius

An der Armenschule der Peterpfarre unterrichtete Wilmius die Schüler. Doch der kärgliche Lohn reichte nicht, um sich und seiner Familie ein akzeptables Einkommen zu verschaffen. Deshalb betrieb seine Frau einen kleinen »Tillekatesselade«, in dem auch der Chef persönlich bediente, wenn der Schulunterricht vorbei war. Seine Schüler machten sich ein Vergnügen daraus, dem Lehrer die Nebentätigkeit so schwer wie möglich zu machen. Wo anders bot sich auch eine so gute Gelegenheit, in der Schule erlittenes »Unrecht« zu rächen?
Am Eingang des Ladens – die Jungens nannten ihn zum Ärger des Inhabers respektlos »Büdchen« – stand ein großes Faß mit dünnflüssigem Rübenkraut. In dieses Faß warfen einige Bengel den Kater ihres Lehrers, der sich aus eigener Kraft nicht aus dieser klebrigen Brühe befreien konnte. Die markerschütternden Schreie des Tieres alarmierten den Lehrer, der in der Hinterstube gerade dabei war, einige Hefte zu begutachten und die Arbeiten zu korrigieren. Er befreite den Kater, strich das Rübenkraut aus dem strähnigen Fell ins Faß zurück und nahm die »Endreinigung« seines Tieres an der nahegelegenen Wasserpumpe vor. Natürlich folgte die Revanche anderntags in der Schule. Denn Wilmius wußte genau, wer die Übeltäter gewesen waren. Die Bestrafungen hielten aber niemanden davon ab, den Magister mit immer neuen Einfällen zu ärgern. So stahlen die Rabauken an einem Donnerstagnachmittag die in einem »Büttche« ausgestellten Stockfische, das Freitagessen der »ärm Lück«. Ein besonders mutiger Junge wurde in »et Büdche« geschickt, um dem Lehrer zu melden »Här Lehrer, Här Lehrer, Ühr Stockfesch künne widder schwemme!« Wilmius eilte auf die Straße und sah dort voller Entsetzen seine Stockfische »en dr Sood« liegen. Nachdem er sich ausgetobt hatte, sammelte er die Fische ein, spülte sie mit Wasser kurz ab und legte die »gereinigte« Ware wieder ins »Büttche«. Auch hier folgte die Strafe zwar nicht auf dem Fuß, aber anderntags in der Schule. Im Viertel um die Peterpfarre sangen die Kinder oft und gerne ihr Spottliedchen auf den Lehrer:

> Zo Köllen op dem Greechemaat
> Do wunnt dä ahle Wilmius
> Met singem schäälen Wiev!

Bibi

Karl Waller, geboren am 17. November 1845 in Köln, Schaafenstraße 17, war eine Zeitlang »Kaiserlicher Postillon«. Nachdem er aus dem Dienst ausgeschieden war, trug er alle möglichen Kleidungsstücke, die von anderen abgelegt worden waren. Eine besondere Vorliebe zeigte er für steife Filzhüte. Deren Vorbesitzer waren zumeist von anderer Statur und Körperfülle – und damit auch von anderem Kopfumfang – als der eher gedrungen-kleine Karl, der nur »Bibi« gerufen wurde. Nur dem Umstand, daß er gewaltig abstehende Ohren hatte, verdankte er es, daß ihm die Hüte jeder Größe nicht über die Augen fielen.

Oft gab es regelrechte Volksaufläufe, denn Bibi schimpfte und krakeelte fortwährend: mit sich, den Passanten, mit Gott und aller Welt. Und da er den Menschen nicht traute, trug er sein ganzes Hab und Gut ständig in einem Reiseköfferchen mit sich herum, bis er sich gegen Abend in die Schnurgasse begab; hier hatte er sein Domizil.

Breuer's Lei

Leo Breuer, geboren in Mülheim, verstand es, auf vielerlei Art Musik zu machen. In eine schmucke Samtjacke gekleidet, spielte er die Gitarre ebenso gut wie die »Quetschkommod« oder die »Vijelin«. Sein bevorzugter Standort war die Deutzer Schiffsbrücke. Er war allerdings darauf angewiesen, daß im Deutzer Marienbildchen ein Konzert stattfand. Die Konzerte in diesem schmucken Lokal genossen einen ausgezeichneten Ruf; sie waren Anziehungspunkt auch für viele Kölner, die über die Schiffsbrücke nach Deutz pilgerten, um sich an der Musik zu erfreuen. Eine Einkehr im Marienbildchen erlaubte den meisten der Geldbeutel nicht. Sie blieben vielmehr auf der Brücke in Höhe des Deutzer Ufers stehen, von wo die Musik gut zu hören war und es nebenher auch vielerlei zu sehen gab.

Wenn jemand vom »Zweipenningskunsäät« sprach, wußte jeder, daß damit der »Logenplatz« auf der Schiffsbrücke gemeint war, von dem aus das Konzert im Marienbildchen verfolgt werden konnte. Denn die zwei Pfennige Brückenzoll waren – im Gegensatz zu den Eintritts- und Verzehrpreisen im Lokal – noch so eben aufzubringen. Legten nun die Musiker im Marienbildchen eine Pause ein, dann war Leo Breuer zur Stelle, um den auf der Schiffsbrücke versammelten »Konzertbesuchern« die Zeit zu verkürzen: er spielte und sang, und zwar am liebsten das folgende Lied, das in Anlehnung an eine wahre Begebenheit entstanden war und später verboten wurde, weil damit »das Militär verhöhnt« werde:

> En Kumpanei Zaldate
> Mascheete Murgens fröh
> Eruhs noh der Parade
> Lans fette Öhß un Köh.
>
> De Knöpp un och dat Ledder
> Die wore blank geschoot.
> Un en dem helle Wedder,
> Do blänkte alles got.

Un als se wore kumme
Bes an dat Schlächterhuus,
Do leht dä Leutnant trumme, –
Ne Ohß, dä kom eruus.

Dä Metzger kunnt nit zwinge
Dat große fahle Deer:
Dä Ohß, dä gingk im springe
Grad en dat Militär.

Dä Leutnant kummandeete:
»Geht das Carré mir an!«
Dä Ohß sich nit dran stööte:
Hä maht sich flöck frei Bahn.

Dä Ohß, dä dät do seege,
Troot alles kradeplatt;
Dä Leutnant kom an't fleege,
Dä Leutnant schlog et Rad.

De Trummle un de Fähncher
De loge op der Ähd,
Gewehrcher und Zaldätcher,
Die loge wie gerähnt!

Dä Leutnant dät jitz meine,
Ne Ohß wör kein Pläsier.
Dröm leht hä alles lige –
Un kraut op Huhs ahn sihr.

Viele Frauen hatten ihren »Lei« ganz besonders ins Herz geschlossen. Mit seinen Liedern »Der Seeräuber«, »Glaube, Hoffnung, Liebe«, insbesondere aber mit einem »Kriegslied« traf er den Geschmack der allzeit gut gestimmten »Maatwiever«:

Wat ben ich doch en ärme Frau
Met mingem Kreegersmann.
Et lieht mer Dag un Naach kein Rauh,
Woför ich Freud künnt han.
Durch dä Kreeg, durch dä Kreeg
Krigge mer nix mieh en de Weeg,
Durch dä Kreeg, durch dä Kreeg
Krigge mer nix mieh en de Weeg.

Bützhennche
oder auch
Plaatebützer

Der Orgeldreher Heinrich erhielt diese Namen nicht deshalb, weil er die Glatzen anderer Leute küßte, sondern weil er – sobald er eine Kirche betrat – sich auf die Knie warf und die Platten des Bodenbelages mit den Lippen berührte. – Etwa so, wie noch heute in Spaniens Kirchen die Heiligenfiguren »gebützt« werden. Entgegen der weitverbreiteten Meinung vieler Kölner, die im »Bützhennche« einen frommen Mann sahen, war dieser Akt bei ihm jedoch kein Ausdruck besonderer Frömmigkeit. Vielmehr benutzte Heinrich seinen Kniefall dazu, gleichzeitig mit geübtem Griff eine Schnapsflasche aus der Innentasche des Rockes zu ziehen und einen tiefen Schluck zu nehmen. Seinen Ruf als gottesfürchtigen Mann verlor er endgültig, als er eines Tages in St. Cäcilia die Flasche aus der Hand gleiten ließ und diese klirrend auf dem Steinboden zerschellte. Anstatt eines Heiligenscheines umgab ihn und die Kirchenbesucher Branntweinduft. Josef Wach schrieb über ihn:

> Veerschrödig
> Un stödig
> Met silligem Senn
> Genaggelt
> Gewaggelt
> Kütt der Bützhenn;
>
> De Junge
> Vun Unge
> Hiv hä an der Mungk,
> Bütz löstig
> Un höstig,
> No seht, wie hä lungk!
>
> Dä Bützenhenn vun Zint Matheis
> Hä däät sich bützen en der Schweiß!

Chreßkingkche vun der Vringsstroß

Der in Hammerstein am Rhein geborene Faßbinder Johann Vincenz Torsy, urgemütlich und von stattlichem Körperumfang, eröffnete 1845 in Köln auf der Severinsstraße Nr. 97 eine Weinstube, die nach seinem Tod am 27. Januar 1871 von seinem Sohn Jakob Joseph übernommen, ausgebaut und 1894 schließlich durch einen langen Anbau vergrößert wurde. Allabendlich traf sich hier ein gutbürgerliches Publikum, unter dem die Handwerker aus dem Veedel dominierten. Bei dem guten Wein, der hier kredenzt wurde, kam nicht nur schnell fröhliche Unterhaltung auf, vielmehr blühte hier auch der Flachs, und so manches Krätzchen wurde hier ersonnen und gesponnen. Aber auch die »Studierten«, Dozenten und Professoren der damals noch in der Nähe gelegenen Universität, kamen oft und gerne hierher: Küche und Keller des Hauses boten für jeden Gast etwas.

Als Jakob Joseph Torsy am 16. Juni 1913 starb, führte seine Witwe Helene – als Pendant zu »Vater Töller« wurde sie »Mutter Torsy« genannt – das Haus weiter. Nach Kriegsende übergab sie die Wirtschaft in die Hände ihrer Tochter und ihres Schwiegersohnes. Doch dieser – Breuer mit Namen – starb Anfang Februar 1922 an einer tückischen Krankheit; seine bei allen Gästen sehr beliebte Tochter, »et Lenche«, starb als 19jährige ein knappes Jahr später. So mußte auch die Enkelin des Gründers als Witwe das Haus weiterführen, unterstützt von ihren Kindern Heinrich und »Kättchen«. Über das Vringsveedel hinaus galt sie wegen ihrer Güte und Wohltätigkeit als »et Chreßkingkche vun de Vringsstroß«.

Im Jahre 1903 verfaßte Jakob Joseph Torsy ein Lied, in das er seine Lebens- und Berufserfahrungen als Wirt einbrachte:

> Ein jeder hät he op der Äd
> Bekanntlich sing Sorgen un Quale,
> Der eine muß dran we e Pääd,
> Dat heisch, wann de Lück et bezahle;
> 'Nen andre dä hät et bequem,
> Hä kann sich met ganze Dag räste,
> Un dat eß för vill Lück et beste
> Un och dobei ganz angenehm.
> Jedoch 'ne Kellner hät e schrecklich Levve,
> Bes en de Naach muß blieven hä adrett;
> Un schleit et Morgens »Veer« om Thon henevve,
> Dann krüff dä ärme Kääl eez en et Bett.
>
> Eß Meddags jet groß et Diner,
> Muß flott hä de Zupp dann serveere;
> Hä kritt dobei off singe Thee,
> O jömmich, wat muß hä all höre!
> Un eß ens et Fleisch angebrannt,
> 'Nen Här fingk em Kappes en Höörche,
> Dann geit däm de Muul wie am Schnörche,
> Der Kellner weed doför geschannt.
> »Sie, Ober, es verstößt gen gute Sitten,

Wenn solches in 'nem Restaurant passiert;
Ich seh', Ihr Kopfhaar ist noch nicht geschnitten,
Auch sind Sie sehr malproper heut rasiert.«

Em drei Ohr dann sitz en ner Eck
Der Kellner, wie muß hä sich zaue,
Dat hä dann de Ääze met Speck
›Allein‹ kann am beste verdaue.
Dann kütt för dä Ärmste de Zick,
Wo hä künnt 'nen Augenbleck schlofe,
Doch jedesmol weed hä gerofe
Vum Gaß, dä der Rock sich antrick.
»Nein, Kellner, es ist faktisch zu bedauern,
Sie sind nicht grad' ein höflicher Galan,
Wir sind doch wahrlich hier nicht bei den Bauern,
Ein edler Mensch, der ›zieht‹ den andern an«.

Der Meddag geit schnell su eröm
Un och et Geschäff mäht sich flotter,
'Ne Mann röf, un driht sich ens öm:
»E Röggelche Kies met jet Botter!«
Jitz schreit einer: »Sie, Kellner, he!
Ich will mit der Dame hier speisen,
Befinden uns grade auf Reisen,
Drum decken Sie uns séparé«.
»Jo, bei Soupers, doh ka'mer jet erlevve!«
Su säht der Kellner falsch un mäht en Fuuß,
Dä Här me'm Fräulein hatt sich fott gegevve
Un ging gesättig en en »öntlich Huus«.

Et Schlemmste eß doch för dä Mann,
Wann Fasching gefeet weed en Kölle,
Plaaz Freude un Loß he zo han,
Muß immer de Groschen hä zälle.
Su kütt off der Kellner en Damp,
Weil hä se nit all hät zosamme,
De »Zällerei« deit hä verdamme
Un schött'er sich ein op de Lamp.
Su deit hä Ovends mänches Gläsche hevve,
Bis dat hä öftersch stief eß wie en Brett,
Un schleit et Morgens »Veer« om Thon henevve,
Krüff hä op alle Veere en et Bett.

Duvegriet

Der älteste Kölner »Duvejeck« ist zweifelsohne Konstantin von Lyskirchen, der im Jahre 1613 zum Kölner Bürgermeister gewählt wurde und bis 1631 weitere siebenmal die hohe Würde und Bürde zu ertragen hatte. Doch der Vater von neun Kindern widmete sich weniger dem Taubensport als vielmehr der Taubenzucht. Zum großen Ärger seiner Frau Gertrud – geborene von der Reck – verzehrte er die »Herrgottstierchen« gleich dutzendweise. Auf ihre entsprechenden Vorhaltungen reagierte Konstantin bürgermeisterlich-staatsmännisch: »In diesen unruhigen Zeiten muß ein Bürgermeister auch im Kleinen seinen Willen auftischen!«
Nach Konstantin von Lyskirchen etablierten sich noch viele Taubenliebhaber in Köln: Die Taube wurde zum »Rennpferd des kleinen Mannes«. Taubenliebhaber trafen sich regelmäßig auf einer Taubenbörse. Bis in die heutige Zeit hat sich dieser Brauch bewahrt. Die bekannteste Persönlichkeit bei allen Taubenliebhabern in der Mitte des vorigen Jahrhunderts war »et Duvegriet« in der Lungengasse. Ihre Spezialität war der Verkauf der bekannten »Kölner Tümmler«. Bei der Namensgebung spielte natürlich der Lokalpatriotismus eine Rolle. Dabei hatte »et Duvegriet« unter der zahlreichen Kundschaft, die den kleinen Laden an Sonntagen restlos füllte, besonders viele aus dem Rechtsrheinischen. Denn die »Bergischen« waren regelrechte »Duvejecke«. Griet paßte sich sogar der Mundart und Ausdrucksweise ihrer bergisch-bäuerlichen Kundschaft an. Deshalb hat Franz-Peter Kürten das Gedicht »An alle Duvegecke« in Erinnerung an »et Duvegriet« in »rechts-kölnischer Mundart« geschrieben:

Klätscher, Kröpper un Kalotte,
Mövche, fried gän Schmeß un Wenk,
Tiger, Döllche, Ziprianche
Met nem rude Ogerenk.

Türke, Laach- un Felseduve,
Indianer, schwatz un rut,
Alle Zoote, alle Färve,
Fromm wie'n Quissel, frech wie'n Schrut.

För de Korv em Gangk, am Zappes,
För de Givvelstuvv un Schläg,
Jeder fengk sing Aat, un bellig!
Un su lohnt sich jede Wäg!

Gratis gevv ich iesch Belihrong
Uevver Foder, Fläg un Zuch;

Nor gebore Duvegecke
Krigen Dier hee, dat es Bruch.

Su, no kutt! Et Kicke koß nix,
Un beim Kicke kütt der Spaß.
Männech ärm Levve kräg iesch Freud beim
Duvegriet, Köln, Lungegaß!

Griet's Verkaufsart war ihre Geschäftsreklame. Zum Geld kam der Handschlag, daß die Tiere gut gehalten würden. Bei Griet gab es »Stätze, Effere (Bäckches-Tümmler), Holländer (Schwatzrut-golde-Stätzche) und gottweißwat för'n Zoote.« Im Lokal „Zur Taubenbörse" in der Anno-Straße wird noch heute an jedem Sonntag um Tauben gefeilscht. Zwischen neun und zwölf Uhr treffen sich an die zwanzig »Duvejecke« mit Käfigen und Körben, um ihre Zier- oder Zuchttauben zu tauschen oder zu verkaufen. Heute kostet es schon ein paar Mark, diesem »Sport der Armen« zu frönen. »Wenn Do Ding Jeld ens fleege sin wells, dann muß Do Dir e paar Duuve kaufe, dann kanns Do et fleege sin«, zitiert Ronnie Radlach in »Köln zwischen Himmel un Ääd« einen Händler in seinem »Börsenbericht.«

Elsteraugen-Evche

Ausschließlich auf die Füße ihrer Mitmenschen hatte es die kleine und buckelige Person abgesehen: in kunstgerechter Weise befreite »et Elsteraugen-Evche« ihre Kundschaft billig und schmerzlos von den Qualen der Hühneraugen – auch Elsteraugen genannt –, die im 18. und 19. Jahrhundert eine große Plage waren. Kein Wunder, bei dem Schuhwerk und dem dafür verwendeten harten Leder. Den Friseuren war es gestattet, sich offiziell als »Hühneraugen-Operateure« zu betätigen. Josef Bauduin, der Bruder des »Doctor Schabaudewing«, war als solcher in der Follerstraße tätig. Josef Klefisch schrieb 1952 ein Lied: »Elsteraugen-Evche«:

Em ahle Kölle flankeeten en Mähd,
Dat hatten de Lück esu gähn.
Fass mallig, dä't sooch
It bützen dät un säht:
»Do bes minge Stään!«
Dat brahten die Äugelcher nit zowäg,
Die blank im em Köppche dähte funk'le;
Met andere Äugelcher spillt' dat Weech:
Die an die Ziehe funkele!

> Doröm hatten all dat Mähd esu gähn,
> Et wor et Allerwelts-Leevche.
> Et verstunnt, de Fooßping zo halden fähn-
> Dröm heesch et och Elsteraugen-Evche.
> Un stoochen de Äugelcher och jet nitsch
> Dat Evche – drop gevv ich Dir e Pröfge –
> Wood fähdig domet, et schnett
> Ratsch-ratsch – sie Meisterstöck, dat Evche!

Die Hühneraugen-Operateure wurden erst gegen Ende des Jahrhunderts überflüssig; moderneres Schuhwerk, anpassungsfähigere Materialien und zahlreiche »Heilmittel« sorgten für geringere Qualen. Verschwunden sind die Hühneraugen freilich auch heute noch nicht: manch einer hat Modetorheiten seinen Tribut zu zollen. Wie sehr das Thema die Kölner beschäftigte, geht aus dem Lied »Et Höhneraug« aus dem Jahre 1884 hervor:

> Wat op Äd am winnigste daug,
> Dat eß doch et Höhneraug:
> Eeztens, weil et unbequäm,
> Zwettens, ärg unangenähm,
> Drettens, weil et petschen deit,
> Veetens uns mäht vill Leid,
> Fünftens, un etzetera,
> Weil et gar – i ja! –
> D'r Minsch, nohm Foßbad en d'r Bütt
> Sich an 'nem Metz vergriefe lieht!
>
> Kopp-, Zant-, Buch- un Ohreping
> Muß mehr achte nor gering;
> Gegen die, die uns beim Ston
> Un beim Gon 'su'n Aug gedon:
> Funken danzen op der Naas,
> Un de Hoor – klätschenaaß,
> Die ston piel off en de Hüh
> Durch dat Aug am Zieh.
> Un Wööder kummen uus dem Mung,
> Dat jieh verschreck sich Alt un Jung.
>
> Mänchen brave gode Jung
> Ald bedröv sie Mädche fung,
> Throone stunten ehr em Bleck,
> Mänche Seufzer wodt zerdröck.
> Un hä reef: »O, kriesche nich,
> Sons mein Herz – ganz zerbrich!«

Dann et meint dä gode Flöpp,
Dat vör in gedröpp
De Throone vun däm Mädche hold.
Doch: et Höhneraug wor nor dran schold!

Flötenvirtuose Warburg

Seinem Flötenspiel lauschten die Gäste der Gaststätten, in denen er sich aufhielt, fast ehrfurchtsvoll. Vornehmlich in der »Ewigen Lampe« fand er in illustren Kreisen seine »Verehrer«. Der »alte Warburg«, ein guter Freund von Professor Kreuser, hatte ein glatt rasiertes, rosig scheinendes, sehr freundliches Gesicht. Auf dem Kopf trug er ein schwarzes seidenes Käppchen, das er nie abnahm.
Seine Flöte war Bestandteil eines Spazierstockes; vor dem Spiel wurde sie mit Wein »ausgespült«, weil sie sonst angeblich keinen Ton hervorbrachte. Warburg – lange Jahre als Rendant des Gymnasial-Stiftungsfondes tätig – spielte zwar auch die von den Gästen gewünschten Melodien, doch vorzugsweise gab er seine Lieblingslieder zum Besten: »Der Sänger hält im Feld die Fahnenwacht«, »An Alexis send' ich dich«, »Letzte Rose«, »Wir winden dir den Jungfernkranz«, die »Marseillaise«, und die beiden Lieder seines Freundes Joseph Roesberg »Et Schmitze-Nettche« und »Schnüsse-Tring«.

Frau Werner

Mehr als dreißig Jahre lang lief die kleine verwachsene Frau Werner durch Köln und trug die Theaterzettel aus, wie es vor ihr Wilhelm Füssenich und dessen Nachfolger Benedict Ferrenholtz getan hatten.
Sie verstand es, ihre Zinsgroschen für »geistige Flüssigkeiten« mit beneidenswerter Energie einzutreiben und anschließend in Form von »Schabau« ihrem Inneren einzuverleiben. Auch für den 1823 »wiedergeborenen« Karneval lief sie Reklame, wie aus einem Zettel des Jahres 1840 hervorgeht:

Die Ehefrau Werner ladet hier Euch ein,
Euch an dem großen Actus recht zu freun,
Der heute sehr correct wird dargestellt, –
Er heißt: die alte und die neue Welt. –

Sonst hab' ich bloß die Zettel umzutragen
Und höchstens zum Neujahr Euch einen Wunsch zu sagen
(Denn wie der Kuckuck, daß der Frühling grüne,
Verkünd' ich Euch die Jahreszeit der Bühne);

Doch heute, heizasa! da faßt' ich mir Courage,
Bin in dem großen Spiel mitspielend Personnage
Und zwar 'ne Hauptperson, das glaubt mir sicherlich:
Beguckt mich nur genau, sehr und beäugelt mich,
So findet Ihr, daß ich, nebst meinem Zubehöre,
Der alten Zeit und auch der neuen Zeit gehöre.

Sie verstand die Kunst des Reimens vorzüglich. Ein weiteres Reimwerk, die »Gratulation zum Jahre 1832«, ist überliefert. Hierin schreibt sie unter anderem:

Ist das Nehmen süß,
So ist's das Geben doppelt.
Freut Euch des Lebens ungetrübt
Auch in diesem Jahr und übt,
Was Euch nicht mag gereuen
Und so am besten wird erfreuen.
Immer mit leichtem Sinn
Hüpfet durch das Leben hin.
Doch bewahre Euch Gott auf Eurer Lebensreise
Vor dem Hüpfen nach meiner Weise!
Vulgo laufend durch den Koth,
Und an jeder Ecke einen Satz über die Sot.
Mein Springen ist nur nach den Schellen, die so hoch hangen,
Daß ich nicht gerecht bin hinzu zu langen.
Auf solch rauher Bahn bring' ich armes Kind
Euch Thaliens Küchenzettel flink und geschwind,
Auf daß Ihr hinwandern möget in den Tempel,
Vielen Andern (die das Geld sparen) zum Exempel,
So mehr, da wir gute Schauspieler und eine gute Oper haben,
Daran sich die Gebildeten gewiß können laben.

Im weiteren Text beklagt sie, daß das Theater zuwenig aufgesucht wird und daß auch ihr Einkommen zu gering ausfalle. Sie schließt: »Mit Hochachtung in diesem Jahr wie auch ferner die Ehefrau Werner.«

Geck Hätzche

Der frühere Barbier-Geselle, gewöhnlich ruhig und schweigsam, entpuppte sich beim Bier als »großer Politiker«, der in drolligen und widersinnig-logischen Worten über die »Lenkung der Staaten« referierte. Zog er in seiner waffenrockähnlichen Kleidung, den Hut stets in der Hand, durch Kölns Straßen, dann konnte es passieren, daß er irgendwo innehielt und – wenn sich genügend Menschen angesammelt hatten – seinem Unmut über die »politische Lage« Luft machte. Und wenn der Mond sich immer mehr rundete, dann blieben auch die vielen Heiligen- und Madonnenbilder, die an den Häusern angebracht waren, nicht von seinen Beschimpfungen verschont.

Gecker Schröder

Als Ausrufer machte »der gecke Schröder« nicht nur durch seine kräftige Stimme auf sich aufmerksam, sondern auch durch eine ungewöhnliche Maskerade: auf seiner Nase klebten bunte Eierschalen oder ein abgebrochener Pfeifenkopf. Da er ein weitgereister und vielseitiger Mann war, fand er schnell ein Publikum. Der ehemalige Buchbinder hatte nach einigen Dienstjahren das Bedürfnis, »auszusteigen«. Da es zu jenen Zeiten aber niemanden gab, der sein »soziales Netz« über ihn ausgebreitet hätte, nahm er seinen dressierten Pudel mit auf die Reise, um durch dessen Kunststücke sein Brot und des Hundes Futter zu verdienen. Als fast perfekter Harlekin kehrte er Jahre später in seine Vaterstadt zurück, um hier durch »Farcen, Grimassen und Escamontagen« sein Straßenpublikum zu ergötzen. Nachdem ihm auch dabei die Puste aus- und die Lust verlorengegangen war, zog er die Tätigkeit als Hanswurst bei einem Affen- und Bärenführer und einem Akrobaten vor. In seinen letzten Lebensjahren machten ihn die in aller Welt gesammelten vielfältigen Erfahrungen zu einem erfolgreichen Ausrufer in Köln.

Gradesmann

»Herr, schenk mir zwei Penning, ich ben jeck!«, so sprach der Gradesmann die Passanten auf der Straße an. Er war ein gutherziger Mann, dessen Geist zeitweise sehr verwirrt war. Die Jugend widmete ihm einen Spottvers:
»Klitzekleine Gradesmann,
Pappermann, Pappermann,
Salls och keinen Dahler han!«
Wenn er zu arg gefoppt wurde oder die erbetenen »zwei Penning« ausblieben, konnte er auch kräftig fluchen: »De Hell sall kapott gon!« – so hatte er es von der Böckderöck gehört – und so gab er den Ausspruch weiter.

In der Weisen

Bis in die achtziger Jahre wurde der Wein-Esel von vielen bekannten Persönlichkeiten aufgesucht: aktive Offiziere und Posträte, die Brüder Hennekens, der Buchhändler Friedrich Hein – Herausgeber des »Karnevals-Ulk« –, der Karnevalist Arno Garthe und viele andere trafen sich hier regelmäßig. Diese bildeten die »Esels-Gesellschaft«, deren Präsident der Kornhändler Johann Lüttgen aus der Benesis-Straße war. Dieser, schon hochbetagt und fast erblindet, war sehr stolz auf diese hohe Ehre, zumal die lustige Gesellschaft ihn immer wieder als ihren »hochverehrten Präsidenten« hochleben ließ und ihn schließlich auch zu einer Rede aufforderte. Dann leuchteten seine Augen und er begann immer mit den gleichen Worten: »Ja, meine Herren in der Weisen« – hier stockte er und kam nie weiter. Dann soufflierte ihm der Nächstsitzende irgendeinen Unsinn, den der Präsident auch weitergab. Wenn der Souffleur aufhörte, hatte sich der Präsident soweit gefangen, daß er mit den Worten: »Dann wollen wir mal in der Weisen anstüssen!«, einen würdevollen Abschluß fand.
Natürlich kam bei solchen Gelegenheiten der tollste Unsinn zustande. Schließlich wurde beschlossen, dem Präsidenten ein Denkmal zu setzen. Hermann Becker, selbst Mitglied dieser Gesellschaft, modellierte eine Portraitbüste, die später ihren Standort im Wein-Esel hatte. Er berichtete darüber: »Der alte Mann war damals über diese Ehrung sehr gerührt. Als die Büste fertig war, wurde eine Feier im Luisen-Saal veranstaltet und das Machwerk bei Musik und Reden enthüllt. Der Büste war der in Gips getauchte Hut des Alten aufgesetzt. Den verband eine dünne Schnur mit einer an der Decke des Saales befindlichen Rolle. Jedesmal, wenn eine wahnsinnige Lobeserhebung des Präsidenten vorbei und riesig geklatscht worden war, zog ich an der Schnur. Dann hob sich grüßend der Hut empor. Da die ganze Verwandtschaft des Präsidenten und die meisten Bewohner der Ehrenstraße anwesend waren und die Veranstaltung für ernst nahmen, fühlte sich der Präsident sehr geehrt.«

Klümpche

Der »Löhrgasser Jung« Peter Klümpchen – kurz Klümpche genannt – zog mit seinem Bandonium durch Kölns Wirtschaften, wo er wegen seines bescheidenen Wesens sehr beliebt war. Er verstand es, mit seinen urkölschen Liedern das Herz der Gäste zu erweichen und sich nicht nur deren Gunst, sondern auch so manchen Groschen zu erwerben.
Den Feldzug 1870/71 machte er im Ersatzbataillon Nr. 40 mit; in seinem Gepäck hatte er auch das Bandonium, mit dem er seinen Waffenbrüdern über manche schwere Stunde hinweghalf. Als sein Regiment auf Vorposten kam, mußte zwar das Bandonium stumm bleiben, doch er hatte es immer in seiner

Nähe. Auch die Kameraden, die es ihm auf dem Kompaniewagen nachfuhren, gingen behutsam damit um. Klümpchen kehrte unversehrt aus dem Krieg zurück. Allerdings wurde er nun selten in den Kölner Wirtschaften gesehen: die schlechten Zeiten ließen die Groschen nicht mehr so locker sitzen. Später ist Peter Klümpchen, der in die Spulmannsgasse umgezogen war, im Rhein ertrunken.

Krummer Sibbenunsibzig

Millionen Bundesbürger versuchen heute allwöchentlich ihr Glück im »Spiel 77«. Schon vor rund 150 Jahren versprach »Pittermännche« jedem, der ihm ein Los abkaufte, die Aussicht auf die 150 000 Taler des großen Gewinns. Der »Krumme Sibbenunsibzig«, wie er auch genannt wurde, hatte vielerlei Tricks auf Lager, um seine Lose an den Mann oder an die Frau zu bringen. Dabei hat nie jemand gehört, daß einen Loskäufer das versprochene Glück ereilt hätte. Aber schon zu »Pittermännchens«-Zeiten war Diskretion Ehrensache.
Wer von den Versprechungen des seltsamen Losverkäufers nicht überzeugt war und ihn aus der Tür verwies, mußte damit rechnen, daß ihm der »Krumme Sibbenunsibzig« in der Wohnung wieder begegnete: »Pittermännche« hatte die Angewohnheit, durch ein Fenster dort wieder einzusteigen, wo ihm die Tür versperrt worden war.

Kuletschhot

Wenn es hieß »dr Kuletschhot kütt!« dann wußten die Zuschauer am Straßenrand, daß der Festzug, auf den sie warteten, nicht mehr weit war. Denn »dr Kuletschhot« war ein namentlich zwar nicht bekannter, doch aufgrund der Kleidung von »nem Kuletschhot« – einem Polizisten – zu unterscheidender Mann: in seiner Soldatenjacke, einer Schürze und einer Nachtmütze sah er drollig genug aus. Auch bei kirchlichen Feiern ließ sich »dr Kuletschhot« bestaunen: er breitete stets den Ehrenteppich auf dem Pflaster aus, wenn anläßlich einer Prozession ein Meßopfer am Straßenaltar gefeiert wurde. Von Beruf Kabelträger, hatte er eine Mechanikerlehre frühzeitig abgebrochen, um allen möglichen Beschäftigungen nachzugehen.

Meister Thurn

In den sechziger Jahren des vorigen Jahrhunderts schallten aus der »Königshalle«, die Franz Stollwerck hatte erbauen lassen, des öfteren Opernarien in die Wohnung des Schneidermeisters Thurn, die gleich nebenan in der Biberstraße lag. Zu den Vorlieben des Junggesellen gehörte es, die Arien, die ihm am Abend zu Ohren gekommen waren, am folgenden Morgen nachzusingen. Mit schönen Melodien läßt sich auch die kniffeligste Arbeit leicht erledigen. Und Meister Thurn war ein fleißiger Mann: da seine Produkte Qualität aufwiesen und die Preise tragbar waren, brauchte er sich über mangelnde Aufträge nicht zu beklagen. Das ganze Jahr über, von morgens bis abends, arbeitete der »Meister«. Doch an drei Wochen des Jahres blieb die Werkstatt verschlossen: Meister Thurn ging auf Reisen. Wer ihm beim Kofferpacken zugeschaut hätte, wäre sehr verwundert gewesen: sechs Anzüge vom feinsten Tuch und vom allerneuesten Schnitt packte er in einen auffallend großen Koffer, der mit Reklamezetteln der ersten und feinsten Hotels Italiens und der Schweiz über und über beklebt war. Woher hätte der Betrachter ahnen können, daß der Hausknecht aus dem Kölner »Hof von Holland« diese gegen gute Bezahlung geliefert hatte?
Doch der Koffer erfüllte überall dort, wo Meister Thurn abstieg, seinen Zweck: in Bad Ems wurde der Gast, der sich als »Baron von Thurn« eingetragen hatte, ebenso ehrfuchtsvoll bestaunt wie in Wiesbaden, wo der »Graf von und zu Thurn« eine fürstliche Zimmerflucht bezog. Und auch einige andere Städte erlebten für einen Tag einen »Mann von Welt«, der drei Wochen nach seiner Abreise wieder in Köln war. Wenn aus dem Fenster in der Biberstraße wieder die Arien aus dem »Troubadour« erschallten, dann wußte die Nachbarschaft, daß »Meister Thurn« bereitstand, um aus Großvaters Rock und Vaters Hose für den Sohn einen schönen neuen Anzug herzustellen. So wie Meister Thurn konnte das kein anderer Schneider in Köln. Und da die kinderreichen Familien dies wußten, war es eines der höchsten familiären Gebote, den »Meister Thurn« auf keinen Fall zu ärgern. Denn wer es mit ihm verdorben hatte, der brauchte sein Atelier nicht mehr zu betreten.

Pistolemännche

Familienstreitigkeiten hatten den alten Herrn, der um die Mitte des vorigen Jahrhunderts in der Altstadt wohnte, zu einem verbitterten Mann gemacht. Zusammen mit einer Dogge, die genau so menschenfeindlich war wie er selbst, bewohnte er ein kleines Haus. Da er unter Verfolgungswahn litt, verließ er seine Behausung stets mit einer Tasche, in der sich einige geladene Pistolen befanden.

Um sich »fit« zu halten, übte er jeden Tag. Wenn am frühen Morgen der Knall von zwei Pistolenschüssen aus dem Keller seines Hauses drang, dann wußte die Nachbarschaft, daß der alte Kauz sein Tagewerk begonnen hatte. Anschließend dauerte es einige Zeit, ehe »et gecke Pistolemännche« – so wurde er nur bezeichnet – seine Waffen gereinigt und wieder geladen hatte. So manches Pfund Blei und viel Pulver wurde auf diese Art und Weise verschossen.

Als es an einem Morgen still im Hause des Pistolenmännchens blieb, wunderte sich die Nachbarschaft, doch als wenig später die Aufwartefrau aus dem Haus stürzte und in das Haus des Pastors der nebenan gelegenen Kirche St. Maria im Kapitol lief, ahnten die Nachbarn etwas. Der herbeigerufene Dr. Bauduin konnte nur noch den Tod des seltsamen Kauzes feststellen.

Schäler Breutz

Plagten ein Familienmitglied ein paar Wehwehchen, dann wurde der »schäle Breutz«, einer der vielen Quacksalber, die in Köln ihr Unwesen trieben, in das Haus geholt. Er hatte garantiert für alle Leiden adäquate Mittelchen und Sprüchelchen parat, wie auch das folgende:

> Bei Mageping – o jemine! –
> Drink mer 'ne Pott Kamillethee;
> Un wa'mer söns eß krank,
> Drink mehr och söns 'nen Drank.
> Bei Geech rief mer de Knoche sich,
> Un ölt, beim Schnops, et Läschhoon glich.
> Wer Zantping opgepack,
> Dä nimmp en Prümm Tuback!

Täubchen

Im Sommer trug Dr. Herz eine zu kurze Hose und eine reichlich lange Weste, darüber einen blauen oder schwarzen Frack von altertümlichem Schnitt, was ihm den ausgefallenen Namen einbrachte. Boshafte Zungen behaupteten immer wieder, »Täubchen« habe einmal einen ganzen Wagen voller alter Kleider billig erworben, und diese trage er nun auf.

Dabei war »Täubchen« ein gebildeter Mann: er hatte Medizin studiert, dann jedoch den Beruf gewechselt und war Literat und Redakteur geworden. Zuletzt am »Aachener Echo« tätig, lebte er in den siebziger Jahren des vorigen Jahrhunderts wieder in Köln, angeblich von einer kleinen Pension, die ihm die Familie Oppenheim – mit den Inhabern des Bankhauses soll er entfernt

verwandt gewesen sein – ausgesetzt hatte. »Täubchen« hatte einen »wunderschönen alttestamentarischen Patriarchenkopf«, wie es ein Zeitgenosse ausdrückte, mit langem schlohweißen Haar und Bart. Er hinkte etwas. Seinen braunen Überzieher behielt er auch im heißesten Sommer immer an, ebenso seinen Hut. Einen altertümlichen Regenschirm gab er nie aus der Hand. Die Stammgäste im Wein-Esel – hier war »Täubchen« alle Tage anzutreffen – erzählten, Dr. Herz gehe auch nie ohne Hut und Schirm ins Bett, weil er einmal geträumt habe, er sei ohne Schirm und ohne Hut in einen fürchterlichen Platzregen gekommen und habe sich bei dieser Gelegenheit stark erkältet.
Zu seinen Vorlieben gehörte es, allen möglichen Leuten ärztliche Ratschläge zu geben; zumeist wurden diese aber belacht. Denn ein Lästermaul hatte bei einer anderen Gelegenheit das Gerücht ausgestreut, Dr. Herz habe seinen ersten und einzigen Patienten zu Tode kuriert. »Täubchen« hatte – so erzählte er wenigstens – aus dem Spanischen ein Lustspiel ins Deutsche übersetzt und auch selbst ein Drama in fünf Akten verfaßt. Wegen seiner unleserlichen Schrift sei aber kein Setzer in der Lage gewesen, seine Manuskripte zu lesen, weshalb eine Drucklegung des Werkes unterblieb.

Tiverlen

Der kleine Mann mit schwarzem Bart und dem stets weinerlichem Gesicht trug an einem Riemen ein Brett, welches sein »gemischtes Warengeschäft« beherbergte: Siegellack, Schuhwichse, Kordel, Fleckenseife, Karamellen, Nadeln, Knöpfe, gedruckte Liebesbriefe und vielen Krimskrams mehr. Seinen Namen hatte er erhalten, weil er das Wort »Stiefeln« infolge eines Zungenfehlers nicht richtig aussprechen konnte. Er präsentierte sich den Marktweibern und Bauersleuten, wußte aber auch stets Rat, wenn jemand – Tier oder Mensch – erkrankt war. Für alle Fälle hatte er seine »Huusmeddelcher« parat, wie sie uns kurz nach der Jahrhundertwende im Liederbuch der Kölner Narrenzunft begegnen:

> Stivvelwichs, Wing, Mainzer Kiescher,
> Ääzebälg met Kareschmeer,
> Rüddel, Neerefett, Radiescher,
> Decke Bunne, Steinöl, Beer:
> Dann der Ovve got gestoch,
> Vun däm Krom en Zupp gekoch;
> Wer dat met Apptit deit esse,
> Niemols Buchping kritt!

Ringelotte, Hirringskieve,
Blotwoosch, Knuvlauch, Kabeljau,
Möckefett, Kuletsch, Andieve,
Schuckelat, Cräm, Zaus, Schaubau:
Alles durchenein gemaht,
Got gestuv noh kölscher Aat,
Da'ß en Millezing, en gode,
För de Ohreping!

Terpentin, Liem, sore Druve,
Seifelaug, Briketts met Schmalz,
Kaffeemutt, Kuschteie, Duve,
Schellfeschsauge, Mostert, Salz:
All die Saache durch en Sei
Fein geschlage zo 'nem Brei,
Soll vorzöglich – deit mer sage –
Gäge Zantping sin!

Marmelad, Papp, fuss'ge Hore,
Färv, Zigarenäsch, Javol,
Fimpschig Fleisch, Gips, ale Klore,
Knudle, boore Platz, Karbol:
Druus gebacke fein en Taat,
Schmeck – et eß en wohre Staat,
Eß als altbekanntes Meddel
Gäge Kopping got!

Schwatze Seif, Krick, Appelzine,
Birrekruck met Fuustekies,
Tinte, Hubbelspien, Sardine,
Spölextrack, Breitlauch, Zizies:
Durchenein gemengk dat Züg
Un dann got zo Tee gedrüch,
Deit verdrieven uus de Beincher,
Geech un Zipperlein!

Prümmtubak, Kamelle, Hummer,
Soore Kappes, Labberdon,
Kratebeincher, Schweinelummer,
Schwademage, Levvertron:
Us däm Krom dann fabrizeet
Met Gescheck en schön Pastet,
Die kureet op alle Fälle
Liebesgram famos!

Da seine Mittelchen aber nur selten den gewünschten Erfolg brachten und seine Waren auch nicht die angepriesenen Eigenschaften aufwiesen, gab es manchen Ärger. Wenn er aber auf gut kölsch als »Bedreßgesmächer« bezeichnet wurde, dann konnte er gewaltig »ausflippen«.

Vater Rhein

Woher Ernst Mahner kam, was er war und wie er nach Köln gekommen war, wußte um die Mitte des vorigen Jahrhunderts niemand. Dieser sonderbare Straßenflaneur hatte es sich offensichtlich zur Aufgabe gemacht, nicht nur durch sein sonderbares Äußeres, sondern auch als Gesundheitslehrer Aufsehen zu erregen. Ernst Mahner glich einem gewaltigen Urmenschen: er hatte eine breitschultrige Figur, befand sich im vorgerückten Mannesalter, das graue Haar fiel in langen Strähnen und Locken über seine Schultern. Sein breites Gesicht war von einem weißen, üppig-vollen Backen- und Kinnbart eingerahmt und von buschigen Augenbrauen derart bedeckt, daß unter seinem breitrandigen Schlapphut eigentlich nur ein struppiges, weißhaariges Gebüsch wahrzunehmen war, aus dem ein Paar äußerst schlaue Augen hervorleuchteten.
Er betätigte sich auf ungewöhnliche Art als Gesundheitsapostel: als Universalmittel pries Ernst Mahner Wasser »zum innerlichen und äußerlichen Gebrauch«, – Sommer wie Winter in der freien Natur anzuwenden –, als besonders wirkungsvoll an, vorausgesetzt, die Anwendung erfolge im Adamskostüm. Ernst Mahner maß sich selbst an seinen Worten: auf seinen Versammlungen trank er nur Wasser und tagtäglich stürzte er sich oberhalb Deutz in die Fluten des Rheines. Hier demonstrierte er nicht nur sein schwimmerisches Können, sondern begeisterte seine Zuschauer auch mit Turnübungen, die ihresgleichen suchten. Weder Regen, Schnee noch Eis konnten den Gesundheitsapostel von seinen Gewohnheiten abhalten. Im Gegenteil: bei Treibeis zog er eine große Show ab, indem er zwischen den Schollen schwamm, unter- und wenig später wieder auftauchte. Hatte der Rhein in Ufernähe eine feste Eisdecke, dann sprang er über diese bis zum noch offenen Flußlauf hin und her, oder er sprang in eine der losgehauenen Öffnungen, um kurz unterzutauchen.
Anfang Februar 1848 setzte Ernst Mahner seinen Heldentaten die Krone auf. Als das Eis auf dem Rhein zu schmelzen begann, kündigte er an, daß er am Sonntag, dem 11. Februar »Nachmittags zwei Uhr« als »Vater Rhein« auf einer Eisscholle, – die am Deutzer Ufer »reserviert« war –, vor den Augen des »hochverehrten Publicums« den Rhein bis Mülheim hinabfahren werde. Der Sonntag kam – und mit ihm herrlicher Sonnenschein, der tausende Schaulustige an die Ufer lockte. Pünktlich um zwei Uhr zeigte sich der »Apostel« tatsächlich ohne Bekleidung, wohl aber mit um Hüften und Stirn gewundenen

künstlichen Kränzen, einen Dreizack in der einen und einen bekränzten Pokal in der anderen Hand haltend. Auf »seiner« Scholle hatte er sich schnell künstlerisch aufgebaut: bald winkte er mit dem Pokal, dann wieder mit dem Dreizack dem jubelnden Publikum zu, während die Eisscholle langsam rheinabwärts trieb. Von Zeit zu Zeit stürzte sich »Vater Rhein« in die eiskalten Wellen, um wenig später wieder – beifallumrauscht – auf seine Eisscholle zu klettern. Wohlbehalten – wenngleich krebsrot und halb erfroren, kam Ernst Mahner in Mülheim an. Hier hielten Helfer Kleider für ihn bereit. Kaum hatte er diese übergezogen, kehrte er als Schnelläufer zum Ausgangspunkt seiner Wasserreise zurück.
Tagelang war Ernst Mahner als »Vater Rhein« das Tagesgespräch in Köln. Seine Gönner ergriffen die Gelegenheit, eine Sammelaktion durchzuführen. Dabei kamen nicht nur erhebliche Geldsummen, sondern auch zahlreiche Gaben edlen Rheinweines zur Stärkung des Wasserpropheten zusammen. Es ist nicht überliefert, ob Ernst Mahner angesichts der köstlichen Tropfen seinen bis dato gepredigten Grundsätzen auch treu geblieben ist. Eines Tages war Ernst Mahner aus Köln verschwunden. Niemand erfuhr je, wohin ihn sein Weg geführt hatte: »Vater Rhein« war und blieb verschollen.

Zebingemann

Bis in das Mittelalter läßt sich der erst Ende des vorigen Jahrhunderts aus den Straßen verschwundene Zebingemann in Köln nachweisen. Sein Name ist aus dem Ruf »Hat Ehr nix zo binge«, mit dem er sich überall bemerkbar machte, abzuleiten. Unter der Abbildung eines Zebingemannes aus dem Jahre 1807 steht der Ausspruch: »Hat Ehr gett zo binge? Eckesch no räch flöck, denn ich gon op Reis un kumme net zoröck!« Doch kaum war einer fort, tauchte ein anderer in Kölns Straßen auf. Einer von vielen zog Mitte des vorigen Jahrhunderts durch Köln. Josef Wach beobachtete ihn und widmete ihm ein Gedicht:

>Bei Wind un Rähn trick durch de Stroße
>Dagsüvver dä Zebingemann.
>Es nit allein, es nit verloße,
>Hä kaum de Arbeid manne kann.
>Se brängen Döppe, Pött, zerbroche,
>Hä bingk un droht se widder ganz.
>Dat widder mer de Milch kann koche,
>Un Nümmes geiht an im elans.

An singem Käärche lit dat Hüngkche,
Et nöört, et hät de Auge zo.
Dem Mädche mit däm Rusemüngkche
Säht hä – kick en sing Auge blo –:
»Do hätzig Kind! Vör alle Dinge
Spill nit m'em Föör, do beß zo nett;
Ich kann de Hätzer nit mieh binge,
Die rauh de Leev zerbrochen hät!«

Niemand kennt mehr seinen Namen. Mit großer Wahrscheinlichkeit war er aus Pulheim in die Stadt gekommen: mit einem viereckigen Karren, den Frau und Kinder schoben, und in dem die ganze Familie die Nacht über kampierte. In irgendeinem Straßenwinkel richtete er eine primitive Werkstatt ein, wobei einige Ziegel die Feuerstelle bildeten. Der Zebingemann war hauptsächlich Lötkünstler für ramponiertes Blechgeschirr; aber auch Töpfe aus Bunzlauer Geschirr oder Frechener Steingut flickte er mit Draht, wenn diese einen Sprung bekommen hatten. In alte Körbe flocht er bei Bedarf neue Böden, aus zerbrochenen Zinnlöffeln goß er in einer Steinform neue Löffel. Sobald sein Ruf ertönte, scharte sich die Kundschaft um ihn und seine »Werkstatt«. An einer der vielen Wasserpumpen stillte der Mann am Abend seinen Durst, zählte verstohlen das eingenommene Geld – die »Füß« – und legte auf einem der Unkelsteine – große Felsquadern, die, aus Unkel stammend, insbesondere in der Rheingegend Verwendung fanden – hin und wieder ein Päuschen ein. Peter Paul Faust hat in seiner Jugendzeit einen Zebingemann gut beobachtet. Ende des vorigen Jahrhunderts schrieb er den Text zu einem Lied:

Et sin jitz veezig, fuffzig Johr,
Do trook durch Köllens Stroße
Nen ahle Mann met wießem Hoor,
Ov an de Dhörre soß'e.
Hä drog al Döppen an ner Kood
Dran Schnuut un Henk avginge.
Die fleckten hä met Liem un Droht,
Reef: »Hat Ehr nix zo binge?«

Hat domals en ihr Gauigkeit en Frau 'nen Pott zerbroche,
Ov feel der Mähd zo ehrem Leid de Eßkump us de Knoche,
Ress einer vun dem Schottelbrett
De äde Tasse nidder
Se brahten im de Scherver nett –
Un hä maht alles widder!

Hä satz sich op 'nen Unkelstein
Laht rund eröm sing Döppe;
Mer Quante komen groß un klein
Met eins eran zu höppe.
Mer lohte, wie hä borren däht
De Löcher en de Stöcker,
Wie hä zom Truus för Frau un Mähd
Kureet de Ungelöcker.

Met Droht bung Böddem, Schnute, Kräg
An Kannen hä un Kumpe.
Dann gingk'e räuhig singer Wäg,
Drunk och ens an der Pumpe;
Zallt höösch sing Füss met fruhem Senn,
Mer Lotterbove ginge
Dann met un schreiten hingerdren:
»Saht, hat ehr nix zo binge?«

Die beste aller »Arbeitsplatzbeschreibungen« lieferte im Jahre 1909 Dr. Fritz Simrock. Seine eindrucksvolle Schilderung bedarf keiner Kommentierung:

Vör Zigge trook durch Stadt un Land
Ne Mann johren, johruus,
Dä jedereinem wor bekannt,
Hä heelt an jedem Huus.
Un et erfraut sich jung un alt,
Wa'mer sing Stemm hoot klinge,
Die bis zor Läuv erop erschallt:
»Saht, hat ehr nix ze binge?«
Un wä dat hoot, reef löstig dann:
»Dat eß jo der Zebingemann.«

Wat mer em Johr kapott gemaht,
Wat mer gefleck woll han,
Wodt döckes no erangebraht,
Weil hä dat maache kann.
En Glas un Steingot, Pozzeling,
Do satz hä Stöck an Stöcke;
Hä repareete jedes Ding,
Un luuter däät et glöcke.
Doh sooch mer, wat dä alles kann,
Dä goden Häär Zebingemann.

Zerschlog de Mäd en Zuppenkump,
Der Piefekopp dä Ahl,
Zerbroch de Fläsch dem kleinste Stump,
Maht got hä't radikal.
Hä fleck met Leim un Kalk un Kitt,
Met Eiwieß, Gips un Köötche
Un heelt dat Dinge su noch nit,
Dann däät et och en Dröhtche.
Su wodt de Sonndagskaffeekann
Gefleck vum Häär Zebingemann.

Vun jedem Mädche, jeder Frau,
Katringche, Plünnche, Nett,
Woß hä der Namesdag genau,
Braht Rüschen ov en Flett.
Fröhmorgens kom hä angejöck,
Sing Glöckwünsch anzebringe
Un met dem Bloomestrüüßche flöck
Der Namensdag ze binge.
Un jeder hatt sing Freuden dann
Am leeven Häär Zebingemann.

Lieder-Anhang

Bereits zu Lebzeiten einiger Kölner Originale entstanden zahlreiche Lieder, die zur Karnevalszeit in den Komitee-Sitzungen gesungen wurden. Sofern es sich um Lieder handelt, in denen lediglich auf ein Original Bezug genommen wird, ist der Text in der Regel bei der Beschreibung des betreffenden Originals angegeben. In den folgenden Liedern ist von mehreren Originalen die Rede. Zumeist sind sie auch eine lebendige, zeitgeschichtlich interessante Dokumentation.

O, weint um sie	(Unger-Uns-Melodie)	1869
Kölns große Geister	(Herbei, du munt're Narrenschar)	1878
Uus dem kölsche Levve	(Unger-Uns-Melodie)	1884
Die ahl, got Zick	(Unger-Uns-Melodie)	1899
Der Kölsche Stroßesänger	(Rattenfänger-Melodie)	1899
Kölns Originale	(Schnüsse-Tring-Melodie)	1900
Kölsche Orgenale	(ohne Melodien-Angabe)	1903
Männer von Köln	(ohne Melodien-Angabe)	1909
Ahl kölsche Bekannte	(Triumph-Melodie)	ca. 1910
Erinnerungen	(Schmitze-Köbes-Melodie)	1913
Kölsche Originale	(Schnüsse-Tring-Melodie)	ca. 1915
Fastelovend em Himmel	(eigene Melodie)	1950
Uns kölsche Orgenale	(eigene Melodie)	1984

Diese Liedertexte sind der »Liedersammlung Reinold Louis – Archiv Kreissparkasse Köln« entnommen.

O, weint um sie
(Unger-Uns-Melodie)

Wann mäncher jitz durch Kölle geiht
Un denk an fröh're Zick,
Hä dann geweß vermessen dheit
Uns Orginalen hück.
Halv jeck, gescheit, och üvverspannt,
Su woren se uns all bekannt;
Jung un Alt hatt' dran Spaß,
Kohmen se nur op de Gaß.

Wä kannt nit dä Zibinge-Mann,
Hä fleckte met 'nem Droht
Ahl Schottle, Döppe, Kaffeekann'
Wie neu ganz schön un goot.
Bahl alle Dags kom hä zo gonn
Un blevv an jeder Dhör dann stonn,
Schreiden do eren, un we! –
›Ha – a – -t'r nix zo bingen he?‹

Em Fresse wor dä Klötsch je wäht,
Hä ohß en Schink ganz op,
Un och 'ne Kies noch zom Dessät
Gingk fleuten bovvendrop.
Geck Hätzge mallig wor bekannt,
Dä Hoot drog hä en singer Hand.
So 'ne Jung dä Mällärm,
Reef hä: ›Eß Ding Botz noch wärm?‹

Wor och nem Boor de Koh ens krank,
Der Tiverle woß Roth,
Met Seif' un Salv us singem Schrank
Un angerohter Kohd.
Schmoorwievchen un der Pitter Tätsch,
Däm immer singen Hoot gequetsch,
Sohch mer die op der Strohß,
Wor gelich der Düvel loß.

Schotzmänner han mer vun Berlin
Söns wor uns nor bekannt
Dat Kählche met der Figerlin,
Schötzengelche genannt.
Sook en der Lotterie mer Glöck,
Dann holf dä Sibbenunsibbenzig flöck.
Hat zo Hus einer Kreuz,
Hollt hä sich der schählen Breutz.

Et Grades-Männche, de Bomm-Bomm;
Doch mallig hat jo leev,
Gingk hä vun Ping ganz scheif un kromm,
Dat Elsteraugen-Ev.
Un kohm der krumme Jusep dann,
Dä stemmte glich dat Leedche ahn:
»Setzen ob dem Rieschen hee
Hundertausend Flahsfinke!«

Der Maler-Bock sitz, wie bekannt,
Em Klingelpötzer-Huus,
Un flüchtig eß der Intendant
Met singem Blomestruus.
Uns Gecke Bähnchen eß der Mann,
Dä löstig danz dem Zog vörahn,
Dä nit stirv, nit vergeiht,
Sulang Fasching hee besteiht.

7. Februar 1869, Blümeling

Kölns große Geister

(Herbei, du munt're Narrenschar-Melodie)

Om ganze Ähdkreis, rund eröm om Land,
Och en der Stadt, en jedem Dörp un Flecke
Do git et Lück, die Mallig sin bekannt,
De Alt un Jungk gähn knuhv un hält zum Gecke.
Ehr Raritätcher halt mehr jitz ens Üh,
De ehr dat kölsche Flaster dhot passeere,
Domet ör Bürgerdugend meer flöck kenne lehre,
De op der Stroß besingk vox populi.

De Musik eß, we Allen üch bekannt,
Durch ›Fleuten Arnold‹ würdig he vertrodde,
Doch sie Kunsäht stohrt häufig dä Scharschant,
Dä leerten in om Tippo dann de Note.
Op eimol wohd, 'su han se mer verzallt,
Dä ärme Kähl vör'n Erbschaff uhserkore,
Flöck wohd hä, dat der Kuns hä nit gingk ganz verloore,
Samb singer Fleut vun Stadtroth kalt gestallt.

En glichem Rang un Ehren, we dä eß,
Beß do och ›Palm‹, gään lausch meer dinge Töne,
Wer kennt dich nit, do braven Urgeleß,
Wenn och de Jugend off dich dhät verhöhne.
Zwor beß do nit m'em Hiller noh verwandt,
Dich störe nit de dubbelte Kunsähte,
Wenn de vun Düx zo uns vum Wind gedrage wähde,
Doch beß als Palm' der Musik do bekannt.

Wat eß dat för 'ne kötteligen Ditz,
'Su klein hä eß, 'su frech eß och dä Brave,
Met Stolz dräht hä 'ne preußische Schnorritz
Un schänge kann hä, we om ahle Grave.
Gewöhnlich hät hä sich jet angetroont,
Un hinger im sin dann zweihundert Junge,
'Ne Schutzmann schreit sich drüch un heiser bahl de Lunge:
»Halt mer doch faß dat ›Männchen en dem Mond.‹«

De Kölsche Zeidung en der Seufzereck
Brängk off Annonce, nä, sin de zum Laache!
Un wer de liß, frög: »Eß dä Kääl nit geck?«
Denn wer Verstand hät, kann dat Blech nit maache!
Un doch es keiner en der Medizin,
Dä hüher meer met Fug un Rääch verehre,
Weil op der Kirchhoff Nümmes dhät bis jitz kureere,
We ander Lück, dä ›Doctor Bauduin!‹

Dat Leed eß uhs, doch well ich noch zoletz
E klein nett Wievchen üch heher flöck bränge. –
»Do schläächte Kääl, Rabau, geblöhte Fetz!«
'Su wor de Frau der ganzen Dag am Schänge.
'Mem ›Huh op hevve‹ nohm s'et nit genau,
Wann hinger ehr off schreiten Deutschlands Jugend,
Doch do worsch stets e Muster jeder schönen Tugend,
Gott hätt dich sillig ›Böckderöck Wauwau.‹

1878, Unbekannt

Uus dem kölsche Levve

(Unger-Uns-Melodie)

Wer he noh Kölle kütt erenn,
Däm fällt et op geweß,
Dat mallich – Kobes, Tünn un Henn –
'Su rääch gemöthlich eß.
Uns Köllen eß dovör bekannt,
Dann wick un breit heisch et em Land:
»Sit gescheidt! – Hö't, nix geit
Üvver de Gemöthlichkeit!«

Ehr Gecke kennt jo all dat Huus
Om Nümaat, wo zwei Pääd
De Köpp am Finster dun eruus
Un looren op de Äd.
Der Kutscher fäh't de Fremden dran,
Hä zeig un wies un säht alsdann:
»Voyez – Päädsköpp deux
Vun zwei wieße Schimmele!«

Vör Johre leef de Böckderöck,
Die villgenannte Frau,
Der Dag eröm an einem Stöck;
Se drunk och gään Schabau.
Kom sei bedüselt no eran,
Dann fing och glich dat Rofen an:
»Böckderöck, – Böckderöck,
Böckderöck, – Wauwau, – Schabau!«

Wer hät dä Künzler nit gekannt,
Dä Maler Bock 'su klog,
Dä stets e Strüüßgen en der Hand
Un eine Sporren drog'.
Wann dä uns Ströpp kom en de Quer,
Dann schreite mer im hingerher:
»Maler Bock, – Maler Bock,
Stipp die sibben Hööner op!«

»Dat endlich doch der Hals zerbröch
De kölsche Klüngelei!«
'Su hö't mer schängen hatt un höösch
Un mäht dann vill Buhei.
Doch schingk et meer, dat eß nit rääch,
Wie köm de ›hill'ge Stadt‹ zorääch?
Klüngel he – Klüngel doh,
Kölle muß dä han, no jo!‹

Wann et em Summer weed 'su heiß,
Dat Krohle jappen dun,
Dann mäht der Kölsche mänche Reis'
Zum ›Bäumchen‹ und zor ›Krun‹,
Zum ›Höttchen‹, ›Baachem‹ un zor ›Täsch‹,
Doh git et läcker, got un fresch:
Ei Glas Wieß, – ei Glas Wieß
Un e Röggelche met Kies!

Un wa'mer Fastelovend han,
Dann kütt uns schöns Pläseer,
Kein ander Stadt dran tippe kann;
Woröm? – dat wesse meer!
Weil einzig hä nor he gedeit
Vun wegen der Gemöthlichkeit.
Huh en Ehr – welle meer
Halde stets der Fasteleer!

27. Januar 1884, Unbekannt

Die ahl, got Zick
(Unger-Uns-Melodie)

En ahler Zick, wie Kölle klein,
Mer noch kein Neustadt kannt',
Un och de Stroße nit su fein,
Mer Kölle drecklich schannt –
Do wor sich ävver, gläuvt et meer,
Su räch genöglich dä Hanteer;
Nie mer hoht ›uns Zu-Haus‹,
Ärm un Rich do frei eraus
Sproch och noch kölsche Klaaf!
Kölsch wor Trump! Huh Kölsch Alaaf!

Dä Nohber doh däm Nohber dät
Noch helfe jederzick:
Do wor e Woht noch miehter wäht
Wie Ungerschreffte hück.
Och Senn för Ärme hatt' mer doh;
Die Männer mahte niemols bloo.
Jede Frau, ganz adrett,
Einfach noch sich dragen dät;
Och wie schön wor die Zick,
Doch wie litt se fähn un wick.

Em ahle Kölle och mer troof
Noch Orginale vill;
Wat dat nit för en Freude gov
För Puhte do beim Spill.

Freßklötsch un dä Zebingemann,
Dat Arnöldche me'm Fleutchen dann,
Mann em Mond mem Schabau
Un de Böckderöck-wau-wau
Kohmen do, wat en Staat,
Morgens us der Prumenad.

Dann wor der Palm, dä Urgelsmann,
Met singem schönen Hot;
Un och die Lääsche Nas kohm ahn
Met singem Netz un loht',
Ov hä en Hüngche mem Schlavitt
Künnt krigge, doch dat gov et nit.
Ahn der Eck, wann do bletz
Vum Schanditz de Helmesspetz,
Alles bröllt: »Hüngche, lauf,
Hinger kütt de Nas geschnauf!«

De Krun vun alle wor der Bock
Me'm Struß en singer Hand;
Kohm dä de Stroß eravgesock,
Wie wor hä intressant.
De linge Fleut schlank öm de Bein;
Am Schluffe loht erus ganz fein
Decke Zih; op dem Kopp
Schlapphot soß un sönß jet drop;
Klör vum Rock nit mer kannt;
Luuter Stöcker allerhand.

'Ne Spanier nit stolzer wor
Als wie dä Maler Bock;
Hatt vum Schabau hä nor der Koor,
Dann hät hä opgemock;
»Du hundsgemeines Bürgerpack!«
Em Rupsch hatt' hä 'ne Stein gepack,
Worf domet lans en Bein;
Puhte fungen ahn ze schrei'n:
»Maler Bock, Maler Bock,
Stipp de sibbe Hööner op.«

Et Beß vum Ahle blevv uns doch,
Dat eß dä Fasteleer!
Dä feere hück su schön mer noch;
Dä halde mer en Ehr.

Dä darf uns schänge nümmes jo,
Sönß schlage meer en schwatz un bloo!
Halt am Rich, kölsche Boor,
Mag et falle söß ov soor!
Huh, alaaf, Fasteleer,
Köllens Stolz un Köllens Zeer!

1899, Clemens Wiebel

Der Kölsche Stroßesänger

(Rattenfänger-Melodie)

En unsem Kölle, en aler Zick,
Do kunnt mer finge, gemöhtlich en Klick:
Der Palm met der Urgel, die Böckderöck,
Der Fleuten Arnold me'm Maler Bock.
Jo, su'n Orginale, die wore probat,
Wat han die nit mänchem de Wohrheit gesaht!
Dröm well ich't versööken, ov et hück nit mih trick,
Als Stroßesänger us aler Zick.
Ne fahrende Sänger vun al Kölscher Aat,
Ich sagen et jedem su rääch vör de Schwaat.
Doch bald ziehet weiter der Sängersmann,
Weil keiner de Wohrheit verdrage mih kann.

... weitere vier Strophen

1899, Leo Zeyen

Kölns Originale

(Schnüsse-Tring-Melodie)

»Flöck vergon de Kinderjöhrcher«,
Sung vör Johre Rösbergs Jupp,
»Baal sin gries de schwatze Höörcher,
Baal hät er för uns geflupp!«
Dat Johrhundert ging vorüvver

Met dä Dhaler, Wölfcher, Stüver,
Met däm »Grosche«, »Kaastemann« –
Jitz kütt och de Freimark dran!

Dut sin all die Or'ginale –
Wer kannt nit dä »Maler Bock«,
Dä vill Bilder dät nit »male«,
Met däm Blomestruuß stets trook?
Am däm räächte Foß 'ne Sporre,
Nannt hä stolz de Häre »Boore«,
»Bürgerpack« dat Volk; 'ne Schluff
Hatt'e links am Foß, em Suff.

Huh em Summer op däm Wätche
Wor sing »Villa« engereech;
Wor et kalt, schleef hä em Bettche
En der staatse «Kölsche Blech«
Un wann et nit ganz geheuer,
Holz un Kolle woren »dheuer«,
Op der Scheffbröck dann hä kroch
En et eezte beste Joch.

Dann wor dat »Zebingemännche«.
Immer op däm Aldemaat;
»Ihsermännche, Kaffeekännche,«
Sung hä, wann hä opgelaht.
Wor 'ne Kaffepott zerbroche,
Ov en äde Pann beim Koche,
Flöck met alem Droht dann dran
Gov sich dä »Zebingemann«.

Met däm Hutschpott, immer wödig,
Kom die ale »Bockderöck«,
Wor met achzig Johr noch ledig,
Kom als Hagestolz gejöck.
Statt et Alter he zu ehre,
Leete meer uns niemols störe,
Reefe: »Böckderöck wauwau,
Hät 'ne Zibbel we 'ne Pfau!«

Löstig, we en Aap gegange,
Kom dat »Arnöldche« doher,
Dät zu fleuten an hä fange,
Stund öm in dat junge Heer.

»Fleutenarnold, Fleutemännche,
Sag, wat mäht ding Frau, dat Ännche?,«
Uuzten in, bes met der Fleut
Hä met Woth dann öm sich häut.

Se sin all dohin gegange,
Un met inne Freud un Leid!
Männer wodten uus dä Range
De Erinn'rung doch mäht Freud!
All die Krätz, die dun jitz maache
Kritisirend du'mer laache
Jitz uus Junge, die nit domm:
»Appel litt beim Birrenboom!«

21. Januar 1900, Willy Creutz

Kölsche Orgenale

Motto: Wer nit versteit der Klaaf un Kall,
Dä och kein Ordeil fälle sall!

Wie hätzlich klingk der kölsche Klaaf,
Us voller Bosch su deef,
Hä eß uns staats Juweleschaaf,
Dat uns vun Hätze leev.
De kölsche Sproch, de Eigenaat,
Se mäht aläät un fruh,
Der Kölsche weiß, dat sei im baat,
Hält Aat un Sproch dröm huh.

Hät Köllen och geändert sich,
Parfoosch em Lauf der Zick,
Der Kölschen blevv sich immer glich,
Hillt alles Frembde wick.
Un wer vum ale Kölle kallt,
Kütt en't Gewatt rääch baal,
Su döckes hät hä ald verzallt,
Vum kölsche Orgenal.

Un wem der Schnei lit op dem Häuv,
Wer op de Beldre käut,

Hööt hä vum ale Köln, ich gläuv,
Hä hät vun Hätze Freud:
Vum Maler Bock, vum Millewitsch,
Freßklötsch un Böckderöck,
Vum Fleutenanold, dä jet nitsch,
Un dä uns off verjöck.

Hööt hä vun dem Zebingemann,
Vum Bützenhennche leev,
De Thronen hä nit halde kann,
Et geiht an't Hätz im deef.
Männchen em Mond wedt widder waach,
Läuf schepp durch Stroß un Gaß,
Nä, wat en Freud! dat Hätz uns laach,
Wat hatte mer doch Spaß!

10. Mai 1903, Josef Wach

Männer von Köln

O wie wonnig und vergnüglich
Und in jeder Art vorzüglich
Ist es, wenn nach öden Wochen
Kommt Neujahr herangekrochen.
Wenn nach vielen trüben Stunden,
Die das Herz der Lust entbunden,
Endlich naht die Faschingszeit,
Die das Herz so hoch erfreut!

Denn wie hörte bitter klagen
Man doch in des Altjahrs Tagen
Manchen Bürger, daß so teuer
Vieles würde durch die Steuer,
Und wie früher doch, fürwahr,
Alles schrecklich wohlfeil war.
Kölner Kinder, gute, echte,
Von dem edelsten Geschlechte,
Wahrlich vor Entsetzen bebten,
Wenn sie heute lebten.

Maler Bock, der würde sprechen:
»Wie kann ich je Steuern blechen
Vom Talon, den ich behende
Schneide von der Blutwurst Ende?!
Hingewesen wär' mein Leben
Und mein hohes Künstlerstreben
Früher schon zum Schabernack
Euch, gemeines Bürgerpack!« –

Fleuten-Arnold würde rasen,
Wütend rufen: »Kann ich blasen
Kunstvoll noch auf meiner Fleut,
Wenn der Schnaps so teuer heut?!
Wie kann werden zugemutet
Einem, der die Flöte tutet,
Daß er zahlet für den Seifer,
Den er in sie bläst mit Eifer?!«

»Och, meer weed vör Ärger flau«,
Säht de Böckderöck-Wauwau,
»Weil plaaz Kaffee ich, – leev Göttche!
Zuckerei jitz han em Pöttche!
Dann so dhöre Kaffee künne
Selvs Madame sich nit günne.
Setze mööte met de Dööchter
Se em Zoolog'sche nöchter.« –

Der Freß-Klötsch, der stets den Magen
Voll muß haben, würde sagen:
»Jetzt schnür' zu ich meinen Kittel;
Teurer sind die Nahrungsmittel.
Meinen Appetit zu stillen
Und den Magen gut zu füllen,
Dazu müßte ich, – auf Ehr! –
Heute sein ein Millionär!« –

11. November 1909, Gerhard Schnorrenberg

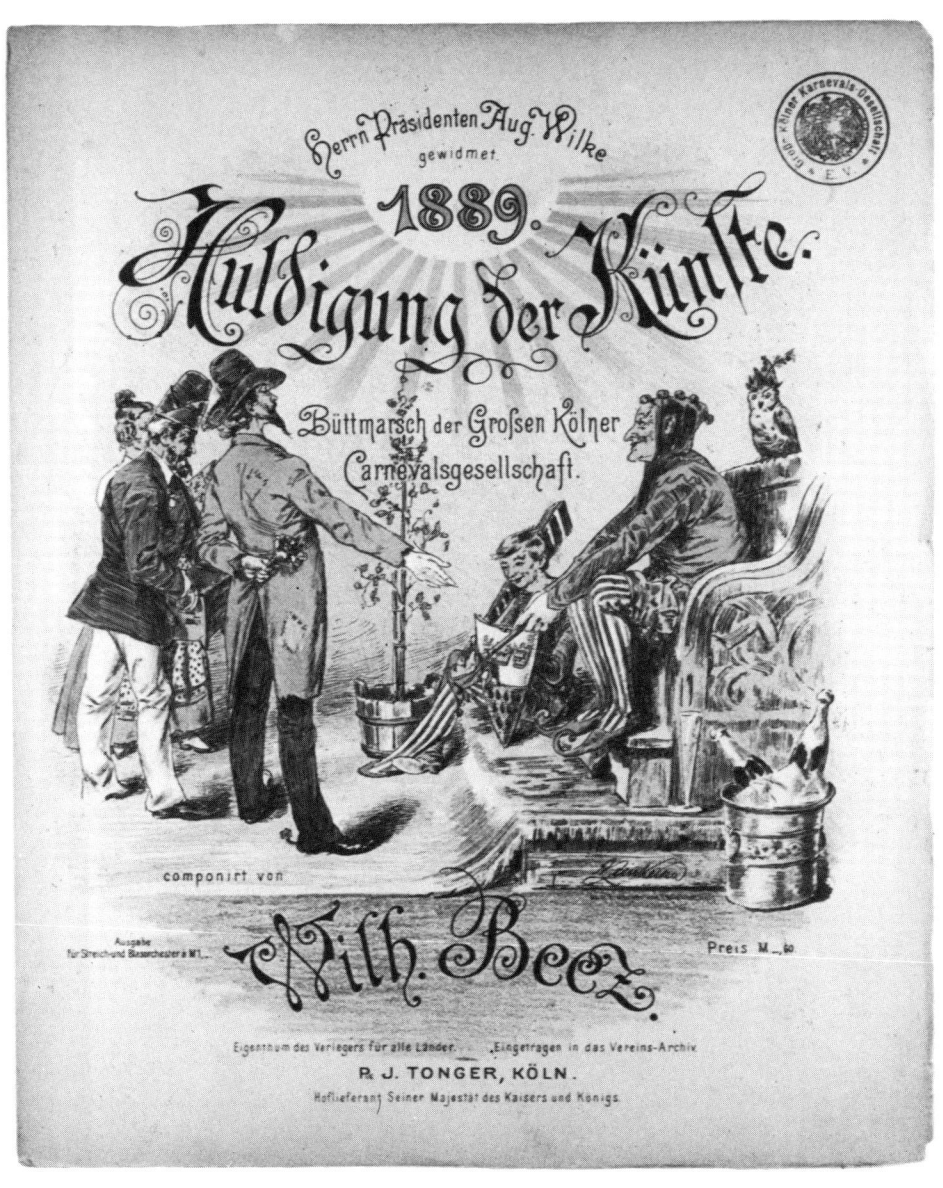

Der Maler Bock, Orgels-Palm und die Böckderöck huldigen dem auf seinem Thron sitzenden Narren. Titelbild eines Notenblattes aus dem Jahre 1889

Ahl kölsche Bekannte

(Triumph-Melodie)

Et wohnt' en Frau en dieser Stadt,
Genannt de »Böckteröck«,
Die kunnt'r laufe, wie e Rad,
Un broht och gar kein Kröck,
Et wohr en wahres Dusseldiehr,
Die Böckteröck wau-wau.
Sie drunk niemols ne Schobben Bier,
Doch gähn en Halv Schabau; Heidi, Heida

Ne Zweite, dä schant: »Bürgerpack«.
Dat wohr der »Malerbock«.
Hä droch em Aerme stets en Mapp,
Ne großte Hoht om Kopp.
Am rechten Bein 'ne Stivvel blänk
Un links ne Schluvve nor
Der Weehtsfrau hä e Strüßche schenk
Dat liehnten hä ihr nor; Heidi, Heida

Dä drette, dä spillt goot de »Fleut«
»Arnold« wohd hä genannt.
Dä sproch nor »Huhdütsch« zo de Leut.
Hä wohr ne feine Mann.
Als hä geerv ne Haufe Geld
Do wohd hä fottgebraht
Zor Lindenburg, dat wohr et Engk,
Do wohd hä jeck gemaht; Heidi, Heida

Als Letzte spillt met Freud un Loß,
De »Orgel« ganz charmant,
Mer sog in nor en wießer Botz,
Dat wohr der »Ahle Palm«
Met Bäremötz un Tresserock,
Un blendend wießer Wäsch,
Och faß gestütz op singe Stock.
Trock räuhig singes Wegs; Heidi, Heida

Jean Bloch

Erinnerungen

(Schmitze-Köbes-Melodie)

Ist auch von Köln der kölsche Jung
Fast fünfzig Jahre fort,
Hegt doch er die Erinnerung
An seinen Heimatsort.
So manches aus der Kindheit Glück
Kommt oft ihm in den Sinn zurück.
Im Geiste dann sieht er – so traut und wunderbar
Die Vaterstadt wieder, – so wie sie damals war.

Die Stadt war damals nicht so groß
Und elegant wie heut;
Ein Wall von Mauern sie umschloß
Aus alter Römerzeit.
Das »Werthchen« war mit Grün geschmückt,
Kein Zollhaus man auf ihm erblickt.
Verspottend die Stürme, – auf hohem Dome stand
Ein Kran statt der Türme – und schaute weit ins Land.

Der »Sibbe Luhstöck« morscher Bau
Bot Trotz dem Zahn der Zeit;
Vom »Türmchen« aus, durch Feld und Au,
Ging's nach der »Müllmer Heid«.
Weil Straßenbahnen noch nicht da,
Das Wandern meist zu Fuß geschah,
Nach Kalk und Melaten, – auch nach dem Bayenthal,
Nach Brühl und Opladen – und weiter manchesmal.

Am Neumarkt, wo die «Pädsköpp« sind,
Vom Märchenglanz umhüllt,
Da sah der Kölner schon als Kind,
Wie man Soldaten drillt,
Begeist'rung in das Herz ihm drang,
Wenn dort der Zapfenstreich erklang.
Der »Platzgabbeck« reckte – den Mund beim Glockenton,
Der Gürzenich weckte – Bewund'rung damals schon.

Wenn man zu Deutz vom Ufer hoch
Die Gegend angesehn,
Wie war das Panorama doch

So wundervoll und schön!
Es prangten mächtig ringsumher
Die Türme und das Häusermeer.
Mit Stolz und Gefallen – rief jeder, der es sah:
»Die schönste von allen – bist du, Colonia!«

Die »Böckderöck« mit Korb und Stock
Noch durch die Straßen ging;
Es lebte noch der »Maler Bock«
Und auch das »Schnüssetring«.
Den »Schmitzen« galt so manches Lied;
Man sang vergnügt von »Jan und Griet«.
Und Frohsinn erblühte – in jedes Kölners Brust,
Im Herzen erglühte – die wahre Lebenslust.

Vor allem aber glänzte klar
Der Kölner Karneval,
Wenn alles pudelnärrisch war
Mit Ulk und Pritschenknall.
Wie köstlich ward sich da gefreut
In jener schönen, alten Zeit!
Mög' Karneval immer – der Kölner Herz erfreu'n,
In herrlichem Schimmer – so schön wie damals sein!

26. Januar 1913, Henri Fuehrer

Kölsche Originale

(Schnüsse-Tring-Melodie)

Gecke Ditz, hör op met Denke,
Komm, verschaff Deer Amelung;
Nemm et Sackdooch, dun et schwenke,
Zopp Dich en ahl Zigge, Jung!
Wat Alt-Kölle uns gegevve,
Dat weed wackrig, dat soll levve,
Hüser, Gäßcher, kromm un schmal –
Un och do: Kölsch Orginal.

Eeschtens soll der »Arnold« kumme,
Wenger heesch hä eigentlich;
Dät nor fleute oder brumme,
»Fleuten-Arnold« – höösch Do mich?
Arbeid kunns Do nit verdrage,
Häß gefleut, bes Dinge Mage
Sich beim Suffe üvvernohm
Un me'm Männ en't Tippo kom.

Zwesche Dürpel, Greß un Schruute
Paasch sich »Böckderöck-Wau-Wau«;
Hinger ehr 'nen Bärm vun Kluute,
Met Gejugax un Radau.
Hackepack git sich an't dränge;
Wöödig eß die Ahl am schänge;
Nä, dat Spill weed bal zo doll –
Kritt die Frau die Nas nit voll?

Dä »Freßklötsch« ohn' vill Moleste
Wink met Graubrut un Gehacks.
Reck sich ens un röf: »Wat häß de?
Stö't Dich, Fründschaff, dat Geknacks?«
Jielich weed dat Fleisch verkimmelt –
Och drei Brut, dat nix verschimmelt;
Ähnlich maht hä et me'm Kies,
We hä stund vör der Akzis.

Einer han ich noch vergesse –
Un dat eß der »Maler Bock«;
Han bei mäncher Feer gesesse,
Wo hä entrof met der Klock.
Braht sie Strüßcher, fing an käue,
Dät vun Dut un Däuvel bläue;
Un op ens wor hä om Rett, –
Ävver't Strüüßche, dat ging met!

Aloys Frings

Fastelovend em Himmel

Em Himmel eß dr Düvel loß
Weßt Ehr, wat dat bedück?
Do feeren se hück Fastelovend,
Do eß hück en löstige Klick.
Dr Petrus sitz em Elferrot,
Die »Schwaat« eß och aläät,
Der Senk un der Trööt
Der platzen de Nöht,
Dr Maaße-Fritz, dä präsedeet:

Un et Arnöldche fleut
Un dr Herrgott hät sing Freud
Un dr Ostermanns-Will
Dä singk esu schön,
Et quietschen däm Palm sing Urgelstön.
Un et Arnöldche fleut
Un dr Herrgott hät sing Freud,
Un dä Läsche-Nas ehr Nas weed naaß,
Weil Kölle nit ungergeiht.

Met Klatschmarsch flüg jetz en de Bütt
Dr Engel Schmitz – dä »Gäl«,
Dr Wittgenstein hält sich de Backe,
Dr Schneider-Clauß laach met dem Schäl.
Dr Hönig bütz et Böckderöck,
Dr Antun Meis rööf: »Prost!«.
Dr Millowitsch mäht Spaß:
»Wat eß en de Kass?«
Dr Hannemann's-Fritz, dä läht loss:

De Funke süht mer wibbele jetz,
Et danze we geschmeet,
De Hellige Mädcher un Knäächte,
Dr Möler Bock Strüßcher serveet.
Et Griet danz och me'm Jan vun Wäth
Weil die sich jetz verstonn.
Met Engelsgetön, singk Ühm un och Möhn:
»Zo Fooß möch ich noh Kölle gonn!«

1950, Karl Berbuer

Uns kölsche Orgenale

Wenn einer vun dä Kölsche Orgenale
Bovven em Himmelszelt vergnög Gebootsdag feet,
Dann kumme all die and're fein en Schale
Un op echte Kölsche Aat weed gratuleet.
Dä Möler Bock, dä kütt zoeetz met singem Strüüßge –
Dat nimmb hä hingerher dann widder met noh Huus;
Die Läsche-Nas, die laach sich stell ald en et Füüßge –
Weil hä die metgebraate Fläsch drink selver uus:

Mer kennen se all, uns Kölsche Orgenale,
Die drunke gähn e Dröppche – un jeder hat 'ne Tick.
Se sin ald Tradition, e Stöck vum ahle Kölle
Un schecken uns Grööß us längs vergang'ner Zick.

Dä Freß-Klötsch es ald kräftig Flöns am käue,
Un düchtig suffe deiht et Böckderöck-wau-wau.
Se dun sich üvver'e Pittermännche freue –
Un de mihtste sin ald fröh am Meddag blau!
Och uns're Petrus deiht sie Gläsche löstig schwenke,
Dat lecker Kölsch, dat hät spendeet dä Schäbens-Tünn.
Un wer beim feere deiht dä Mage sich verrenke –
Dä kritt get Millezin vum Doctor Bauduin:

Dä Orgels-Palm – dä drieht wie jeck am Schwengel,
Dä Fleute-Arnold fleut dozo em volle Kopp.
Em Himmel sin am schunkele die Engel
Un dä Zebingemann – dä danz me'm Bolze-Lott.
Bes en de Naach dun Tünn un Schäl noch Wetz verzälle,
Dann gon se all zefridde en ehr Wolkebett.
Un freue sich – die Sillige vun uns'rem Kölle,
Dat bahl dat nächste Orgenal Gebootsdag hätt:

1984, Kurt Jansen (Ralph Tonius)

Nachwort

Als im Jahre 1911 bei der Ausschreibung des Wettbewerbs um die Errichtung eines Laufbrunnens auf dem Gülichplatz seitens der Verwaltung angeregt wurde, zum plastischen Schmucke des Brunnens »Kölnisches Volksleben oder bekannte Straßentypen der Vergangenheit« zu verwenden und vom Stadtverordneten Theodor Kyll der Zwischenruf »Maler Bock!« kam, da forschten die Kölner gezielt nach Kölner Stadtfiguren. Dr. Josef Bayer, Arzt und Heimatforscher, wurde besonders fündig. Er unterzog sich der verdienstvollen Aufgabe, die Ergebnisse seiner Forschungen in einem Buch »Kölner Originale und Straßenfiguren« zu veröffentlichen.
Die für die verstorbenen Originale zumeist wenig schmeichelhaften Beurteilungen führten dazu, daß sich in der Öffentlichkeit ein Sinneswandel einstellte. War es bei den von Bayer geschilderten Verhältnissen überhaupt vertretbar, solchen »verkommenen Existenzen« auch noch ein Denkmal zu setzen? Da die Finanzierung des Brunnens nicht nur aus städtischen Mitteln, sondern auch durch Sammlungen in der Kölner Bevölkerung erfolgte, wurde der beauftragte Künstler Georg Grasegger veranlaßt, den bereits fertiggestellten und teilweise ausgeführten Entwurf zu ändern. Josef Bayer hat in seinem 1912 verfaßten Gedicht »Om Gülichsplatz« nicht nur den »Werdegang« des Brunnens geschildert, sondern auch daran erinnert, wie dieser Platz entstanden und nach wem er benannt ist. Damit hat er ein zeitgeschichtliches Dokument von selten erreichter Schönheit geschaffen:

> Et hät op Aehd em Minschelevve
> Vergängliches allzick gegevve,
> Wie uns dä Gülichplatz su klor
> Bewise hät vill hundert Johr.
> Der Lehrer saht uns kleine Quante:
> Zoesch hät do e Huus gestande,
> Dat hät dem Gülich zogehoot.
> Doch weil dä sich nit opgefoht,
> We mer't vum Bürger moot verlange,
> Han se en hööstig engefange,
> Dann flöck noh Müllem in geschlepp
> Un racktig do zom Dut geköpp!
>
> Dat Hüüsche han se avgeresse
> Un dann – denn mallich moht et wesse –
> Im meddsen op däm Gülichplatz

Us Stein e Monument gesatz
Un bovvenhuh gestallt dorop
Däm Niklos Gülich singe Kopp. –

An hundert Johr es dat su blevve,
Dann kom noh Köln en ander Levve:
Franzose kome ahnmascheet
Un han sich bei uns enlogeet.
Se wollte uns de Freiheit bränge
Un finge glich gemein an schänge,
Weil do dä Kopp vum Nikolos
Noch stellchens op dä Schandsäul soß.

Do sich die Kölsche nit schineere
Wenn't heisch: He, flöck jet rujineere!
Dröm wore se tirek parat
Un schloge alles kradeplatt.
Kei Fitzche eß do üvvrig blevve,
Kein Steinche blevv am andre klevve,
Un alles han se fottgekratz,
Bes ratzekahl dä Gülichsplatz.

Op ›praktisch‹ stund jitz mieh dä Senn
Dröm satz en staatse Pump mer hin:
En Pump vun decke Ihserstange
Un meddsezwesche opgehange
Ne schwere Schwengel, dä nit lang
Sich hät bewäg em Tatendrang;
Denn ›Ungenießbar‹ schrevv mer op e Brettche
Un laht dä Schwengel an et Kettche.
Su stund die fuule Pump no do
Un gov kein Milch wie'n ahle Koh.
Un rundseröm wohß Gras un Schelf...

Do endlich Nüngzehnhundertelf,
Do spoot mer widder neues Levve:
Dä ›Ober‹ hät do usgeschrevve
Ne Wettbewerb för alle Kölsche,
Die Dreck un Gips zesammemölsche;
Se sollten an der Pump ehr Stell
Usknuve gäng e Brunnen-Modell.
Un dat dä Wetz nit dät mankeere,
Dröm sollte se dat Ding verzeere
Met ahle Kölsche Stadtfigore,
Doch rääch maneerlich anzoloore.

O jömmich, wat kom do eruus!
Dä Maler Bock met singem Struuß,
Dä Palm met singer Urgelskeß,
Dat Arnöldche, dat luuter em Reß;
Un die versoffe Böckderöck,
Die alle veer doch knatschverröck,
Die krägte do dä eezte Pries –
Geweß, ich maachen Üch nix wies:
O Gülich, ahle Demokrat,
Modkränk, wem hatts do Plaaz gemaht!?

No denkt Üch ens die veer Geseechter
Als stellvergnögte Brunneweechter!
Dä Arnold, weßt! met singer Fleut
Hat am gebrannte Wasser nor sing Freud.
Dä Bock mooch och kei Wasser ruche,
Dät selvs zom wäschen et nit bruche.
Un eez de Böckderöck-Wauwau
Fung ehre Truus nor em Schabau.

Die sollte jitz am Wasser ston
Un do vör luuter Doosch vergon?!
Un sollte heh met Höllequale
Ehr ahle Leidenschaff bezahle?
Dat wor nit rääch. Der ›Ober‹ säht:
Beseitigt die Kalamität,
Stellt hin mir bessere Gesichter,
Laßt laufen diese Schnapsgelichter!

Dä Bock, dä Palm, de Böckderöck,
Dä Fleuten-Arnold widder flöck
Sin noh Malote dann gekroffe
Un han do wiggeschter geschlofe.
Dä Künsler ävver hät dorop
De veer Geseechter avgeklopp
Un hät gemaht doruus su'n ächte
Un räächte kölsche »Hellige Knäächte«,
Die met dä Mädcher fresch un nett
Em Danz sich driehen öm de Wett...

Dann ston se do – die immer wore
Su'n ächte Kölsche Stadtfigore
Un immer uns han Freud gemaht, –
Als Zeerot für uns Vaterstadt.

Gevv Gott, dat se noch lang verzälle
Vun unsem leeve ahle Kölle,
Dat su op singem Gülichplatz
Sich selvs en Denkmol hät gesatz!

Tanzpaare der »Hellige Knäächte un Mägde« – hier ein Ausschnitt – zieren den Fastnachtsbrunnen

Das »Denkmal« sollte aber noch für einige Aufregung sorgen. Als der »Fastnachtsbrunnen« im Jahre 1913 eingeweiht wurde, trug er den Goethe-Spruch »Löblich wird ein tolles Streben, wenn es kurz ist und mit Sinn. Heiterkeit zum Erdenleben sey dem flüchtgen Rausch Gewinn.« Ein Putto mit einem kleinen Trömmelchen, die Köpfe einiger Stadtsoldaten, Kluten und tanzende »Hillige Knäächte un Mägde« zierten diesen Brunnen, der schon kurze Zeit später respektlos als »Wäschbütt«, »Spölbütt« oder auch »Stadtrots-Badewann« bezeichnet wurde. Im Karneval 1914 war dieser Brunnen Zielscheibe einigen Spottes. Und ein Grielächer – Jüppchen nannte er sich – ließ in einem Gedicht die verstorbenen Originale auf die Erde herabsteigen, um in Augenschein zu nehmen, was ursprünglich ihnen zu Ehren errichtet werden sollte. So spielte sich »Naaks om Gülichplatz« einiges ab:

Der Fastnachtsbrunnen am Gülich-Platz in Köln

Höösch eines Naaks kom dä Freßklötsch
Vum Himmel op de Ähd gerötsch.
Modkränk, wat dä sich wundren dät!
Hä heel der Buch sich faß un säht:
»Woröm steit jitz, noh saht meer bloß,
Ming Zuppekump heh op der Stroß?«

Un och der Maler Bock nit fuul
Woll schwade flöck sing Künslermuhl:
»Du Bürgerpack! Was ist denn das? –
Parbleu! Ein braunes Regenfaß!«
Un met gekränktem Ihrgeföhl
Säht hä: »Ich male nur in Öl!«

Der Fleuten-Arnold ävver fähn
Blevv setze stell op singem Stähn:
»Wat?, Wasser? – Han ich nor gekannt
Wann et em Brännes wor gebrannt!
Hu! Minge Mage kritt d'r Kramp –
Flöck, Petrus! Flöck 'ne Boonekamp!«

Un hingerdren kom – Donnerletsch!
De Böckderöck eravgerötsch.
We die do sohch die Schottel ston,
Do wollten ehr de Senn vergon.
Vun Hätze kresch die ahle Frau:
»Mie däglich Mößche voll Schabau!«

Dä decke Doktor Bauduin
Stallt glichfalls vör de Bütt sich hin:
»Och, wör se domals ald gewähs,
We he em Dom die Türke-Quös
Mem Feez om Kopp erömgesträuv, –
Ich hätt se racktig dren versäuf!«

Dä brave Urgels-Palm nor loht
Genau sich an die Mißgeboot.
Do hätt 'ne nitsche gecke Ditz
Sing blanke Stivvel vollgespritz.
Hä kritt sing Urgel, schluff noh Huus:
Et schlog Ein Ohr – dann wor et us.

Der Brunnen sorgte für Gesprächsstoff. »Noch e paar Laufbrunne oder Köln als Brunnenstadt« nannte ein (unbekannter) Dichter sein Werk:

>	Neulich hatt der Oberbürgermeister he
>	En famose, neue, staatse, fing Idee:
>	»Pumpen«, säht hä, »taten wir jetzt lang genug,
>	In die Sache muß einmal ein neuer, frischer Zug!«
>	Un hä maht dä Vörschlag dann:
>	»Man lege jetzt Laufbrunnen an!«
>	Flöck mer schlepp en Badebütt nohm Gülichplatz,
>	Stoppten dren en lange Latz,
>	Bovven drop e kölsch Wappen wood gekläv, –
>	Un der eeschte Brunne leef!

Auch bei »Plün un Nett« bleibt der Brunnen nicht unerwähnt:

>	Om Gülichplatz doh stund en Pump,
>	'Nen Brunnen steiht do jetz.
>	Dä nenne se de »Zuppekump«
>	Met echtem kölschem Wetz;
>	»Wärm Wöösch mer dorenn kochen dät!«
>	Su meint et Plün un och et Nett;
>	Ne kölsche Zappjung brängk et Beer
>	En su'nem Körvchen deer.

Die Zeitschrift »Kölsch Levve« veröffentlichte im Jahre 1925 in der Rubrik »Geschräppels« einen Beitrag, der mit Ph. F. unterzeichnet war. Dabei handelt es sich mit an Sicherheit grenzender Wahrscheinlichkeit um Philipp Fürth. Er schrieb zum Thema »Fastnachtsbrunnen«:
»Wer hat eigentlich diesen widersinnigen Namen für den auf dem Gülichsplatz stehenden Laufbrunnen erfunden? Nach der Absicht des früheren Oberbürgermeisters Wallraf, der die Aufstellung dieses Brunnens angeregt hat, sollte er ursprünglich mit den Bildern bekannter Kölner Originale und Straßenfiguren, wie Maler Bock, Fleuten-Arnöldche, Urgels-Palm usw. geschmückt werden. Man nahm davon Abstand und übertrug dem Bildhauer Grasegger die Ausführung, der dann an der Außenseite des Beckens vier tanzende Paare der ›hilligen Knechte und Mägde‹ anbrachte. Diese waren ehedem stehende Figuren bei den Prozessionen und trugen hierbei kirchliche Geräte und Heiligenfiguren. Erst später wurden sie in den Rosenmontagszug übernommen. Und deshalb Fastnachtsbrunnen? Wir sind dieser Bezeichnung schon mehrfach begegnet... Unseres Erachtens wäre die Bezeichnung ›Fastnachtsbrunnen‹ abzulehnen, wenn auch Goethes bekannter Spruch und mehrere karnevalistische Abzeichen, z. B. ein ›Funk'‹ mit Perücke und ein Grielächer mit Narrenkappe, daran angebracht sind.«
Wilhelm Räderscheidt schrieb den Text zu dem Lied »Köllen als Brunnenstadt«, in dem er alle »Plätscherbrunnen« aufführt und den vielen Namen für den Fastnachtsbrunnen einen weiteren hinzufügt:

Bereits modellierte Originale mußten den »Hellige Knäächte un Mägde« weichen

Mer fingk em leeve Köln am Rhing
Der Plätscherbrunnen vill,
Wo bei 'nem Denkmol groß un fing
Et Wasser läuf zom Spill:
Am Dom der drügge Pitter steit
Un läuf jitz ganz aläät;
Am Hoff et Heinzelmännche speit,
Om Maat der Jan vun Wäth.

Beim ahle Kaiser Wellem läuf
Et Wasser en en Mohl.
Zo Fööß vum Fritz do gringk en Häuv
Un seifert en 'ne Pol.
En Kalk beim decke Villzomöd
Et Wasser lantsam flüüß:
Dem Deerschutzbrunnewievche blöd
Zo Foß e Ströhlche schüüß.

Dat Brünnche an der Bleche Botz
Es för e Wielche fott;
Am Hermann-Jösep-Brunne trotz
E Gitter jedem Krott.

245

No krige mer noch an der Dau
En Brunnepump zoteet,
Wo Hännesche dem Bevva schlau
Sing Krätzcher explezeet.

Der Fremde wundert sich nit schlääch
Wann hä uns Stadt durchsträuf,
Dat, wo su lecker Drank hä kräg,
Su vill des Wassers läuf.
Dä Zweck es sonneklor doch, Poosch,
Drink Ovends Beer ov Wing!
Häß Do dann morgens fiesen Doosch,
Schmeck Deer och Wasser fing.

Wann dat dann noch nit helfen deit
Dann gangk nohm Jülichsplatz:
Mer han en Wäschbütt groß und breit
För Dich dohin gesatz.
Spring dren un schwemm e paarmol rund,
Versäuf dä Kater dann.
Grad för d i e Krankheit eß gesund
Die Stadtrotsbadewann!

Der Brunnen wurde im Zweiten Weltkrieg beschädigt. Buntmetalldiebe stahlen außerdem die Spindel mit dem kleinen Putto; sie tauchte nie wieder auf. 1954/55 ließ die Stadt Köln das ganze Werk unter der künstlerischen Leitung von Professor Wolfgang Wallner, Graseggers Nachfolger als Werkschullehrer, wiederherstellen.

Wie die drei Originale en ahler Zick
Su läuf Keiner mie op der Stross eröm hück.
Dä Arnold dä spillte su lang uns de Fleut,
Bis später hä dann no der Lindenburg geiht.

Dä Bock he, dä Maler mem Feldblomestruss,
Dä ging stolz domet su vun Hus zu Hus.
En Brauweiler wor hä och sehr got bekannt,
Dröm hät hä et später sien Landgot genannt.

Dä Urgelsmann Palm mem Husarenhot
Dä kannte mer Kölsche och ävvens su got.
Wie wor doch su schön die got ahle Zick,
An die mer uns gähn noch erinnere hück. —

Hafengasse aus Alt-Köln

Vor einer Häuserfront in der Hafengasse posieren die wohl bekanntesten Kölner Originale: Fleuten-Arnöldche, Maler Bock und Orgels-Palm. Postkarte aus dem Jahre 1909

Personenregister

Albermann, Franz 143
Albermann, Wilhelm 143
Alles ist vergänglich 194
Alter Fritz 153
Antonius von Padua 143
Armenschullehrer Wilmius 196
Attila 108
Avenarius, Tony 45

Bacchus 24
Baron von Thurn siehe: Meister Thurn
Barthelheim, A. 86
Basseng, Bartholomäus siehe: Miebes, Helden- und Eisen-Tenor
Baudri, Dr. Johann Anton Friedrich 33, 34
Baudri, Peter Ludwig Friedrich 33
Bauduin, Josef 203
Bauduin, Melchior siehe: Doctor Schabaudewing
Baur, Franz 189
Baur, Karl 189, 190
Bayer, Dr. med. Josef, Sanitätsrat und Heimatschriftsteller, seit 1922 Vorsitzender und seit 1932 Ehrenvorsitzender des (Heimat)Vereins »Alt-Köln«. Im Jahre 1912 brachte Josef Bayer im Selbstverlag ein Bändchen »Kölner Originale und Straßenfiguren« heraus. Umfangreiche eigene Recherchen, aber auch zahlreiche Zeitungsveröffentlichungen aus der Zeit vor der Jahrhundertwende bildeten die Grundlage für das Buch, das später im Greven Verlag Köln neu aufgelegt wurde. Bayer, geboren am 11. 3. 1867 in Köln, schrieb zahlreiche Bücher, Zeitungsbeiträge und Gedichte. Er starb am 14. 11. 1936 in Köln an den Folgen eines Autounfalls. 10–12, 15, 26, 50, 54, 55, 130, 170, 194, 238
Becker, Hermann, geboren am 2. Mai 1852 in Düsseldorf, kam 1860 mit seinen Eltern nach Köln, besuchte die Domschule und dann eine Privatschule, trat 1867 bei dem Kölner Bildhauer Peter Garzen in die Lehre und besuchte gleichzeitig den Zeichenunterricht von Professor Nießen im Wallraf-Richartz-Museum. 1871 begann er seine bildhauerischen Studien unter Karl Cauer in Kreuznach, die er im Herbst 1872 bei Prof. Fritz Gerth und bei Karl Hoffmann in Wiesbaden fortsetzte. Nach Köln zurückgekehrt, arbeitete er u. a. bei dem Bildhauer Prof. Wilhelm Albermann und begann 1875 mit selbständigen Arbeiten. 1882 siedelte er nach Frankfurt/Main über, heiratete 1888 Emma Kaulen, die Tochter des Schriftstellers Wilhelm Kaulen, der in Köln als Verleger der »Neuen Rheinischen Zeitung« und als Karnevalist bekannt war. Wegen eines Augenleidens wandte sich Becker, der sich seit 1880 als Dichter, Schriftsteller und Kunstkritiker versucht hatte, verstärkt diesen Tätigkeiten zu. Für das »Frankfurter Journal«, den »Frankfurter Generalanzeiger« und für die »Frankfurter Zeitung« war er tätig, bevor er 1892 Redakteur der »Solinger Zeitung« wurde. 1894 kehrte Becker nach Köln zurück, veröffentlichte – als freier Schriftsteller – zahlreiche lokalhistorische, aber auch kunst- und kulturgeschichtliche Aufsätze. 1922 erschienen im Rheinland-Verlag Köln »Köln vor 60 Jahren« und »Altkölnische Wirtshäuser« als Buch. Die in diesem Werk veröffentlichten Kapitel sind – zumindest teilweise – Jahre zuvor als Zeitungsartikel veröffentlicht worden. Die darin enthaltenen Schilderungen über Kölner Originale sind z. T. – durch Fußnoten kenntlich gemacht – dem Buch von Josef Bayer entnommen, während andere Anekdoten zuerst in den Beckerschen Zeitungsartikeln erschienen sein müssen, weil Bayer sie in seinem Buch zitiert. Hermann Becker starb am 21. April 1920 in Köln an den Folgen eines Unglücksfalles. 22, 24, 35, 67, 104, 168, 208
Becker, Hermann, Dr. jur., von 1875 bis 1885 Oberbürgermeister von Köln 71
Becker, Johann Adam 37
Beethoven, Ludwig van 36
Beez, Wilhelm 231
Beihsel, Christine 185, 187
Berbuer, Karl 12, 13, 152, 236
Berlage, Dr. Franz Karl 143
Berndorff, Jac. 146
Bestevater, auch: Besteva, Bestevader 39–41, 246
Bibi 196, 197

Bismarck, Otto von 87
Blatzbecker, Lorenz 97
Blau, Hieronymus siehe: Bullewuh
Bloch, Jean 232
Blumacher 169
Blümeling 194, 221
Bock, Heinrich Peter siehe: Maler Bock
Bock, Joseph 103
Böckderöcks-Trina 66
Böckderöck Wau-Wau 63 ff., 120, 135, 207, 222, 223, 225–227, 229, 230–232, 234–237, 240, 243
Boeren, Josef 190
Boisserée, Dr. phil. Sulpiz 30
Bolz, Matthes 126
Bolz, Scholastika siehe: Bolze Lott
Bolze Lott 126 ff., 237
Bombom, auch: Bomm-Bomm 194, 220
Bomwe 194
Boom, David siehe: Boom, Graf von und zu Dattenberg
Boom, Graf von und zu Dattenberg 12, 74 ff.
Brandenberg, Dr. 71
Braun, Dr. humoris causa 12
Breuer, Heinrich 200
Breuer, Kättchen 200
Breuer, Lenchen 200
Breuer, Leo (Breuer's Lei) 197
Bullewuh 88 ff.
Bützhennche 199, 229
Byron, Lord 52

Cäsar 153
Chreßkingkche vun der Vringsstroß 199
Chryselius, Franz Hubert siehe: Männchen em Mond
Classen, Peter 41, 45
Clemens, Dr. med. 102
Clement 91, 97
Conzen, Ambrosius 180
Correggio, Antonio 104

Cossmann, Maria 25
Cramer, Carl 25, 27
Cramer, Julius 75
Creutz, Willy 228

Dach 126
Dahmen, Günter 12
Dä keusche Jupp siehe: Roesberg, Joseph
Dä Mällärm 194
Decker Spieckenheuer 104, 106, 194
Decker Tommes 148
Decker Villzomöd 245
Deckers, Peter 53
Delden, E. van 74
DeNoël, Matthias Joseph 30
Der große Komet 90 ff.
Der Intendant 194, 221
Der lange Tod 194
Der Nadelsmann 194
Der Pitter Tätsch 194
Dickopf, Johann 90
Dickopf, Johann L. siehe: Der große Komet
Dickopf, Johann Peter 98
Dilschneider, Prof. Dr. Johann Joseph 30
Disch, Hermann 62, 91, 97
Dittmarsch 37
Doctor Schabaudewing 42 ff., 69, 203, 211, 222, 237, 243
Donati 94
Dores met däm naasse Plagge 177 ff., 200
Dräger 189
Duden 168
DuMont, Karl Joseph 25
DuMont, Marcus 30, 154
DuMont, Michael 94
DuMont-Schauberg 30
Düsseldorf, Joseph siehe: Graf Düsseldorf
Duvegriet 202

Ehretschmann 38
Eisen, F. C. 53
Eisenbart, Doctor 46
Eiser, Gertrud 102

Eiser, Johann Heinrich 90
Elsteraugen-Evche 203, 220
Empt, Kaspar 192
Ennen, Leonard 36
Esels-Jakob 168 ff.
Et gecke Pistolemännche 211
Et Schmitze Nettche 53, 55, 205
Et Schmoorwievche 194
Et Zellerei-Stinche 194

Farina, Johann Baptist 25
Farina, Johann Maria 25, 100
Faust, Peter Paul 195, 216
Feith, P. 97
Felten, Joseph 55, 109, 154
Ferrenholtz, Benedict 205
Fischer, Johann Joseph 100, 101
Fleuten-Arnöldche 13, 68, 69, 111, 116, 132 ff., 160, 221, 225–230, 232, 235–237, 240, 243, 244, 247
Flötenvirtuose Warburg 205
Foveaux, Heinrich Joseph 25
Frank, Theresia 62
Frantzen, Catharina 50
Frau Käazmann 176
Frau Werner 205
Fressklötsch 15 ff., 68, 133, 220, 225, 229, 230, 235, 237, 243
Friedrich Wilhelm IV. 93
Frings, Aloys 235
Fuehrer, Henri 234
Fürstenstein, Leopold Reichsfreiherr von 172
Fürth, Philipp 244
Füssenich, Wilhelm siehe: Stadtkölnischer privilegierter Zettelträger

Garthe, Arno 208
Geck Hätzche 207, 220
Gecker Habilius 194
Gecker Schröder 207
Geckes Trina 194
Gehly 70, 71
Geissel, Kardinal Johannes von 34, 98

Gendring, Katharina Christine 74, 83
Glasmacher 91
Göbbels, Franz Matthias 168
Göbbels, Gottfried 168
Göbbels, Jakob siehe: Esels-Jakob
Goethe, Johann Wolfgang von 29, 242, 244
Götze, Emil 166
Gradesmann 207, 220
Graf Düsseldorf 73
Graf von und zu Thurn siehe: Meister Thurn
Grandpré 91, 97
Grasegger, Georg 238, 244, 246
Gregor III. 108
Griesbach, Richard 9
Griet, Pseudonym für Margarete Hoevel-Broicher 190
Griet siehe: Jan von Werth
Gropius, Carl Wilhelm 52
Gülich, Nikolaus 238–240

Hack, Cäcilia 50, 52
Hackhausen 18
Hafermann, Antonius, Pseudonym für Avenarius, Tony (s. d.)
Hammerschmidt 185
Hannemann, Fritz 236
Hänneschen, auch: Henneschen, Hennesge 9, 39, 40, 69, 246
Hardy, Kaspar Bernhard, Domvikar 11
Hat er jet zo binge siehe: Zebingemann
Hehn, Albert 186
Hehn, Hanni (Johannes) 186
Hehn, Jakob 186
Hehn, Johann Jakob siehe: Schutzmann Streukooche
Hehn, Karl 186
Hehn, Lieschen 186
Hehn, Röschen (Rosa) 186
Heimann, Karl 25
Hein, Friedrich 208
Heinsberg, Freiherr von 150

Hendrichs 166
Henn 222
Henneckens, Wilhelm 25, 208
Herkenrath, Will 171, 173, 174, 175
Hermanns, Anton 56
Hermanns, Katharina 56
Herr Pax ä Papierche 194
Herz, Dr. siehe: Täubchen
Heydrich, Bruno 166
Hilgers 97
Hilgers, Dr. Heribert A. 10, 12
Hiller, Ferdinand von 56, 221
Holzermann 97
Hönig, Fritz 236
Hungsmadämche 194
Hüpsch, Joh. Wilhelm Karl Adolph, Baron von, hieß eigentlich Jean Guilleaume Fiacre Honvlez 11

In der Weisen 208

Jan und Griet und
Jan von Werth 24, 27, 234, 236, 245
Jansen, Engelbert 41
Jansen, Jakob 63, 64
Jansen, Johann 52
Jansen, Kurt 237
Junck, Maria Agnes 37
Jung, Heinz 171, 173, 176
Juno 101
Juno von Mülheim 93
Jupiter 100, 101
Jüppchen, Pseudonym für »?« 242

Kaiser Wilhelm 245
Kaiserin Augusta 180
Kanzler des Narrenreiches siehe: Boom, Graf von und zu Dattenberg
Karl XII., König von Schweden 27
Katringche, Koseform für Katharina 218
Kayser, Winand 143, 149
Kehr und Nießen 17, 25
Keller, Heinrich 162

Kemper, Dr. jur. Julius 171, 172
Khedive von Ismailia 81
Kiesgen, Laurenz 181
Klais, Johann 56
Klaks, Dr. 77
Kläser, Hermann 171, 173, 176
Klefisch, Dr. Josef 10, 129, 203
Klefisch, Dr. Walter 10
Klein, Heinrich 146, 148
Kleinenbroich, Wilhelm 100
Klotz, Wwe, Peter Joseph 120
Klümpche 208, 209
Klümpchen, Peter siehe: Klümpche
Klütsch, Adamus 18
Klütsch, Ann Gertrud 18
Klütsch, Anton(io) 15, 17
Klütsch, Apollonia 17
Klütsch, Arnold 25
Klütsch, Eva 18
Klütsch, Friedrich 18
Klütsch, Heinrich 25
Klütsch, Johann 26
Klütsch, Johann Arnold siehe: Fressklötsch
Klütsch, Maria Gertrud 17
Klütsch, Maria Magdalena 17
Klütsch, Michael 26
Kollgraf, Sophia 50, 54, 61
Kölnischer Diogenes 11
Kolping, Adolf 30, 149
König, Dr. med. 102
König Karl XII. von Schweden 27
Königin Pomare 74–76, 84
Königsfeld, H. J. 121
Kraten, Katharina 152, 158
Kraus, Professor 35
Kreuser, Johann Peter Balthasar siehe: Professor Kreuser
Kreuser, Peter Anton 29
Krings, Bernhard 181
Kröcke-Jusep siehe: Graf Düsseldorf
Krummer Jusep 220

Krummer Sibbenunsibzig 209, 220
Krummer Vogelfänger 194
Kuletschhot 209
Kürten, Franz-Peter 202
Küsshauer, Alfred (ALEKS) 192
Kyll, Theodor 31, 238

Ladoucette 21
Läsche Nas 13, 152 ff., 225, 236, 237
Laudenbach, Heinrich 99
Lehmacher, Sybille 152, 158
Lehrer Welsch 12, 171 ff.
Leibl, Carl 25, 30
Lersch, Andreas Leonard siehe: Läsche Nas
Lersch, Johann Wilhelm 154
Leven, Peter 25
Liebig, Gustav 38
Lindenborn, Heinrich siehe: Kölnischer Diogenes
Lohmar, Johanna Catharina 50
Löhrs Nas – Hannes Löhr, Ex-Fußballnationalspieler, Ex-Manager und Ex-Trainer des Fußball-Bundesligisten 1. FC Köln 154
Ludwig XIV. 27
Lüttgen, Johann siehe: In der Weisen
Lyskirchen, Konstantin von 202

Maaß, Fritz 236
Macherey, Lambert 180
Maestro der Nähnadel 93
Mahner, Ernst siehe: Vater Rhein
Majunke, Paul August 117, 118
Maler Bock 54, 68, 103 ff., 133, 136, 139, 160, 163, 194, 221, 223, 225–227, 229, 230–232, 234–238, 240, 243–244, 247
Mällärm 220

Männchen em Mond 69, 130 ff., 222, 225, 229
Manriko 166
Mariland, Peter van 180
Mariezebell 40
Marlborough 27
Mars 100
Martin, Prof. 32
Maulbert, genannt Millowitsch, siehe Franz Andreas Millowitsch

Mehlwurms-Pitter 40
Meis, Antun, Tillekatessenhändler a. D. von Maria Heinrich Hoster (1835–1890) erfundene Figur 236
Meist 40
Meister Lupus 62
Meister, Gebrüder Simon und Nikolas 17, 24, 25, 26, 100
Meister Thurn 210
Melcherche 194
Merkur 100
Meyer 41

Miebes, Helden- und Eisen-Tenor 165 ff.
Millowitsch, Caspar 41
Millowitsch, Franz Andreas 37 ff., 68, 229, 236
Millowitsch, Johanna Eleonore 37
Millowitsch, Maria Catharina 37
Millowitsch, Maria Catharina Dorothea 37

Der Bullewuh
Nichts ließ der gestrenge Städtische Wegeaufseher Hieronymus Blau durchgehen. „Bulle-Bullewuh – hau de Kinder nit esu", riefen ihm sogar die Erwachsenen nach.

Mil(l)owitsch, Nikolaus 37
Millowitsch, Wilhelm 41, 112
Moll, Christian (Molls Chreß) 12
Moritz 32
Mosler, Emmanuel 91, 102
Mossé 21
Mülhens, Peter Joseph 25, 100
Müller, Adelheid(is) 15, 17
Müller, Gebrüder 142
Müller, Maria Cordula Walburga 15, 16, 21
Müller, Renoud 15
Mutter Torsy 200

Nakatenus 130
Napoleon I. 27, 50
Nellen 62
Neptun 27
Neuhof(f), Theodor Baron von siehe: König von Korsika
Niessen, Al. 146

Offenbach, Jacques 79, 166
Oppenheim, von, Kölner Bankierfamilie 211
Orgels-Palm 12, 13, 50 ff., 69, 132, 133, 221, 225, 226, 231, 232, 236, 237, 240, 243, 244, 247
Ostermann, Willi 55, 236
Osterwald, Ehel. 90

Päffgen, Peter 22
Palm, Adelheid 54
Palm, Anna 54
Palm, Anna Walburga Gertrud 54
Palm, Anton Christian 56
Palm, Bernhard 50
Palm, Christian 54
Palm, Christine 50
Palm, Elisabeth 54, 56
Palm, Franz, Vater des Orgels-Palm 50
Palm, Franz, Sohn des Orgels-Palm 52, 56
Palm, Franz, Enkel des Orgels-Palm 56
Palm, Friedrich Wilhelm Martin 54
Palm, Gascon 50
Palm, Gertrud 54
Palm, Heinrich 54
Palm, Johann 12, 25, 50
Palm, Johann Jakob 50
Palm, Johann Joseph siehe: Orgels-Palm
Palm, Maria Elisabeth 50
Palm, Maria Margarete 50
Palm, Rosa 54
Palm, Sophia 54
Palm, Theresia 54

Paravay 21
Pascha Bimstein 81
Pascha Surim 78
Passavanti, Joseph 138
Peter und Paul 56
Petrus 236, 237
Pistolemännche 210
Pittermännche siehe: Krummer Sibbenunsibzig
Pitter Tätsch 220
Plaatebützer 199
Plün un Nett 218, 244
Pommer 168
Prinz Emil 87
Prinz Eugenius 27
Prinzessin Klapperia 78, 79
Prior, Peter 119, 121
Professor Kreuser 25, 29 ff., 205
Pütz, Andreas 100

Räderscheidt, Wilhelm 244
Radlach, Ronnie 203
Raffael 107, 108
Rahm 112
Rambaux, Johann Anton 108
Rasquin, Jakob 191
Rechtsgelehrter Napoleon 70 ff.
Reck, Gertrud von der 202
Recker, Anton Hubertus Napoleon, geboren 1884 in Köln, Bildhauer, sammelte alte Waffen. Seiner Waffensammlung verdankte er Bekanntschaften mit Prinzen, Herzögen, Industriellen und – Gaunern, die versuchten, ihm seinen wertvollen Besitz abzujagen. Er überließ seine Waffen der Sammlung Mauser und lebte fortan in Düren-Niederau. Noch 1966 brachte der »Kölner Stadt-Anzeiger« einen Bericht über den damals 82jährigen, der als weitere »lebenslange Leidenschaft« die Kölner Originale bezeichnete. Bereits als Junge befragte er die alten Leute, die die Originale noch erlebt hatten. Im Laufe der Jahre brachte er einiges zusammen; in einer Schulkladde, die heute im Kölnischen Stadtmuseum aufbewahrt wird, hielt er die Geschichten und Anekdoten fest. Einige davon sind in diesem Buch wiedergegeben, so auch der Brief auf Seite 108, den Bock aus dem Gefängnis in der Spinnmühlengasse geschrieben haben soll. Recker hat ihn in seinen Aufzeichnungen mit der Anmerkung versehen, daß dieser Brief in den zwanziger Jahren im Pressehaus in der Breite Straße (Stadt-Anzeiger) ausgestellt war. Bei Drucklegung dieses Buches erhielt der Verfasser davon Kenntnis, daß im Archiv des »Heimatverein Alt-Köln« zwei Briefe des Malers Bock aufgefunden wurden, die einige der Redewendungen aufweisen, wie sie Recker notiert hat. Die nun aufgefundenen Briefe haben aber wesentlich längere Inhalte. Da die »Echtheitsüberprüfung« noch nicht abgeschlossen war, wurde auf eine Veröffentlichung verzichtet. Viele Anzeichen sprechen aber dafür, daß die beiden Briefe echt sind. Es wird dem »Finder« Dr. Heribert A. Hilgers vorbehalten bleiben, diese Briefe demnächst der Öffentlichkeit zu präsentieren. Reckers »Bitte an seine Heimat«, die Kölner Originale nicht zu vergessen und sie in einem Buch wieder »zum Leben zu erwecken«, ist nunmehr erfüllt. 139

Rehfeld, Anna Maria 66

Rehfeld, Heinrich 63, 66
Rehfeld, Katharina 66
Reichensperger, August 34
Reifferscheidt, Peter 4
Rembrandt 108
Renz, Ernst 80, 81, 82
Reuter, H. 122
Richard & Nakatenus 91
Richartz, Johann Heinrich 55, 98, 109
Roesberg, Joseph 53, 55, 56, 205, 226
Roß 96
Rousseau, Dr. Johann Baptist 30
Rubens, Peter Paul 104, 108
Rubinstein, Nikolaus 36
Rüdell, Carl 193

Samida 81
Sartorius, Heinrich 26, 104, 135, 136
Schäbens-Tünn 13, 143 ff., 237
Schäfers Knoll, Spitzname für Hans Schäfer, Ex-Nationalspieler, ehem. Mannschaftskapitän des 1. FC Köln und der Deutschen Fußball-Nationalmannschaft 154
Schäfers Nas, Spitzname für einen Kölner mit Namen Schäfer, der Ende 1984 Schlagzeilen in einem großen Prozeß machte. 154
Schaffrath 180
Schäl 41, 88, 89, 237
Schäler Breutz 211, 220
Scheben, Anton Hubert siehe: Schäbens-Tünn
Scheben, Johann Heinrich 144
Scheben, Wilhelm 144, 147
Schier, Samuel 30
Schiller, Charlotte von 88
Schiller, Friedrich Wilhelm Ernst von 88
Schlemihl, Peter 103
Schmitz, Bertr. 97

Schmitz-Valckenberg, Jakob 143
Schmitze-Gäl 154, 236
Schmitze-Grön, Karl 154
Schmitze-Köbes 219, 233
Schmoorwievchen 220
Schneider-Clauß, Prof. Dr. Wilhelm 236
Schniewind, Dr. med. 102
Schnorrenberg, Gerhard 230
Schnüssen-Tring 53, 55, 58, 205, 219, 226, 234
Schnütgen, Johann Wilhelm Alexander 11, 35, 48
Schopenhauer, Arthur 36

Schorn, Christina 25
Schötzengelche 194, 220
Schröder, Ulrich J. 13
Schumacher, Friedrich 169
Schutzmann Streukooche 12, 185 ff.
Schwaat, Spitzname für Hubert Ebeler 236
Seebach, Maria 166
Senk, Spitzname für Engelbert Sassen 236

Simoni – Friedrich Wilhelm Simon 24
Simrock, Dr. Fritz 217
Smets, Wilhelm 30
Sonreck, Franz 34, 35
Speimanes 40
Spielberger, Friedrich 154
Stadtkölnischer privilegierter Zettelträger 11, 205
Starle, A. 103
Statz, Vincenz 33
Steffens, Dr. Arnold 11
Steinhausen, Johann Friedrich 126, 128
Steinle, Prof. Eduard von 110

Stelzmann, Joseph 139
Stephan, Heinrich von 195
Sterren, Susanne 70
Sticken, Dr. med. 102
Stirnberg, Bonifatius 13
Stollwerck, Franz 210
Stolzen, Jupp 23
Strauss, Richard 99
Struensee, Karl Philipp Georg von 20

253

Stupp, Hermann Joseph, von 1851–1863 Oberbürgermeister von Köln 32, 98
Sunblad, G. 79, 85
Süper, Hans-Josef 175

Täubchen 211, 212
Thewald, Karl Ferdinand, von 1865–1901 Beigeordneter der Stadt Köln 161
Thissen 32
Tiverlen 212, 220
Töller, Theodor siehe: Dores met däm naasse Plagge
Tonger, Peter Joseph 193, 195, 231
Tonius, Ralph – Pseudonym für Kurt Jansen (s. d.) 237
Torsy, Jakob Joseph 199, 200
Torsy, Johann Vincenz 199
Trimborn, Karl 146
Tünnes 40, 41, 152, 237

Unverzagt, Marie Josephe 15
Urjels-Palm siehe: Orgels-Palm

Vater Rhein 214
Vater Töller siehe: Dores met däm naasse Plagge
Venus 100
Vier Botze 175
Vier Rabaue 175

Wach, Josef 19, 41, 67, 115, 131, 134, 199, 215, 229
Wagner, Richard 166
Wahlen, Peter, genannt »der Professor« 25, 152
Waller, Karl siehe: Bibi
Wallner, Wolfgang 246
Wallraf, A. jr. 105
Wallraf, Dr. med., Dr. phil. Ferdinand Franz 21, 109
Wallraf, Ludwig Theodor Ferdinand Max, 1907–1917 Oberbürgermeister von Köln 244
Waltzer, Crétien 50
Wattler – bekannte Gaststätte (Wattlers Fischerhaus) 89
Weber, Franz 56
Weber, Johann Franz 58, 94
Wefels, Gertrud 102
Wegner, Ernestine 166
Wego, Gertrud Walburga 90, 96, 98, 102
Wego, Johann 90, 96, 98
Wego, Maria Anna 90
Weinhagen, Dr. jur. Napoleon Hermann siehe: Rechtsgelehrter Napoleon
Weinsberg, Hermann von 194
Weiß, Bonaventura 17, 25
Welsch, Heinrich siehe: Lehrer Welsch

Wenger, Arnold siehe: Fleuten-Arnöldche
Wenger, Theodor 132
Werner 76
Weyden, Dr. Ernst 30, 194
Weyer, Johann Peter Joseph 33
Wichterich, Adolf 189
Wiebel, Clemens 226
Wieprecht, Wilhelm 96
Wilhelm I. 150
Wilke, August 231
Winters, Christoph 38, 40, 41
Wittgenstein, Johann Franz Heinrich Anton von 236
Wolff, Christian 144
Wolff, Cornelius siehe: Meister Lupus
Wolff, Johanna 62
Wolff, Josephine 62
Wolter, Charlotte 166
Wullewuh siehe: Bullewuh

Zaudig, Anna Maria siehe: Böckderöck Wau-Wau
Zebingemann 130, 194, 195, 215 ff., 220, 225, 227, 229, 237
Zerbe, Robert 97
Zeyen, Leo 226
Zum Vater Töller siehe: Dores met däm naasse Plagge

Bildnachweis

Hermann Bischoff: Seiten 241, 242, 245; Dom-Brauerei: Seite 253; Albert Hehn: Seite 187; Will Herkenrath: Seite 173; Hubertus-Brauerei: Seiten 218, 251; Kölnisches Stadtmuseum: Seiten 17, 65, 133, 159 und Vorsatzblatt hinten, 247; Sammlung Reinold Louis/Archiv Kreissparkasse Köln: Schutzumschlag und Vorsatzblatt vorne, Seiten 11, 34, 53, 57, 79, 85, 91, 92, 97, 101, 113, 127, 140, 148, 155, 195, 231; Rheinisches Bildarchiv: Seiten 18, 23, 27, 33, 38, 43, 51, 60, 66, 94, 99, 105, 106, 109, 110, 114, 122, 134, 135, 138, 142, 144, 150, 167, 178, 193; Postkarten-Sammlung Dr. Erhard Schlieter: Seiten 41, 147, 184